青岛现当代作家研究 02

中国海大百年校庆纪念专号

中国海洋大学文学与新闻传播学院　青岛现当代作家研究中心　青岛文学馆　编

徐　妍　李　莹　主编

中国海洋大学出版社

· 青岛 ·

图书在版编目（CIP）数据

青岛现当代作家研究 / 徐妍, 李莹主编 . -- 青岛：中国海洋大学出版社, 2024. 9. -- ISBN 978-7-5670-3994-0

Ⅰ. K825.6

中国国家版本馆 CIP 数据核字第 2024FF0319 号

青岛现当代作家研究

QINGDAO XIANDANGDAI ZUOJIA YANJIU

出版发行	中国海洋大学出版社			
社　　址	青岛市香港东路 23 号		**邮政编码**	266071
出 版 人	刘文菁			
网　　址	http://pub.ouc.edu.cn			
订购电话	0532-82032573（传真）			
责任编辑	付绍瑜		**电　　话**	0532-85902533
印　　制	青岛国彩印刷股份有限公司			
版　　次	2024 年 9 月第 1 版			
印　　次	2024 年 9 月第 1 次印刷			
成品尺寸	170 mm ×230 mm			
印　　张	20. 25			
字　　数	260 千			
印　　数	1—1 500			
定　　价	99. 00 元			

发现印装质量问题, 请致电 0532-58700166, 由印刷厂负责调换。

目 录
CONTENTS

师友圈

新源流

驻校、讲座名家论

新青潮

访与谈

──·历史源·──

杨振声的文学教育与文学的代际传承

李宗刚

　　杨振声作为中国现代文学史上的作家型教授，除了作家和教授身份之外，还曾对大学教育资源有重要影响，因之其对文学教育和文学生产的作用就更加特殊。正是依托杨振声在教育体制中的行政资源，一些没有得到广泛社会认同的青年作家才得以进入大学，既在大学体制内进行着自己的文学创作，又承担着教书育人的传承责任。这不仅改变了作家进行文学创作所依赖的社会生态，而且改变了大学内部的文学教育和文学传承的文化生态，由此使得大学的文学教育和文学传承产生了有机的对接。但是，在既往的文学研究中，有关这方面的研究却远远不够。所以，从教育体制内部出发，就杨振声对中国现代文学发展带来的影响进行深入发掘和阐释，便显得尤为迫切和重要。

一

　　杨振声本人是通才教育的典范，不仅深谙文学、教育学、心理学等现代学科的内在规律，而且在文学创作上取得了显著的成绩，在大学管理方面也有着超常的才能。这便使杨振声具有了特殊的魅力，进而使其文学教育发挥出最大的效能。

　　随着知识界对五四新文化运动越来越推崇，那些参与五四新文化运动的老师和学生，逐渐被罩上了一层光环。作为五四新文化运动的参与者，杨振声曾经和傅斯年、罗家伦等一起创办《新潮》，又因火烧赵家楼而被捕，被这样的光环所笼罩，他具有了第一层特殊魅力；北京大学毕业后又留学美国，研修教育和心理学，海外留学经历又使其具有了第二层特殊魅力。值得关注的是，随着中国对西学的逐渐认同，留学海外并获取学位也逐渐为民国教育体制所接纳和推崇，这种情形的转折点是胡适①直接被北京大学聘为教授。杨振声积极从事文学创作，创作出了《玉君》这一具有影响力的小说。而与其文学创作同等重要的是，他还在20世纪30年代主编了中小学教科书，这对那些接受教科书熏染的学生来讲又多了一层亲和力，自然又使得其具有了第三层特殊魅力。杨振声的这三重特殊魅力，对其文学教育产生了积极的影响。

杨振声的人格魅力，来自其所逐渐建构起来的现代学术品格，而包容则是其中最为显著的内涵之一。包容作为一种人格精神，早在传统社会中便得到了推崇，只不过其所推崇的包容更多在于人的胸襟方面。如人们常说的"宰相肚里能撑船"，便着重于宰相作为"一人之下，万人之上"的重要官员，需要协调来自方方面面的关系，如果没有一种宽阔的胸襟，那么就不可能做好协调工作。但是，传统社会所推崇的胸襟，即便再豁达，也都是隶属于同一特质范畴之内的，而不可能是截然不同甚至对峙的思想。作为现代精神品格的包容，则与此有着较为显著的差异。在包容这一范畴之中，既可能是隶属于同一特质范畴之内的，也可能是截然不同甚至对峙的两种思想。就杨振声来说，一个重要表现就是对学生的态度，哪怕学生与自己的学术观点不同，他也总是采取包容的态度。尤其值得赞许的是，杨振声不仅予以包容，而且还积极地促成学生观点的公开发表。如杨振声在西南联大

---

① 胡适是否获博士学位并不关键，关键是他因博士身份获聘北大教授。在民国教育体制中，胡适是唯一将博士与姓氏结合的特例。人们常称胡适为"胡博士"，这一称呼已演化为对胡适的特指，而"胡教授"则较少使用。在民国，博士称谓已取代科举状元，具有非凡魅力。

指导学生吴宏聪的毕业论文时，就是如此。"吴先生毕业论文的题目是《曹禺戏剧研究》，导师是杨振声先生和沈从文先生。当他把论文提纲送给杨、沈两位导师审阅时，杨先生不同意其中一些观点，而沈先生却认为论文提纲尚有可取之处。论文写好后，吴先生不敢去见杨先生。没想到，几天后杨先生却主动找到他，问明缘由，杨先生说：'虽然我们的观点不同，但是我尊重你的观点，作为你的导师，我要帮你完善你的观点。我尊重你选择的权利。'"杨振声不仅尊重学生自主选择的权利，而且还以关爱之心提携学生，努力促成他们在学术上的发展。"后来吴先生凭此文大学毕业，杨先生不但心无芥蒂，还与闻一多先生联名推荐吴先生留校任教。'当年留校非常之难，都是百里挑一。'"①正是杨振声这种坦荡荡的君子风范，使得学术传承获得了一种新的势能，使得传统教育中注重师徒代际继承而排斥师徒代际出新的传统有了改写的机缘。杨振声对吴宏聪采取了如此的包容态度，也就把这样一种包容精神植根于学生的心田之中。假以时日，当学生成长为学术权威之后，便会自觉不自觉地遵循着老师业已拓展的包容路径，包容自己的学生，由此别开中国学术之一种崭新的面目。

吴宏聪对于这件事，在后来不止一次地谈起过。他曾经撰写文章这样回忆道："一席话使我茅塞顿开，深深感到先生言传身教，把'五四'科学民主的气氛和追求个性的学术传统也带到西南联大来了。先生从不把自己的观点强加给学生，他只是启发，并不灌输。在先生指导下治学，不知不觉中受到他渊博的学识和高尚的人格熏陶。我在联大四年，选修了不少课程，都有收获，但先生这一课是最为深刻的。"②吴宏聪的学生吴定宇就说过，吴先生多次跟他"谈起当年在西南联大做毕业论文时的一段经历。"这正表明了这件事给吴宏聪留下的印象之深刻，带来的震撼之大。吴宏聪如此这般的强化，又使得这样的精神获得了代际的传承。对此，已经成为中山大学博士生导师

---

① 林世宁、马海洋：《吴宏聪：学统薪传，余泽流芳》，《羊城晚报》2011年8月20日。

② 吴宏聪：《忆恩师杨振声先生》，《现代教育报》2004年3月19日。

的吴定宇就这样说:"吴先生的许多弟子也继承了这种学统,并以此授徒,西南联大的学统仍在代代传承。"可见,吴宏聪对杨振声这种包容的学术态度既是心仪的,也是亲自践行的。他在成为中山大学的知名学者之后,对自己的弟子陈平原便是如此:"吴先生有一次明确表示不同意我某篇文章的观点,但仍将其推荐给《中山大学研究生学刊》发表。吴先生的这种胸襟,除了个人气质,还得益于毕业自西南联大的学历背景。"①然而作家型教师在开展文学教育的过程中,个性虽然发展得充分了,但却往往和那种规范的,尤其是学生业已接受的科班式教学模式无法对接。这也是国立青岛大学(位于今中国海洋大学鱼山校区)发生的那场"驱逐不学无术文人闻一多"的诱因之一。

　　教师所追求的是得天下英才而育之,大学的校长所追求的则是得天下英才而用之。杨振声作为大学校长以及大学的行政组织者,深谙个中三昧。对此,史料这样介绍杨振声:"以其声望和地位,广聘国内专家、学者来校任教,加以青岛自然环境优美,气候宜人,素有'东方瑞士'之称,应聘者待遇虽比国内某些大学略低,也甘愿俯就。当时学校虽系初建,但师资阵营比较整齐。"②其实,早在国立青岛大学筹备时期,杨振声就走出去积极引进优秀教师,尤其是那些在学术研究和创作方面并举的作家型教师,更为杨振声所关注和重视。如他对闻一多和梁实秋便非常看重,为了能够把这些作家型教师引入青岛大学,总是动之以情、晓之以理。杨振声在说服梁实秋时,便这样说过:"上海不是居住的地方,讲风景环境,青岛是全国第一",不妨"先尝后买"③。梁实秋后来回忆说:"他要一多去主持国文系,要我去主持外文系,我们当时唯唯否否,不敢决定。金甫力言青岛胜地,景物

① 林世宁、马海洋:《吴宏聪:学统薪传,余泽流芳》,《羊城晚报》2011年8月20日。

② 山东大学校史编写组编:《山东大学校史资料》(第2期),山东大学出版社1982年版,第16页。

③ 梁实秋:《忆杨今甫》,《梁实秋怀人丛录》,中国广播电视出版社1991年版,第213页。

宜人。我久已厌恶沪上尘嚣，闻之心动，于是我与一多约，我正要回北平省亲，相偕顺路到青岛一觇究竟，再作定夺。"[1]没承想，这"一觇"立刻就认定了"这地方在天时、地利、人和三方面都够标准宜于定居。……一言而决，决定在青岛大学任教"[2]。闻一多任文学院院长兼中文系主任，梁实秋任外文系主任兼图书馆馆长。正是在杨振声的积极延揽下，一大批作家型教师荟萃于新成立的国立青岛大学，这为国立青岛大学的文学教育打下了坚实的基础。作为作家型教师和管理者，杨振声和作家型教师具有更多的"交集"，由此吸引了诸多作家型教师来到国立青岛大学、西南联大等大学，使大学的文学教育开展得有声有色。

　　杨振声的人格魅力对作家型教师进入大学的作用是不容低估的。杨振声利用他所掌握的大学权力，在引进一些具有"新文学"背景的教师方面的贡献，尤为突出。大学引进具有丰厚的学术素养的专业人才，合情合理；但是，如果大学所引进的人才，并没有多少学术素养，而仅仅有文学创作方面的素养的话，那情形就大不一样了。如果没有杨振声等人的积极引荐和接纳，未曾接受过正规的大学学术训练的作家沈从文，恐怕难以成为大学教授。国立青岛大学当时属于刚刚创建的大学，其自身的门槛相对较低，沈从文进入国立青岛大学担任教职相对容易一些；但是，要想进入西南联大这样的国立头牌大学，其情形就要复杂多了。杨振声把没有多少学术背景的沈从文引进了西南联大，这在当时产生的反响可想而知。当时，便有一些人对此表达了不同意见，好在有杨振声的鼎力支持，沈从文得以在1939年西南联大的常务委员会会议上通过了审核，但其编制不在国文系，而是在西南联大师范学院中文系。这说明沈从文即便进入了西南联大，但依然处于西南联大的边缘地带。也许，在那些学贯中西的大学者看

---

① 梁实秋：《谈闻一多》，《梁实秋怀人丛录》，中国广播电视出版社1991年版，第137页。

② 同①第138页。

来，师范学院中文系需要培养从事教育的教师，而将来担任国文科目的教师，作文又是必不可少的，所以，具有文学创作履历的沈从文，便得以填充到这个特殊的教职位置上。显然，如果没有杨振声的鼎力引荐，那么像沈从文这样仅有新文学作家的背景，而缺少现代学科知识积累的人，要进入把学术放在重要位置的西南联大，几乎是不可能的。"为了扩大新文学的影响，杨先生鼎力举荐著名作家沈从文先生到西南联大任教。这在当时的校委会和中文系还是很有阻力的，但是现在回眸看去，确实是一步好棋。杨先生为中文系学生物色了一位好的指导习作的老师，使学生们很是受益。人们称赞这是杨先生的明智之举。因为，当时联大虽然新文学名流荟萃，但教的都是学术性的课，他们的新文学活动和影响在课堂之外。沈先生则以'作家'而非'学者'的身份被杨先生引荐来联大任教，起初任联大师范学院国文系副教授，后来任文学院中文系教授。他教的课程是新文学的历史和语体文的写作，这一着收到很好的效果，大家反映很好。关于这个问题也有一个小故事：一年暑假，在联大就读的杨振声的儿子杨起，到昆明东南部的阳宗海去游泳，休息时，在汤池边上的一个茶馆喝茶，桌上的查良铮（他不认识杨起）说：'沈从文这样的人到联大来教书，就是杨振声这样没有眼光的人引荐来的'。可见当时阻力之大，更反衬出杨振声先生慧眼识珠。后来，有人告诉查先生杨起是杨振声的儿子，查先生又来道歉。杨起认为没有必要，人们可以有自己的看法，事实会证明一切的。"①当然，历史业已证明，杨振声引荐沈从文从教于西南联大，可谓慧眼识珠；而沈从文执教于西南联大，则以另一种文学家的独立的教学方式，培养了汪曾祺等优秀的作家。因写作新诗而在学生中负有盛名的查良铮（以"穆旦"作为笔名），在18岁时便考入清华大学外文系，1940年，年仅23岁的查良铮从西南联大毕业，因

① 杨起、王荣禧：《淡泊名利功成身退——杨振声先生在昆明》，昆明市政协文史学习委员会编：《抗战时期文化名人在昆明（二）》，云南人民出版社2002年版，第97页。

为其成绩优异，得以留校任教。对此情形，有人认为写新诗的查良铮看不起写小说的沈从文，有点让人意外。其实，查良铮"看不起"沈从文，和那些执教古典文学的教师"看不起"沈从文，其所站的文化立场是有所不同的。严格说来，查良铮和沈从文之间的隔阂，是"新文学"内部之争，其中不乏那种"文体之争"的色彩。但杨振声站在"新文学"的基点上，超越了"文体"之间的门户之见，以更为广博的胸襟，把同属于"新文学"阵营的小说家沈从文延揽到西南联大，的确显示了他的与众不同之处。这正如沈从文的夫人张兆和女士在给杨振声的儿子杨起的一封信中所写的那样："今甫先生为人处事，从几封信中可见一斑。我一直觉得他对从文象慈父严兄一样，十分关切；对其他朋友亦然。这样的忠厚长者，如今已很少见了。"①此话是十分到位的。

与此相对应的另一个现象是，作为西南联大重要作家和学者的朱自清，尽管他本人对文学创作有着深刻的体验，但是，我们发现，朱自清对大学这个平台上的文学传承，并没有起到很大的作用。甚至在某些方面，因为对学术的坚守，他对文学的传承持有一种抵触的态度。如汪曾祺从西南联大肄业后，本来可以传承沈从文的衣钵担任大学教师，使西南联大的文学创作进一步获得繁荣，但是，朱自清并没有认同汪曾祺，而是拒绝了汪曾祺。这里，我们不能说朱自清对汪曾祺有什么偏见，而是说，朱自清那代学者的文化观念和文化立场，使得他们对文学传承并不持有积极的态度。在他们的心目中，大学作为学术研究的重镇，当然应该得到很大程度的凸显，这和他们所接受的大学教育有着紧密的关联。而沈从文等人，在朱自清那里，也许并不被看重和推崇。这也说明了这样一个基本事实：在文化传承的过程中，那些受到正规的文学教育的人，他们在心理上逐渐地形成了一个基本的大学文学教育的图式，这就是在耳濡目染中所接纳的文学知识

---

① 蓬莱市历史文化研究会主编，季培刚编注：《杨振声编年事辑初稿》，黄河出版社2007年版，第425页。

的传授，使学术在他们那里被当作一个极其重要的方面获得了推崇，而中国传统的教学方式，尤其是师傅带徒弟的、手把手式的教学方式，并没有获得认同。

朱自清等人为什么没有像杨振声那样认同乃至推崇沈从文等人所坚守的文学传承方式呢？这与知识分子对学术价值的理解有着直接的关联。对于学院派的知识分子，学术实际上是他们实现社会价值的一个重要方式和途径，所谓的"修身齐家治国平天下"就是这样的一种路径的基本体现。他们认同什么以及拒绝什么，与他们"修身齐家治国平天下"的价值体系有着深刻的关联。也就是说，一切价值尺度只有放到这个平台上，才会找寻到自我的位置。闻一多等诗人最后也走向了学术的研究之路，而逐渐地远离了新诗创作的道路，正是这样一种价值体系作用的结果。况且，大学的教授不仅在当时拥有较为显赫的社会地位，而且还可以获得较为丰厚的报酬，这点是一般作家所无法比拟的。而作家在未能获得体制认同的情况下，单纯地依靠自身的创作养活自己，还是有一定的困难的。作家职业只能作为一种正统的职业之外的职业存在，而难以独立存在。因此，沈从文也就只能在大学的体制中获得认同，进而为自己的文学创作找寻进一步展开的物质基础。这样，作家在大学里处于一种尴尬的情境，便与整个社会的价值体系有着紧密的关联。作为知识分子，作家刻意建构的是"穷则独善其身、达则兼济天下"的人生价值体系。因此，宏大的理论建构便获得了他们的认同和推崇，而那些琐碎的表现现实社会生活的小说则被看作大丈夫不屑为之的"末技小道"。沈从文等人的文学创作，在大学里没有获得推崇，恐怕与这种观念有着一定的关联。所以，沈从文不被大学里大师级的学者所认同和接纳，汪曾祺不被朱自清认可和接纳，自然也就可以理解了。

杨振声延揽新文学作家进入大学，以实现其"新文学在大学里"的梦想，可谓不遗余力。在20世纪30年代初已崭露头角的李广田，也是由杨振声聘到西南联大的。孙昌熙对此曾经有过这样的回忆："在三十年代初即展露头角的散文家、诗人、文论家的李广田先生，是先生聘请到联大来的……"正是经过以杨振声为代表的一代新文学家的共同耕耘，西南联大的文学教育才呈现出前所未有的繁荣态势。这恰如孙昌熙所说的那样："杨振声先生在西南联大为中国新文学披荆斩棘地开辟道路，或者说'打天下'，是胜利的。那标志，就是新作家群的不断涌现。"①西南联大文学教育的成功，并不仅仅在于它培育了一个汪曾祺，而在于它培育了一批新文学作家，这些作家以群体的方式崛起于20世纪40年代的中国文学界，从而极大地改写了中国现代文学的版图。至于西南联大学生汪曾祺，则仅仅是其中的代表性人物而已。

杨振声积极延揽新文学作家到大学任教，甚至形成了一种思维定式。1941年，当杨振声得知老舍无工作，便致函西南联大总校中文系主任罗常培，提出拟聘老舍作北京大学教授，专任大一国文教师。罗常培将杨振声的美意转告给了老舍。此时的老舍已经因专注于写作，没有答应这一邀请："不教书！三年没念书拿什么教人家？谢谢杨大哥的好意。"②老舍尽管没有再次手握教鞭，但是这依然显示出杨振声对文学教育的持续关注。

二

杨振声对那些心怀文学憧憬的学生进入大学国文系后从事文学创作起到了引导作用，从而使得"新文学在大学里"获得了立足之地。

作为一名作家型教师，杨振声顺利展开文学教育的前提是其在文学创作方面所取得的成就。他本身就是"京派"作家群中的活跃人

---

① 孙昌熙：《把中国新文学抬上大学讲坛的人——追忆在抗日战争期间接受恩师杨振声（今甫）教授教诲的日子》，《泰安师专学报》1989年第2期。

② 罗常培：《歌乐山的几天喘息》，《苍洱之间》，辽宁教育出版社1996年版，第83页。

物，"杨振声的居间组织"①使其在当时"京派"作家的各种文学活动中颇具影响力。其代表性作品是中篇小说《玉君》②。早在1924年，他就写成了初稿，并先后交由邓以蛰、陈源、胡适等阅览，后按他们的建议进行了三次修改③。关于这篇小说的创作情形，杨振声在1925年1月6日给胡适的信函中曾经有过这样的自白："《玉君》写到后面，便时常想到速速了结，以便预备下学年教书吃饭问题，所以就不免草率了。对于中国教育思想与制度史，至今未能动手，也是上了《玉君》的当。现在时间仓猝，想到更胆怯起来。我对于中国旧学，原来没有多大根底，又加上五年多的间断。所可恃者，仅有心理学与社会学的些许底子，在批评学说与制度方面，可有星点帮助而已。至于搜集材料，可是要几年的工夫。所以每想到这门功课，就感到'蚊虻负山'的恐怖！"④1925年3月初，杨振声创作的小说《玉君》作为"现代丛书"中的"文艺丛书"第一种，由北京大学现代社出版。该小说出版后，引起了较大的反响。据徐丹甫1925年所述："《现代评论》并不注重文学，不过陈西滢、丁西林、杨振声、凌叔华辈俱为现代撰稿，遂成重要的文艺中心。西林先生的戏，振声先生的小说，都是很受读者欢迎的。"⑤到了1926年4月，《现代评论》又刊载了陈西滢的《闲话》，列举了"中国新出有价值的书"共11种，其中把杨振声创

① 施龙：《中国新文学史论纲（上）》，《山东师范大学学报》（人文社会科学版）2013年第2期。

② 对于杨振声创作的《玉君》属于中篇小说还是长篇小说，在不同时期有不同的说法。在该小说诞生之初，人们把其视为长篇小说，这也许与当时长篇小说比较缺乏有关，像《玉君》这样的篇幅便已经"很长"了。但随着后来"更长"的小说的诞生，《玉君》的"长度"便被人们定位为中篇小说了。

③ 杨振声在《玉君》自序中提到："先谢谢邓叔存先生，为了他的批评，我改了第一遍。再谢谢陈通伯先生，为了他的批评，我改了第二遍。最后再谢谢胡适之先生，为了他的批评，我改了第三遍。"邓以蛰，字叔存。陈源，字通伯。

④ 季培刚编著：《杨振声编年事辑初稿》，黄河出版社2007年版，第34页。

⑤ 徐丹甫：《北京文艺界之分门别户》，薛绥之主编：《鲁迅生平史料汇编》（第4辑），天津人民出版社1983年版，第246页。

作的小说《玉君》视为长篇小说代表，认为"要是没有杨振声先生的《玉君》，我们简直可以说没有长篇小说"①。到了20世纪二三十年代之交，在鲁迅所编选的《中国新文学大系·小说二集》中，尽管没有收入《玉君》这篇小说，却收入了杨振声的《渔家》这篇小说。鲁迅在前言中针对杨振声在《新潮》刊发的一些小说给予了这样的评价："杨振声是极要描写民间疾苦的"，但随后又对杨振声的《玉君》提出了批评："他先决定了'想把天然艺术化'，唯一的方法是'说假话'，'说假话的才是小说家'。于是依照了这定律，并且博采众议，将'玉君'创造出来了。然而这是一定的：不过一个傀儡，她的降生也就是死亡。"②鲁迅尽管对杨振声的小说《玉君》提出了批评，却没有妨碍《玉君》进入经典化的历史进程。也许，这恰是鲁迅作为文学伟人超越一般人之处：尽管鲁迅自己并不是很欣赏杨振声的小说《玉君》，但他并没有把杨振声的所有小说都置之脑后、视而不见，完全根据自己的好恶来决定哪些作家的哪些作品入选，而是采取了一种相对科学的态度，既不隐瞒自己的观点，又指出其值得肯定的方面，只不过鲁迅的评论不像那些带有"同仁"性质的圈子批评那样，无限制地推崇到无以复加的程度而已。甚至可以这样说，鲁迅的这种批评，反而使《玉君》赢得了读者更多的阅读空间。诚如杨振声的学生在回忆中所陈述的那样："杨先生是五四新文学的前辈，他的《玉君》一书，虽曾受到鲁迅的非议，但在以反封建为主题的长篇小说创作中仍不失其领先地位。"③正所谓仁者见仁、智者见智，鲁迅的批评不仅没有遮蔽《玉君》的文学史价值，反而对其经典化起到了积极作用。

客观说来，《玉君》的确为杨振声赢得了巨大的声誉，这使得许

---

① 陈西滢：《新文学运动以来的十部著作（下）》，《西滢闲话》，人民文学出版社2000年版，第202页。

② 鲁迅：《导言》，赵家璧主编：《中国新文学大系·小说二集》，上海良友图书印刷公司1935年版，第2—3页。

③ 王景山：《师恩难忘 难忘恩师——纪念李广田先生百年诞辰》，李广田：《李广田全集》第六卷，云南人民出版社2010年版，第552页。

多学生把杨振声和《玉君》结合起来加以指认。如臧克家回忆在国立青岛大学求学的经历时就这样说过："校长是'五四'时期的老作家，写过小说《玉君》的杨振声先生。"① 褚斌杰在提及杨振声时也说："以写《玉君》而名噪一时的著名作家杨振声，是位颇高身材，面孔黧黑的人。"② 诸有琼对杨振声的记忆也和小说《玉君》联系在一起："那时对于杨先生，我只是朦朦胧胧地知道他是'五四'运动中的一名闯将，是'新潮社'的创始人之一，还是早期著名的现代中篇小说《玉君》的作者。"③ 即便是描写教师们之间的辩论，学生在提及杨振声时，也在其名字前面加上了《玉君》作为修饰语："不料写过中篇小说《玉君》的杨振声教授又站起来附和朱先生的意见，甚至直截了当提出中文系课程中应该增加现代文学比重的问题。"④ 至于在现代文学史上占据了一席之地的施蛰存，也不无唏嘘地感叹道："杨振声是位忠厚长者，写过一本小说《玉君》之后，就放弃了文学创作，很可惜。"⑤ 由这些回忆中我们可以看到，当杨振声被历史湮没了许久之后，那些曾经亲炙其人、其文熏染的学生和友人，回眸历史，在拂去历史的尘埃之后，其创作的小说《玉君》依然熠熠生辉。

杨振声其人、其文，对那些正处于求学过程中的学生来讲，的确具有楷模作用。大学的文学教育，严格讲来，既是一个传授知识的过程，更是一个培育社会理想的过程。有时候，社会理想的培育比知识的传授更重要。叶圣陶曾经对教育的内在规律有过这样的阐释："教是为了不教。"这就是说，教育的目的在于教会学生自主学习、自主成长。从文学教育来看，文学教育的目的不在于教学生学会某种写作技巧或者知晓一些写作理论，而在于培育学生对写作的意义的认同乃至

---

① 臧克家：《悲愤满怀苦吟诗》，《乡土情深》，山东大学出版社 1985 年版，第 480 页。

② 季培刚编著：《杨振声编年事辑初稿》，黄河出版社 2007 年版，第 354 页。

③ 诸有琼：《忆杨振声老师》，《北京大学校友通讯》1984 年第 2 期。

④ 刘北汜：《忆朱自清先生》，《新文学史料》1982 年第 4 期。

⑤ 施蛰存：《滇云浦雨话从文》，《沙上的脚迹》，辽宁教育出版社 1995 年版，第 134 页。

推崇，使学生把自我的人生形式和文学创作的形式有机地对接起来，把文学创作当作人生展开的有意义的形式。杨振声文学教育的独到之处，正在于他着力培养学生对文学创作这种有意义的人生展开形式的认同和皈依。

杨振声在文学教育上的这番苦心，结出了丰硕的果实。且不说沈从文、李广田等人在杨振声的引荐下在创作上取得了怎样的成绩，单就杨振声所教过的学生来说，就有一大批深受其影响，由此走上了文学的道路，比如汪曾祺、萧乾、孙昌熙、李瑛，都成就斐然。

三

杨振声对学生文学创作的欣赏和提携，促成了学生的文学创作从自发状态逐渐地转变到自觉状态；而学生艰辛创作出来的作品，在杨振声的推荐下，最终得到了社会的认可，实现了价值。由此，使得学生的文学创作得以良性循环，最终为他们在大学里创作出新文学拓展了空间。

进入大学的学生对杨振声等作家型教师心怀仰慕之意，这固然是他们走上文学道路的前提条件，但是，如果没有这批作家型教师的精心导引，学生是不会成长并蜕变为新文学家的。杨振声积极参与学生组织的文学活动，顺应了学生的自我发展需要，使得学生获得了良好的发展环境。尤其是对文学新人的提携，使得他们的文学生产获得了良好的环境。具体来说，杨振声在文学教育中对学生的提携方式体现在以下几个方面。

一是对学生表现出来的文学天赋的欣赏。作家或学者的成长是有规律的，也是有阶段性的。一般说来，人是在不断成长的过程中完成了自我提升和完善。在人生成长阶段的早期，正如一棵小树，能否成长为参天大树不仅取决于外部的土壤、水分等条件，也取决于其是否具有不断成长的意念，以及克服成长过程中障碍的意志。那么，在这一过程中，处于学习阶段的学生能否成长为某一方面的专业人才，既与外在是否提供了足够的优越条件有关，也与学生内在的潜能能否得到最大限度的释放有关。换言之，老师对学生的欣赏，对处于学习阶段的学生完成自我认同、建构自我主体具有不可小觑的作用。杨振声作为从事过教育学和心理学研究的教师，是深谙其道的。他善于带着欣赏的"有色眼镜"来看待学生，即便他们非常稚嫩也绝不否认其独到的价值。这样的欣赏，在学生还没有确立起自我主体性时，作用之大是无法估量的。孙昌熙便有过这样的回忆："我无意中写出了先生认为较好的作业，我自己对它没有认识，如果不是受到先生的启蒙，我根本不知道这就是一篇讽刺小说。……我这篇作业得到先生的好评，发了第二卷。回到座位上，仔细研究先生的精心批改：先生不仅告诉我应该怎样写，而且把我的作业点石成金。我越揣摩越感动，我决心在先生的指导下，走创作的路。……从此我在《平明》上连续发表了《河边》《长江上》《某夜》等，算是敲开了昆明文艺界的大门。我把这些不像样的东西都送到先生家里，请先生继续指点，先生很高兴，并嘱我多读作品，越是大作家的作品越要揣摩。少读当时这派、那派的文艺理论；尤其要结合自己的笔性选读与自己相近的外国名家作品。"[1]通过孙昌熙的陈述，我们可以看到，一方面，杨振声有一双慧眼，能够及时发现学生写作方面的优长，然后给予高度的肯定；另一方面，杨振声还有一个"金手指"，能够把学生的习作点石成金。这两个方面，既激发了学生对自我的认同，又提升了学生对写作规律的认识。

杨振声对学生的欣赏，还表现在他对优秀学生不拘一格的认同上。在开设必修课历代诗选（汉魏六朝）时，杨振声就因为汪曾祺表现突出，竟然说汪曾祺"可以不考了"。对此，汪曾祺有过这样的回忆："杨振声先生这个人资格很老，他当时是文学院院长，给我们讲汉

① 孙昌熙：《把中国新文学抬上大学讲坛的人——追忆在抗日战争期间接受恩师杨振声（今甫）教授教诲的日子》，《泰安师专学报》1989年第2期。

魏六朝诗。他上课比较随便，也很有长者风度。对我他好像挺照顾，期末考试前他说，汪曾祺可以不考了。"①作为必修课，杨振声竟然允诺汪曾祺"可以不考了"，从中使我们看到，在民国教育体制内，教师在教学过程中被赋予了很大的自主权，甚至于可以跨越"考试"这个看似不可跨越的界限，根据学生平时的表现便开了"绿灯"。其实，在这看似不符合规矩的权力背后，我们更应该看到的是，教师通过使用这种特殊的权力，所表现出来的是对学生的欣赏，由此给学生带来更大的激励作用。

二是对学生创作出来的文学作品的推荐。杨振声作为一名作家型教师，除了教师身份之外，还有另一个重要身份就是编辑。杨振声早在20世纪30年代就编辑过《大公报》的副刊《文艺》，到了40年代后期，又编辑过天津和北平（今北京）两地报纸的文艺副刊。对此，常风有过这样的回忆："光复后的北平和天津原有的报纸都恢复了，又办了些新报纸。天津和北平两地的报纸都请杨先生和沈先生②编文艺副刊。他们两位承担了起来，交给几位青年作家负责编辑。杨沈两位先生还是像以前一样时时刻刻在培养与提拔青年人。"③这说明，杨振声和其他作家型教师不同，他的编辑身份是不容忽视的。

作家型教师和报纸编辑的双重身份，使得杨振声对学生创作出来的文学作品，兼具教师的赏识和编辑所具有的挑剔眼光与遴选意识。因此，他曾专门撰写《新文学在大学里：大一国文习作参考文选序》④一文，支持和指导大学生的文学习作。当杨振声发现了学生创作出优秀的作品之后，除了热情洋溢的首肯之外，还有了一番积极推荐的苦心。杨振声对那些名不见经传的学生作者的文学作品的认同，

---

① 李辉：《汪曾祺听沈从文上课》，《中华读书报》2004年4月14日。

② 沈先生，指沈从文。

③ 常风：《留在我心中的记忆》，《逝水集》，辽宁教育出版社1995年版，第15页。

④ 杨振声在《国文月刊》刊发了许多文章，详情可参阅《国文月刊(1940—1949)目录辑校》，《山东师范大学学报》2013年第4期。

对编辑们选择的影响无疑也是显著的。事实上也的确如此。如果没有名流的赏识，编辑要从海量的自然来稿中发现文学新人的稿子，的确具有某种偶然的因素。文学新人的稿子的确有其不可避免的稚嫩之处，很多学生稿件如泥牛入海、了无痕迹。杨振声对学生的文学作品的积极推荐，显然对学生在文学创作道路上继续前行具有导引作用。如1933年，杨振声和沈从文接编《大公报》的副刊《文艺》，便把其学生萧乾的第一篇小说《蚕》刊发出来。对此萧乾充满了感激之情，他说："天津《大公报》本来有个《文学副刊》，编者是清华的著名学者吴宓先生。那个刊物发表了很多有学术价值的文章。然而报社嫌他编得太老气横秋，1933年秋天改请杨沈二位接编并改名为《文艺》。那年九月，我写了篇题名为《蚕》的短篇投了去。十一月间，登出来了。那是我生平第一篇小说。刊出后，受到林徽因等先辈作家的热情鼓励。我接着就写下去了。每个月总有一二篇投去。这样，我就成为《文艺》的经常撰稿人。每逢两位主编在来今雨轩举行茶会，我都必然参加。那是我在文学创作上的起步。"①萧乾的这一自白表明，杨振声的认同和推崇，对其走上文学创作道路，作用是非常大的，这不仅使他的文学创作由此获得了良性循环，而且还使他一步跨进了作家圈子。由此，萧乾对作家身份有了一种自我认同和自觉实践。孙昌熙也有过类似的回忆："先生把这篇《小队长的故事》交由沈从文先生，推荐给凤子先生主编的昆明《中央日报》副刊《平明》发表了，但删掉了'的故事'三字，（可能因为是篇人物素描？）也许是沈先生？他叫我继续向《平明》副刊投稿。"②通过这些在历史的淘洗中依然留下的吉光片羽，我们不难发现，杨振声在文学教育的过程中，对学生的作品不遗余力地予以推荐的背后，实际上隐含着对文学新人的栽培，这正是他创造新文学愿景的具体实践。

---

① 萧乾：《他是不应被遗忘的——怀念杨振声师》，《瞭望周刊》1993 年第 1 期。

② 孙昌熙：《把中国新文学抬上大学讲坛的人——追忆在抗日战争期间接受恩师杨振声（今甫）教授教诲的日子》，《泰安师专学报》1989 年第 2 期。

三是对学生组织的文学社团的积极参与和支持。学生组织的文学社团为爱好文学的学生搭建了一个带有公共领域性质的平台。学生通过这个平台，互相砥砺文学思想、激励文学创作、找寻文学知音，使得本来寂寞的文学创作，不再是一个人在创作，而是一批人在创作。这些文学社团，基本上由一些在文学创作上刚刚起步的学生组成，如果没有在文学上取得了非凡成绩的作家为他们提供必要的支持，那最终的结果很可能是自生自灭。杨振声作为作家型教师以及身兼一定行政职务的领导，对学生组织的社团积极参与和支持，对社团的健康发展具有了非同一般的作用，这种作用正如蔡元培之于新潮社。

早在国立青岛大学时期，杨振声就对学生发起的刁斗文艺社及其主办的《刁斗》季刊给予了积极的支持；1944年，杨振声对西南联大文艺壁报社也给予了大力的支持，还积极参加该社团举办的纪念"五四"文艺晚会，并发表了总题为《五四运动与新文学运动》的演讲。在该演讲中，杨振声对五四运动与新文学运动做出了新的阐释。他认为，如果说在五四运动期间，新文学运动的诉求是科学和民主的话，那么，随着社会的现实需要，对五四运动与新文学运动的诉求，更多的落足于民主这一基点之上，而科学则逐渐地被边缘化了。实际上，在激进主义文化的主导下，很多学者对科学尤其是对社会科学的认识，逐渐地被情绪所主导，这也为民主诉求中出现的某些流血事件埋下了"伏笔"。在1948年10月，北平各大院校发起了"鲁迅先生逝世十二周年纪念"活动。北京大学学生自治会委托各社团在北楼大礼堂举办朗诵、讲演、演出，杨振声等北京大学教师也都积极参加讲演。[1]杨振声参与学生社团组织的有关纪念活动，促进了学生认同和皈依五四运动及其新文学运动，为新文学的赓续做出了贡献。

总的来说，杨振声通过大学的文学教育，实践了他的"新文学在大学里"发展和传承的梦想。与那些直接参与中国现代文学建构的作

---

[1] 姜德明:《黎明前的纪念》,《书摊梦寻》,北京燕山出版社1996年版。

家有所不同，杨振声更多的是借助大学教育这个平台，把一些作家纳入这个平台，进而完成了文学生产和文学传承，由此使得新文学在大学里获得了文学生产和传承的良性循环。

原刊于《山东社会科学》2015 年第 9 期

"我是在新诗之中，又在新诗之外"

——重评闻一多诗学观念的转变及其他

张洁宇

1943年冬，闻一多在写给臧克家的信中提到自己正在进行的诗歌翻译及诗集编选等工作。在信的末尾，他说：

> 不用讲今天的我是以文学史家自居的，我并不是代表某一派的诗人。唯其曾经一度写过诗，所以现在有揽取这项工作的热心，唯其现在不再写诗了，所以有应付这工作的冷静头脑而不至于对某种诗有所偏爱或偏恶，我是在新诗之中，又在新诗之外，我想我是颇合乎选家的资格的。①

这段师友之间的私房话不仅体现了闻一多刚直坦率的个性，更体现了他与诗坛之间的微妙关系。他对自己"在新诗之中，又在新诗之外"的定位，既是对自己"选家的资格"的辩护，也是对自己批评姿态和角度的自审，他对于自己曾出入诗坛、有过诗学观念和身份的变化等问题都有相当的自觉。有意思的是，在新诗史——尤其是批评史——上，批评者和选家的"资格"一直是个隐在的重要问题，至今仍然。"在新诗之外"的批评者可能由于没有写作经验而受到质疑，而

---

① 闻一多:《致臧克家》,《闻一多全集》第12卷,湖北人民出版社1993年版,第382页。

"在新诗之中"的经验作者又有可能被认为"代表某一派"或"有偏爱或偏恶"。闻一多的自我辩护在一定程度上反映了他对这一问题的认识。

论身份和经历，闻一多是比较复杂和全面的。他"一度写过诗"，后来虽"不再写诗"，但始终坚持撰写诗评诗论，并在深入研究古典诗歌的同时偶尔从事诗歌翻译和诗集编选。朱自清在他去世之后曾说："他是一个斗士，但是他又是一个诗人和学者，这三重人格集合在他身上，因时期的不同而或隐或现。""然而他始终不失为一个诗人"，"他将诗和历史跟生活打成一片"，"他要创造的是崭新的现代的'诗的史'，或'史的诗'"①。多样的身份的确对闻一多在诗歌方面的工作产生了影响，也勾勒出一条思想转变的轨迹。在肯定他全面多元成就的同时，同样带来思考的是：他的诗学批评如何在身份迁移和视角变换中调整和变化？他的诗学观念转变的原因究竟是什么？而思想的转变与身份的迁移之间又有怎样的关系？换句话说，思想变化有可能影响其人生道路的选择，而身份的改变也有可能带来诗学批评的调整。希望探讨闻一多的个人经历能对理解新诗批评方式与"资格"这个老话题提供一些启示。

"在新诗之中"

闻一多首先是个诗人。从1920年在《清华周刊》上发表第一首新诗《西岸》始，至1931年发表最后一首《奇迹》，十余年间他发表作品约160首，大多收入《红烛》《死水》两部诗集。他在20世纪20年代的新诗坛上占有重要的地位，不仅是"新月派"诗人的重要代表，也是"新格律诗"运动的理论领袖。他在1926年发表的《诗的格律》一文中提出的"三美"理论已成为新诗史上最著名的诗学主张。而那

---

① 朱自清：《开明版〈闻一多全集〉序》，《闻一多全集》第12卷，湖北人民出版社1993年版，第442-445页。

些以《晨报·诗镌》为阵地的作者群，其实也正是从闻家的"黑屋"聚会开始聚集在一起的[1]。这些都是早期闻一多"在新诗之中"的实践与成就，而这些经验与实践也决定了其早期诗学批评的面貌。

1921年，刚刚开始写诗的闻一多曾在清华文学社做过一次题为《诗底音节的研究》的英文报告，汉译稿改题为《诗歌节奏的研究》。从保存下来的提纲看，这个报告的内容相当理论化，其理论来源以西方——尤其是英语——诗学资源为主。他列出的23种参考书目中，外文著作21种，其中包括布里斯·佩里的《诗歌研究》、西蒙斯的《英国诗歌的浪漫主义运动》等。仅有的两种中国新诗文献，是胡适的论文《谈新诗》和刚出版的《尝试集》。这种选择一来与当时中国新诗刚刚起步的状态有关，二来也与闻一多在清华进行的广泛的英语学习和阅读有关。而更为重要的是，作为新诗第一代探索者，闻一多这样关注音节和节奏问题，显然与初期白话诗的理想和第一代诗人的写作实践直接相关。他在报告中重点关注诗歌节奏的作用和特性，尤以专节讨论"自由诗"的意图和效果，列出了"在抛弃节奏方面的失败""目的性不明确""令人遗憾的后果：平庸、粗糙、柔弱无力"等批评性观点。虽然这份报告的具体内容已不可知，但仍能看出此时闻一多对白话诗的自由体式和抛弃格律的主张是在进行有意识的反思乃至批评的。而对比他同时期的诗作却会发现，他当时的作品全都是不讲格律的彻底的"自由诗"，也就是说，他对诗歌音节问题的思考并不是出于理念、止于空论，而是伴随着他自己的写作实践，在切实的经验与教训之上进行的摸索和反思。这一点至关重要，说明闻一多最早就是以经验作者的身份开始他的诗学批评并由此确定立场与角度的。

有经验的作者当然特别关注"怎么写"。虽然多年之后闻一多对

---

① 徐志摩在《晨报·诗镌》创刊号上的《诗刊弁言》中说："我在早三两天前才知道闻一多的家是一群新诗人的乐窝。他们常常会面，彼此互相批评作品，讨论学理。"

于别人称他为"技巧专家"很是不满，但事实上，早期的他的确比很多同时代诗人更关注写作的技术问题，应该说，之所以是由他而不是别人举起新格律诗的理论旗帜，也多少与此有关。

闻一多早期并不提倡格律，但始终关注音节。在1922年撰写的第一篇诗评《〈冬夜〉评论》中，他就提出："《冬夜》给我最深刻的印象是他的音节。关于这一点，当代的诸作家，没有能同俞君比的。这也是俞君①对于新诗的一个贡献。凝练，绵密，婉细是他的音节底特色。"他对俞诗音节的评价很高，并对其新诗写作中化用词曲格律表示认同。他认为："所谓'自然音节'最多不过是散文的音节。散文的音节当然没有诗底音节那样完美。俞君能熔铸词曲的音节于其诗中，这是一件极合艺术原则的事，也是一件极自然的事。用的是中国底文字，作的是诗，并且存心要作好诗，声调铿锵的诗，怎能不收那样的成效呢？我们若根本地不承认带词曲气味的音节为美，我们只有两条路可走：甘心作坏诗——没有音节的诗，或用别国底文字做诗。"他的观点很明确："总括一句：词曲的音节，在新诗底国境里并不全体是违禁物，不过要经过一番查验拣择罢了。"②此文涉及问题很多，而如何处理新诗音节与词曲传统的关系——尤其是如何在写作中实践以及如何评判这种实践的意义——则是重点讨论的问题之一。虽然闻一多本人在早期诗作中并未表现出对词曲音节的亲近和征用，但其评论中的观点已透露出日后走向新诗格律建设的端倪。

事实上，不久之后闻一多本人的写作风格也发生了变化。他在给朋友的信中说："现在我极喜用韵。本来中国韵极宽；用韵不是难事，并不足以妨害词意。既是这样，能多用韵的时候，我们何必不用呢？用韵能帮助音节，完成艺术；不用正同藏金于室而自甘冻饿，不亦

---

① 俞君，指俞平伯。

② 闻一多：《冬夜评论》，《闻一多全集》第2卷，湖北人民出版社1993年版，第63-65页。

愚乎？"①写作的变化反映了也影响着诗人理念的变化，二者相互促动，这也正是所谓"在新诗之中"的一种特性和优势吧。正是在写作实践中不断发现音节的重要和废除格律带来的困境，才使得闻一多逐步走向新诗格律的建设。在《诗的格律》中，他的表述已明显体现出这种注重实践应用和艺术效果的倾向：

> 诗的所以能激发情感，完全在它的节奏；节奏便是格律。莎士比亚的诗剧里往往遇见情绪紧张到万分的时候，便用韵语来描写。葛德作《浮士德》也曾采用同类的手段，在他致席勒的信里并且提到了这一层。韩昌黎"得窄韵则不复傍出，而因难见巧，愈险愈奇……"这样看来，恐怕越有魄力的作家，越是要带着脚镣跳舞才跳得痛快，跳得好。只有不会跳舞的才怪脚镣碍事。只有不会做诗的才感觉得格律的缚束。对于不会作诗的，格律是表现的障碍物；对于一个作家，格律便成了表现的利器。②

与著名的"三美"说相比，这段话并不算广为人知，但正是这段话体现了闻一多格律主张的意图和前提。这里不再重复讨论这些理论的内容和价值，我想强调的是，闻一多的格律主张不是空泛的理论演绎，也不是某种观念争执的产物，而是切实源自创作实践的经验与需求的。毋庸讳言，早期白话诗的倡导者存在一定程度的理念先行、实践滞后的问题。比如尝试者胡适，他的白话文学和自由诗观念都极具革命性，但他的诗作却被自嘲为"放脚鞋样"，典型地体现了理念先于创作的问题。闻一多不是概念先行的理论家，他从自身的写作出发，经历了一个明显的探索过程，在实践中走向了理论。他尝试自由诗，同时反思自己的写作经验，观察同时代诗人的道路，逐渐注意到音节的重要和词曲音节的合理性，强调格律对诗歌表现的助益，最终

---

① 闻一多：《致吴景超》，《闻一多全集》第 12 卷，湖北人民出版社 1993 年版，第 78 页。
② 闻一多：《诗的格律》，《闻一多全集》第 2 卷，湖北人民出版社 1993 年版，第 138-139 页。

提出新诗格律的主张。他的理论出于写作也忠于实践，表现出更具体切实的活力，也得到了一定范围内的认同。可以想见，"黑屋聚会"中的朗诵和讨论正是诗人们切磋写作经验，逐步走向群体共识的过程。因此，如果仅从理论的逻辑看，新格律诗像是自由诗的一种倒退，但事实上，它是在写作与理论的互动中生成的一种写作对于理论的调整。它不是理论的倒退或古诗格律的复活，而是建立在现代汉语的基础上，为新诗"相体裁衣"而成。

也正因为出自实践，所以闻一多的格律理论非常切实，他很少纠结于概念，而是偏重艺术效果和实际操作层面，无论是"三美"理论还是"音尺"说，都是如此。包括他在评论俞平伯《冬夜》时曾指出俞诗在"音节上的赢获"造成了"意境上的亏损"，是因为古典式的词调和意象可能"不敷新文学的用"，间接造成了俞诗"弱于或完全缺乏幻想力""诗中很少浓丽繁密而且具体的意象"的效果。在他看来，造成"亏损"的原因在于："音节繁促则词句必短简，词句短简则无以载浓丽繁密而且具体的意象。——这便是在词曲底音节之势力范围里，意象之所以不能发展的根由。词句短简，便不能不只将一个意思底模样略略地勾勒一下，至于那些枝枝叶叶的装饰同雕镂，都得牺牲了。"[1]这一分析是否准确尚可讨论，有意思的是他这种批评的思路确是"在新诗之中"的写作者所特有的。

与之类似的还有他对诗歌形象的强调。作为"三美"之一，"绘画美"与音节格律并列在闻一多诗学观念中最重要的位置。他曾经说："我是受过绘画的训练的，诗的外表的形式，我总不忘记。既是直觉的意见，所以说不出什么具体的理由来，也没有人能驳倒我。"[2]有趣的是，这又是一个从经验中得来的"直觉的意见"。对于这个直觉，

---

① 闻一多：《〈冬夜〉评论》，《闻一多全集》第 2 卷，湖北人民出版社 1993 年版，第 69 页。

② 闻一多：《记〈悔与回〉》，《闻一多全集》第 2 卷，湖北人民出版社 1993 年版，第 166 页。

他虽未进行更多的理论阐释，却也称得上在古今中外的诗学之中融会贯通，将王维的"诗中有画，画中有诗"与西方的"先拉飞主义"等理论都纳入相关思考之中，为自己的"直觉的意见"找到了一定的理论资源和依据。

作为诗人理论家的闻一多在早期的诗学批评中特别关注写作实践的艺术效果，引领了新诗格律的探索，其影响涵盖了诗歌理论与创作实践两个方面。当然，并不是说没有写作经验的人就不会思考这些问题，或是思考的结果就一定不同，但显然，"在新诗之中"会造成立场和角度的某种特殊性，而考虑这种特殊性也将更有助于理解批评本身。

"在新诗之外"

对于闻一多在《死水》之后停笔的原因，一般认为与他在国立青岛大学被学生"驱逐"有关，其背后隐含着新文学在传统学术体系中地位低下的问题。而在我看来，闻一多虽然性格中有偏强刚烈的一面，但他是否真会因为文坛以外一些年轻学生的反应就彻底放弃对写诗的热爱，还是颇令人怀疑。或许有其他原因导致他停笔和转向，而这原因，应该仍出自新诗内部。换句话说，闻一多可能因被误解为"不学无术"而转身钻研学问，但没必要为此终止长期的诗歌创作，他停笔的原因应该只能是自己诗学标准和写作观念的变化。而他由此脱身于"新诗之外"，或许也不仅是停止写作这么简单，而可能是隐藏着与当时诗坛的某种分歧，酝酿着诗歌观念的调整。

闻一多的变化最早发生在1926年"三一八"事件之后。从艺术方面说，"三一八"之后的《天安门》《飞毛腿》等几首诗中即显现出较为明显的变化。"土白入诗"看似是一种语言层面上的实验，但在深层已经构成了对"三美"式的古典、匀称、均齐、节制等美学原则的撼动。更直接的表达则是在《文艺与爱国——纪念三月十八》一文中。闻一多说："《诗刊》的诞生刚刚在铁狮子胡同大流血之后，本是碰巧的；我却希望大家要当他不是碰巧的。我希望爱自由，爱正义，爱理想的热血要流在天安门，流在铁狮子胡同，但是也要流在笔尖，流在纸上。""诗人应该是一张留声机的片子，钢针一碰着他就响。""也许有时仅仅一点文字上的表现还不够，那便非现身说法不可了。所以陆游一个七十衰翁要'泪洒龙床请北征'。拜伦要战死在疆场上了。所以拜伦最完美，最伟大的一首诗也便是这一死。所以我们觉得诸志士们三月十八日的死难不仅是爱国，而且是最伟大的诗。"①这样的表达在闻一多的思想脉络里并无特别，毕竟他从学生时代起就具有政治热情，早期诗作中也常抒发家国情怀；但是，在他的诗学观念中，这样的表达却意味着对其原本偏爱的古典美学的反叛。依他以往的理论主张，"表达上的克制和留有余地，避免过分直露和激烈"是重要的艺术原则，而格律作为"遏制热烈情感之赤裸表现"的方法，正好有效地服务于"节制"与"均齐"的古典美学。但是，这一思路在现实环境中受到了冲击，从"三一八"到20世纪30年代初的几年间，闻一多的古典美学正在因为美学之外的原因而逐渐发生变化。表面看来，他的转向学术与"热血流向笔尖"的说法有点背道而驰，但选择的矛盾或许正是诗人内心矛盾的反映。当诗人闻一多难以继续坚持其"均齐""节制"的古典美学，希望以一种更具行动性甚至战斗性的方式刷新自己的理念和写作时，面对内在的转变，他对自己的写作和对他人的评论都曾多少表现出某种失语或矛盾的状态。因而，对于这个阶段的闻一多，重要的不是看他为何或如何获得学者的新身份，而是关注作为诗人的他究竟如何改变了原来的写作与批评方式，最终完成了转变。事实上，闻一多的转向不是返身进入书斋、走入历史的故纸堆，相反，他走出了诗歌与艺术的小圈子，进入了一个通过文化评论展开与历史和现实互动的新天地。

由此也就可以理解他在1933年给臧克家诗集《烙印》作序时所提

---

① 闻一多：《文艺与爱国——纪念三月十八》，《闻一多全集》第 2 卷，湖北人民出版社 1993 年版，第 134 页。

出的，为了保留某种特殊的现实"生活"经历与"生活的态度"，"而忽略了一首诗的外形的完美"，是一件"合算"的事。他把臧克家与孟郊相比，引出"所谓好诗的问题"：

> 孟郊的诗，自从苏轼以来，是不曾被人真诚的认为上品好诗的。站在苏轼的立场上看孟郊，当然不顺眼。所以苏轼诋毁孟郊的诗，我并不怪他。我只怪他为什么不索性野蛮一点，硬派孟郊所做的不是诗，他自己的才是。因为这样，问题倒简单了。既然他们是站在对立而且不两立的地位，那么，苏轼可以拿他的标准抹杀孟郊，我们何尝不可以拿孟郊的标准否认苏轼呢？即令苏轼和苏轼的传统有优先权占用"诗"字，好了，让苏轼去他的，带着他的诗去！我们不要诗了。我们只要生活，生活磨出来的力，象孟郊所给我们的。是"空螯"也好，是"蛰吻涩齿"或"如嚼木瓜，齿缺舌敝，不知味之所在"也好，我们还是要吃，因为那才可以磨炼我们的力。①

这确实不再是几年前提倡"戴着脚镣跳舞"的闻一多，他已经全面推翻了以往对"诗"的评判标准，以一种"新的标准"否定了原有的"诗"，抛弃了对"外形的完美"和格律的追求，也彻底放弃了古典美学和浪漫抒情的艺术方向。他所谓的"我们不要诗了。我们只要生活，生活磨出来的力"，显然代表着一种由生活和现实所决定的新的标准，而且这个新标准与旧标准已经"站在对立而且不两立的地位"了。这让人不禁想起鲁迅的《我的失恋》，也是在以一种不美也不雅的新标准颠覆古典式的"美"与高贵，赋予文学符合时代特征的新内涵。在这个意义上，闻一多与鲁迅所见略同，他用现代生活的"力"取代了"诗"的成规与古典之"美"，也堪称具有革命性。十年之后，在评论"时代的鼓手"田间时，闻一多又一次提到："这些都不算成功的诗，……但它所成就的那点，却是诗的先决条

① 闻一多：《〈烙印〉序》，《闻一多全集》第2卷，湖北人民出版社1993年版，第176页。

件——那便是生活欲，积极的，绝对的生活欲。它摆脱了一切诗艺的传统手法，不排解，也不粉饰，不抚慰，也不麻醉，它不是那捧着你在幻想中上升的迷魂音乐。它只是一片沉着的鼓声，鼓舞你爱，鼓动你恨，鼓励你活着，用最高限度的热与力活着，在这大地上。"①在闻一多的新标准里，写"不算成功的诗"不要紧，要紧的是"摆脱了一切诗艺的传统手法"，表现出那个特定时代的"生活"。同样就像鲁迅曾说过的那样："现在的青年最要紧的是'行'，不是'言'。只要是活人，不能作文算什么大不了的事。"②"世上如果还有真要活下去的人们，就先该敢说，敢笑，敢哭，敢怒，敢骂，敢打，在这可诅咒的地方击退了可诅咒的时代！"③可以说，闻一多与鲁迅一样，不仅调整了自己的文学观念，以"活"与"行"、"真"与"力"取代了陈旧的"美"，同时，也在改变文学观的过程中改变了自己的人生道路。

闻一多自《死水》之后几乎不再写诗，或许并非由于投身学术无暇写作，而可能是因为诗学观念的变化而出现的写作中断，甚至可能是像他自己说的"做不出诗来"了。虽然在评论中他认可"不算成功的诗"，但对一个诗人来说，写自己并不认可的诗确是一件困难的事。标准变化了而写作却滞后甚至停顿，这也不是不可能的事，因为，思想变化的原因既然来自诗歌之外，或许写作的问题也就无法在诗学内部得到解决。

与此同时，就像他自己所说的："在自己做不出诗来的时候，几乎觉得没有资格和人谈诗。"④这话本身虽有偏颇，但反映了闻一多在

① 闻一多：《时代的鼓手——读田间的诗》，《闻一多全集》第2卷，湖北人民出版社1993年版，第201页。

② 鲁迅：《青年必读书》，《鲁迅全集》第3卷，人民文学出版社2005年版，第12页。

③ 鲁迅：《忽然想到（五）》，《鲁迅全集》第3卷，人民文学出版社2005年版，第45页。

④ 闻一多：《论〈悔与回〉》，《闻一多全集》第2卷，湖北人民出版社1993年版，第165页。

诗学批评方式上也同样面临调整。最明显的一个变化就是，他不再多谈艺术内部的问题，更不多谈技术技巧，甚至对别人称他为"技巧专家"表示出极大的气愤。他在给臧克家的信中说：

你还口口声声随着别人人云亦云的说《死水》的作者只长于技巧。天呀，这冤从何处诉起！我真看不出我的技巧在那里。假如我真有，我一定和你们一样，今天还在写诗。我只觉得自己是座没有爆发的火山，火烧得我痛，却始终没有能力（就是技巧）炸开那禁锢我的地壳，放射出光和热来。只有少数跟我很久的朋友（如梦家）才知道我有火，并且就在《死水》里感觉出我的火来。说郭沫若有火，而不说我有火，不说戴望舒、卞之琳是技巧专家而说我是，这样的颠倒黑白，人们说，你也说，那就让你们说去，我插什么嘴呢？①

这里不仅包含了对自己写作的定位，同时也隐约表达了对戴望舒、卞之琳等"现代派"诗人的看法。闻一多并不否认技巧，但他确实已将批评的重心放在了技巧之外，并将自己与"现代派"和"技巧专家"区别开来。即如前文所推测的，闻一多之退出诗坛并不仅表现在停止创作，同时也表现在与当时诗坛流行的某些观念和流派的差异上。这种差异当然还算不上截然殊途，但在某些诗学观念上是存在较大分歧的。比如，对于20世纪30年代的"纯诗"论，他也有不同的思考：

但在这新时代的文学动向中，最值得揣摩的，是新诗的前途。你说，旧诗的生命诚然早已结束，但新诗——这几乎是完全重新再做起的新诗，也没有生命吗？对了，除非它真能放弃传统意识，完全洗心革面，重新做起。但那差不多等于说，要把诗做得不像诗了。也对。说得更确点，不像诗，而像小说戏剧，至少让它多像点小说戏剧，少像点诗。太多"诗"的诗，和所谓"纯诗"者，将来恐怕只能以一种

① 闻一多：《致臧克家》，《闻一多全集》第12卷，湖北人民出版社1993年版，第381页。

类似解嘲与抱歉的姿态，为极少数人存在着。在一个小说戏剧的时代，诗得尽量采取小说戏剧的态度，利用小说戏剧的技巧，才能获得广大的读众。[1]

这些零星的说法汇集在一起，大致可以呈现闻一多的观点和心态。停笔的诗人对"诗"的看法发生了很大的变化，他将自己的变化以诗歌批评的方式来呈现，并认为这是自己应尽的责任。对此，他说："政府是可以指导思想的。但叫诗人负责，这不是政府做得到的；上边我说，我们需要一点外力，这外力不是发自政府，而是发自社会。我觉得去测度诗的是否为负责的宣传的任务不是检查所的先生们完成得了的，这个任务，应该交给批评家。"[2]这里所说的批评家指的不是诗坛之内的艺术评论家，也不只是深谙艺术技巧的经验读者，而是一个社会文化的批评者。这是一种特殊的"资格"，因为"诗是社会的产物，若不是于社会有用的工具，社会是不要它的。诗人掘发出了这原料，让批评家把它做成工具，交给社会广大的人群去消化。所以原料是不怕多的，我们什么诗人都要，什么样诗都要，只要制造工具的人技术高，技术精。……所以，我们需要懂得人生，懂得诗，懂得什么是效率，懂得什么是价值的批评家为我们制造工具，编制选本"[3]。也就是说，真正合格的批评家不仅要懂得诗，而且要懂得人生，更要懂得时代所需的"价值"。这是闻一多对自己的期许，也是对同时代其他批评家发出的呼唤。

批评的方式与"资格"

闻一多的思想变化和身份迁移是比较复杂的。他投身学术后曾一

---

[1] 闻一多：《文学的历史动向》，《闻一多全集》第10卷，湖北人民出版社1993年版，第19—20页。

[2] 闻一多：《诗与批评》，《闻一多全集》第2卷，湖北人民出版社1993年版，第219页。

[3] 同[2]第222—223页。

度被认为是"钻到'故纸堆里讨生活'","好象也有了'考据癖'。青年们渐渐离开了他"[1]。但事实上他的古典文学研究不同于传统的训诂或文献考证，而是结合了西方现代学术的理论与方法，注重文学和时代的关联，明确提出打破"经学的、历史的、文学的"传统，引入社会学、文化人类学、民俗学、心理学等多种研究方法，并倡导具有世界视野的大文学史的建构。他在给朋友的信中说："在你所常诅咒的那故纸堆内讨生活的人原不只一种，正如故纸堆中可讨的生活也不限于一种。你不知道我在故纸堆中所做的工作是什么，它的目的何在"，"你想不到我比任何人还恨那故纸堆，正因恨它，更不能不弄个明白，你诬枉了我，当我是一个蠹鱼，不晓得我是杀蠹的芸香。虽然二者都藏在书里，他们作用并不一样。"这话可能有几分言过其实，但闻一多提醒别人不要简单以他的身份或专业来判断他的诗学立场，也确是值得注意的。闻一多的阅读与研究融会中西古今的诗学传统，在几十年的过程中形成了复杂且不断变化的看法，直至20世纪40年代也未能成型，他计划中的论著也都未能完成。但从这些看似混杂变动的观点中可以看出的是，他不仅已经彻底远离新月时期的审美趣味，而且也已走出古典文学研究的书斋，正在展现出一种新的气象。

昆明时期的闻一多渐渐地更多投身于社会和文化的实践行动。他在给家人的信中说："曩岁耽于典籍，专心著述，又误于文人积习，不事生产，羞谈政治，自视清高。抗战以来，由于个人生活压迫及一般社会政治上可耻之现象，使我恍然大悟，欲独善其身者终不足以善其身。两年以来，书本生活完全抛弃，专心从事政治活运[动]（此政治当然不指做官，而实即革命）。……总之，昔年做学问，曾废寝忘

---

[1] 朱自清：《开明版〈闻一多全集〉序》，《闻一多全集》第12卷，湖北人民出版社1993年版，第445页。

餐，以全力赴之，今者兴趣转向，亦复如是。"①这个"转向"与他对现实的观察和反应有关，也与他多年未变的知识分子情怀有关，他后来的"拍案而起"和走向街头，也是那个时代的一种带有必然性的选择。而在这一步步完成的转变中，确乎可以看到闻一多不断地摸索和调整，艺术方向的调整与人生道路的转轨往往是这样相协相成的。

1943年，闻一多编选《现代诗钞》，虽然其实"并未完成，其中有些准备收入的诗还未及收入，已收入者后来亦有看法上的改变"②，但从已有的面貌看，已显示出眼界开阔、观念前卫、兼顾思想与艺术等特色，堪称合格选家的手笔。闻一多用诗选的方式表达了他对于新诗历史与前途的理解。他说："我是重视诗的社会的价值"的，"我以为不久的将来，我们的社会一定会发展成为Society of Individual，Individual for Society（社会属于个人，个人为了社会）的。诗是与时代同其呼息的，所以，我们时代不单要用效率论来批评诗，而更重要的是以价值论诗了，因为加在我们身上的将是一个新时代。""诗是要对社会负责了，所以我们需要批评。……而且需要正确而健康的批评。"③在我看来，闻一多真正感到自己具有"选家的资格"的信心，并不仅仅因为他有曾经出入诗坛的丰富经历，更重要的是，他非常自信地知道，自己对即将到来的时代的新的"价值"已经有足够的认识与准备。

事实上，新诗的"内"与"外"本就很难界定，而"选家的资格"说到底也是个假问题。理想的批评者和选家应该如闻一多所说，既懂诗又懂社会，既通晓艺术内部的技巧，又能跳出艺术之外，获得全面开阔的眼光，把握艺术之外的社会、文化乃至政治的影响因素。

① 闻一多：《致闻家骤》，《闻一多全集》第12卷，湖北人民出版社1993年版，第402-403页。

② 闻黎明、侯菊坤编：《闻一多年谱长编》，湖北人民出版社1994年版，第683页。

③ 闻一多：《诗与批评》，《闻一多全集》第2卷，湖北人民出版社1993年版，第221-222页。

至于这个眼光是否来自"经验"或"专业"，实在不必一概而论。

当然，必须承认，批评者的身份确实与批评方式有关。比如，诗人对写作经验的敏感、对现场感的重视、对同代人相互阅读和影响程度的切身感知，都是"新诗之外"的人所不能及的。这种差异在当代诗歌批评中表现得更为明显，就像有批评家指出的："当代一批最活跃的诗人同时又是最敏感的诗歌批评家，而批评家从事诗歌写作也不是稀见的例外。很少有小说家对同行的写作进行评论，而诗人写出诗歌批评文章的人难计其数。""诗歌批评是一种深入诗人们的写作、交流与生活层面的需要"，成为"一种别样的写作"①。但与此同时，学者、文学史家、翻译家也都是诗歌批评的重要力量，他们的视野、角度与方法各有不同，贡献同样不可忽视。何况，至今仍有很多批评者像闻一多一样，或曾出入诗坛，或即身兼数职，能够自如地运用多元的和跨界的批评方式。纵观新诗百年历史，批评的舞台上一直都是这样多声部的交响，正是这些不同身份、不同视角的批评者以不同的方式进入理论建设和批评，才使得新诗理论批评的园地特别丰富多彩，更使得新诗在诸种文体之中显示出最先锋的探索姿态。因而可以肯定地说，无论身份如何、角度怎样，每个批评者都在以其自身的方式和"资格"参与新诗的历史。而也只有多元的批评、互补互动的方式，才是最健康、最有效的新诗批评。

---

① 耿占春:《当代诗歌批评:一种别样的写作》,《文艺研究》2013 年第 4 期。

——•源与流•——

叙述作为呈现诗的结晶质地或
诗性的一种方式
——从闻一多及其弟子"二家"的诗说开来

于慈江

20世纪30年代闻一多与"二家"写于青岛的几首诗

　　20世纪30年代初，诗人闻一多（1899—1946）在国立青岛大学（位于今中国海洋大学鱼山校区）整整执教两年。他把诗的种子和一位大写的爱国学者的情怀，深深地撒播在这座虽饱经磨难却始终熠熠生辉的校园。而他自己的伟岸形象，也最终化为这所百年名校最耀眼的名片之一。

　　正是在被聘到海大园的1930年，闻一多花了整整四天工夫，以一种近乎忘我的状态，写出了神秘古雅的激情长诗《奇迹》。闻一多的"新月"同人、《诗刊》主编、诗人徐志摩（1897—1931）见稿心喜，将其称为"三年不鸣、一鸣惊人"的奇迹：

　　我要的本不是火齐的红，或半夜里

　　桃花潭水的黑，也不是琵琶的幽怨，

　　蔷薇的香；

　　……

　　我要的本不是这些，而是这些的结晶，

比这一切更神奇得万倍的一个奇迹!

……

我只要一个明白的字，舍利子似的闪着
宝光；我要的是整个的、正面的美。
我并非倔强，亦不是愚蠢，我不会看见
团扇，悟不起扇后那天仙似的人面。
那么我等着，不管得等到多少轮回以后——

……

——我等，我不抱怨，只静候着
一个奇迹的来临。

……

我听见阊阖的户枢奆然一响，紫霄上
传来一片衣裙的綷縩——那便是奇迹——
半启的金扉中，一个戴着圆光的你!①

就这样，闻一多把青岛的美视为"舍利子似的闪着宝光"的"结晶"和"奇迹"，忘情地沉浸于山海的青葱和蔚蓝，将他1927年的《口供》一诗里反复渲染的爱——至少是对"青松和大海"的爱，很大程度上落实了：

我不骗你，我不是什么诗人，
纵然我爱的是白石的坚贞，
青松和大海，鸦背驮着夕阳，
黄昏里织满了蝙蝠的翅膀。
你知道我爱英雄，还爱高山，
我爱一幅国旗在风中招展，
自从鹅黄到古铜色的菊花。

---

① 闻一多：《奇迹》，《闻一多诗集》，群言出版社 2014 年版，第 295-297 页。原载徐
志摩主编《诗刊》1931 年 1 月 20 日（创刊号）。

记着我的粮食是一壶苦茶！

可是还有一个我，你怕不怕？——
苍蝇似的思想，垃圾桶里爬。①

1956年，古文字学者兼诗人陈梦家（1911—1966）发表《艺术家的闻一多先生》，回忆他和去世已整整10年的恩师闻一多当年短暂的岛城温馨："我们常常早晚去海边散步。青岛有很好的花园，使人流连忘返。而他最爱的是站在海岸看汹涌的大海。"②

至于山，小鱼山、八关山、浮山和崂山自不待言。"爱英雄、还爱高山"③的闻一多1932年离开青岛之前，还特意与自己的助教弟子陈梦家一起爬泰山。也难怪陈梦家会在同一篇文章里，这样感慨闻一多的襟怀："对于大海和泰山的爱，可见他的胸怀。"

陈梦家虽只在海大园当了一个学期助教，却能一边在导师闻一多提点下钻研甲骨文，一边以敏感的诗心感悟青岛。譬如，他1932年6月在青岛，就写了一首名为《小诗》的诗，满是诗人慧眼的洞察和心灵的明悟：

我欢喜听见风
在黑夜里吹；
穿过一滩长松，
听见你在飞。

吹我去到那边
不远的海港，
那边有条小船

---

① 闻一多：《口供》，《红烛·死水》，复旦大学出版社2006年版，第129页。

② 陈梦家：《艺术家的闻一多先生》，《文汇报》1956年11月17日。

③ 闻一多《口供》一诗语。

等在港口上。①

　　陈梦家后来甚至在千万里之外，还难忘凄美迷离的青岛——1933年在安徽芜湖，借长诗《往日·陆离》这样温情追忆和回望：

……

在海岛上

我与远处的灯塔与海上的风

说话，我与古卷上的贤明诗人

在孤灯下听他们的诗歌：像我

所在的青岛一样，有时间长风

怒涛在山谷间奔腾，那是热情；

那是智慧明亮在海中的浮灯，

它们在海浪上吐出一口光，

是黑夜中最勇敢而寂寞的歌声。②

　　闻一多的得意门生除了陈梦家，当时至少还有臧克家（1905—2004）。而百年海大园最让人津津乐道的掌故之一，正是闻一多和所谓"二家"的师生缘。也曾是海大园教授的梁实秋（1903—1987）这样谈及闻一多："一多从来没有忽略发掘新诗的年轻作者。在青大的国文系里，他最欣赏臧克家，他写的诗是相当老练的。还有他的从前的学生陈梦家也是他所器重的。陈梦家是很有才气而不修边幅的一个青年诗人，一多约他到国文系做助教，两个人颇为相得。"③

　　虽然闻一多曾在自己的诗《口供》里既郑重其事又语带调侃地宣

---

① 陈梦家：《小诗》，《一弯新月又如钩：梦家的诗》，天津人民出版社 2017 年版，第113 页。

② 陈梦家：《往日·陆离》，《一弯新月又如钩：梦家的诗》，天津人民出版社 2017 年版，第 173 页。原载《学文》1934 年第 1 卷第 3 期。

③ 张洪刚：《忆念山大（四）：忆青大 念一多》，《梁实秋在山大》，山东大学出版社2017 年版，第 284 页。

称，"我不是什么诗人"①，但他却的确是经由诗歌，才同这两位弟子接驳在一起。作为助教的陈梦家，是闻一多1927年在南京中央大学任教时发掘的诗人苗子。

而比助教陈梦家还年长六岁的本科生臧克家入校前在社会上磨炼过，算是闻一多慧眼识珠的特招生，幸运地得到了他手把手授艺、逐字改诗的待遇。像臧克家1932年4月写的《老马》这首代表作，就经闻一多修润、欣赏过：

> 总得叫大车装个够，
> 它横竖不说一句话，
> 背上的压力往肉里扣，
> 它把头沉重地垂下！
>
> 这刻不知道下刻的命，
> 它有泪只往心里咽，
> 眼里飘来一道鞭影，
> 它抬起头望望前面。②

闻一多不仅将臧克家的海大园作业《难民》《老马》等推荐给《新月》诗刊，还和后来也成为海大园教授的作家王统照（1897—1957）一起，资助臧克家1933年出版他自己的首部诗集《烙印》，并一针见血地为之作序说："……作一首寻常所谓好诗，不是最难的事。但是，作一首有意义的、在生活上有意义的诗，却大不同。克家的诗，没有一首不具有一种极顶真的生活的意义。没有克家的经验，便不知道生活的严重。"③

臧克家接下来这首《忧患》同样写于海大园，也当得起闻一多这

---

① 闻一多：《口供》，《红烛·死水》，复旦大学出版社2006年版，第129页。

② 臧克家：《老马》，《臧克家诗选新编》，人民文学出版社2012年版，第18页。

③ 闻一多：《烙印·序》，《闻一多全集》第2卷，湖北人民出版社1993年版，第174页。

一评价。这次的矛头直指国恨，一如诗人在1956年版《臧克家诗选》中特意标注的那样，此诗写于"'九一八'事变第二年3月"：

> 应当感谢我们的仇敌。
> 他可怜你的灵魂快锈成了泥，
> 用炮火叫醒你，
> 冲锋号鼓舞你，
> 把刺刀穿进你的胸，
> 叫你红血绞着心痛，你死了，
> 心里含着一个清醒。
>
> 应当感谢我们的仇敌。
> 他看见你的生活太不像样子，
> 一只手用上力，
> 推你到忧患里，
> 好让你自己去求生，
> 你会心和心紧靠拢，组成力，
> 促生命再度的向荣。①

如上展示的闻一多与其弟子"二家"的几首诗自是风格各异——闻一多的诗大气纵横、恣肆无碍、表情丰富，带着鲜明的自我调侃和自我分剖印记；陈梦家的诗幽婉飘逸、锐敏细腻，散发着一丝孤芳自赏、多愁善感的气息；臧克家的诗本色老实、极接地气、充满乡土气息，于沉凝、苦涩与滞重中，透出一派忧国忧民的家国情怀。然而，一眼望去，至少在诗的展开与行文方式上，它们又的确带有某些明显的共通性——那就是，它们都是宣说的、描摹的、刻画的，有着比较浓重的叙述性征。

譬如，闻一多的长诗《奇迹》虽然像一只迎风翱翔的大鸟，情绪

---

① 臧克家:《忧患》,《臧克家诗选新编》,人民文学出版社2012年版,第16页。

绷得非常饱满，翅膀张得非常开阔，用力扑打得非常较劲儿，充满张力和激情，但本质上还是倾诉的、叙述的——通过语气有些急切的自我剖白和情状描述，将"我"对作为"奇迹"的那个"你"的期许和等待，一步步叙述和烘托了出来。

再譬如，陈梦家的短章《小诗》朴质干净、优雅轻盈、充满温情的况味，是想象力放飞或推送的心情或梦想，但却也是由对有着清晰逻辑脉络的具体物事由近及远、一环扣一环的描述和叙述来完成的——先是表示喜欢听夜黑风吹；接着叙述听着听着，便似乎能听到松涛那边，"你"被吹动着飞来飞去的动静；然后叙述自己被吹到不远处的海港上一艘停泊待发的小船里，与思念中的"你"会合……既明显是痴心痴念的，又是由清晰的叙述理路推动着的。

至于臧克家的《老马》一诗，更是货真价实、极其克制的纯粹的叙述，是彻头彻尾的白描与雕镂——大车、负重、鞭影、抬眼默默前望……短短八行诗，没有一个多余的字，一匹饱受折磨、忍辱负重的负车老马的形象便圆雕般被烘托了出来。不论其中带有多少象征或隐喻的意味，完成这一烘托或雕镂任务的毕竟是诗人刀刻般清晰和白描般冷静的叙述。

闻一多与"二家"诗的叙述表征与结晶质地

2021年上半年，在面对记者和诗歌爱好者"何谓诗和诗人？"的提问时，笔者曾这样郑重回应道："诗或诗人的定义从来都多如牛毛，不胜枚举——套用一句人人耳熟能详的话，有一千个人或诗人，就有一千种诗或诗人定义。若非得问我，那我自己一言以蔽之的看法是：诗是造物经由心灵赋予或凝成的一种结晶或结晶体；而诗人，无非是在孤寂而考验耐心的人生与文学旅程中，有幸发掘这一结晶的人。"①

笔者1997年曾写过一首《诗歌》，以诗论诗[1]，或许可视为对如上这一定义的诗化解读或演绎：

床前的诗行墨汁正干
是汗浆
还是泪水
我听得见盐巴沉淀
慢慢结晶的声音

关于纯洁爱情的盛典
总是失身于谣言
就像家乡的稻穗或荞麦
躲进流浪诗人的枕头
温暖无家可归的思想

人在手中的竿上
鱼在眼前的水里
一动一静之间
彼此就这样考验耐心

掉头而去的时候
一个身影似曾相识
遥远而来[2]

而只要是真正的诗，只要是能真正称得上诗的文字，便不同程度

---

[1] 有关何谓"以诗论诗"等话题，可参看虹影、于慈江编选（赵毅衡评注）《以诗论诗》，北方文艺出版社1993年版。

[2] 于慈江：《诗歌》，《漂移的岸——一个现代"行脚"诗人的爱情四季》，人民文学出版社1997年版，第50页。此处行文略有改动。

地、多多少少都具备这样的结晶性或质地。而这其实也就是人们通常所说的诗性，"（诗）既不能局限于一种体裁，也不能局限为华丽的辞藻或技巧——它是一种光芒四射并使作者的文字升华的形态"，"诗有一种独特的意义，在我们心中引起一种诗性状态"①。无论是这里所描述的"光芒四射"与"升华"形态，还是所谓的"独特意义"与"诗性状态"，都其实直指这一诗的结晶性或质地。

无论是通常的抒发感情、吟咏情怀，还是写景状物、叙述经历与物事，都不过是达成这一诗的结晶性或质地的方式或途径而已。大略而言，所谓诗，要么是偏主观的、抒情的、咏叹的，要么是偏客观的、叙述的、宣叙的，要么是二者兼而有之、混融的。而作为趋势，又往往会从一个极端逐渐向另一个极端让渡，且周而复始。说到底，"诗歌不独是抒情的，它自始便有一种叙述基因"②。

就好比闻一多所在的新月派20世纪20年代末在主张新诗格律化之外，亦号召以理性节制情感，鼓励将主观情愫客观对象化，追求诗的蕴藉含蓄和非个人化，本质上便是为了纠正"五四"时期新诗中泛滥的直抒胸臆与极端感伤主义倾向，是一种倾向对另一种倾向的反动。这也就难怪，尽管上举《口供》《奇迹》（闻一多）、《小诗》《往日·陆离》（片段）（陈梦家）、《老马》《忧患》（臧克家）等诗的风格和笔法尽自各异、绿肥红瘦、各极其妍，但因都写于闻一多与新月派如上以理性克制情感这一提倡的同一时期，便顺理成章地都走上了叙述或宣叙的路子。

提及叙述和宣叙，笔者想起了1985年在北大读研时写的一篇不无

---

① 〔法〕让·贝西埃等主编，史忠义译：《诗学史》，百花文艺出版社2002年版，第536页。

② 孙基林：《"叙事"还是"叙述"？——关于"诗歌叙述学"及相关话题》，《文学评论》2021年第4期。

反响和持续应和的论文《新诗的一种"宣叙调"》。①这篇文章借用与歌剧和清唱剧等相关的概念"宣叙调"，无巧不巧地聚焦并记录了诗人兼学者马永波如下这段话里所描述的诗坛大转变的端倪："当代汉语诗歌从80年代到90年代至今，许多重要诗人都不约而同地经历了从凌空蹈虚的诉诸想象力的写作向日常关怀的诉诸当下此在的写作转变。这个过程也暗合了从理想到现实、从天堂到人间的视角和理解上的转换……浪漫的抒情咏叹转化为平静的宣叙描写，张扬的自我消弭于与物齐观的谦卑、守护与倾听。"②

当代汉语诗歌发生于20世纪80年代到20世纪90年代至今的写作倾向大转变——从"浪漫的抒情咏叹转化为平静的宣叙描写"，正是本文前面所总结的新诗从一个极端向另一个极端的又一场让渡，是一种倾向对另一种倾向的再一次反动。而拙文《新诗的一种"宣叙调"》在捕捉和提炼这又一场让渡和再一次反动上，刚好出手出得最早，也堪称颇为敏锐和精准，以至于发表这篇文字的地方性文艺批评刊物、福建的《当代文艺探索》虽早已停刊，但清晰记得这篇文字并乐于寻找这篇文字的学界同人仍时不时会冒出来——譬如，资深诗评家兼诗歌编辑唐晓渡当年正是通过这篇《新诗的一种"宣叙调"》开始认识笔者，进而为《诗刊》向笔者约稿写诗评；而几十年过去之后的2018年，北大诗人兼清华教授西渡师弟又特意向笔者谈起这篇文字当年给他留下的深刻印象，并郑重索要原稿。

拙文《新诗的一种"宣叙调"》在抽样细读所谓"宣叙调"诗的

---

① 于慈江：《新诗的一种"宣叙调"》，《当代文艺探索》1985年第4期，第24-29页。另可参看：魏天无：《以诗为诗：网络诗歌的"反网络"倾向及其特征》，《江汉论坛》，2004年第9期；许霆：《先锋诗人实验诗体走向论》，《当代文坛》2005第3期；陈仲义：《说唱(Rap)，一种宣叙调性》，《新语文学习(高中版)》2009年第10期；杨小滨：《说得比唱得还好听：当代诗歌中的叙事与抒情》，《星星》(下半月)2012第1期；张颖：《词语漫游者的诗性日常——柳宗宣诗歌评析》，《江汉学术》2017年第2期。

② 马永波：《叙述诗学：超离与深入》，《中文学刊》2021年第5期。

基础上，对其基本性征做了如下归纳、总结与解读：

首先，它们通过语词重复——省略连词、助词等虚词——一个主语后顺接许多小谓语等三种方式造成绵长紧凑的句子构架。由于一气贯穿而显得夯实，从而使得句末通常悠长的尾音几乎消失。

其次，从总体上看，这种诗（《飞天》的编者是独具慧眼的，它在当代诗歌发展中所起的作用是不可磨灭的——翻开它1984年第1至12期就可发现，有八期载有这种格式的诗，其中包括斯达《北方》、王建民《世界向中国西部行注目礼》、于坚《我们的一对邻居》，以及杨榴红《白沙岛》等）在风格上既谐和于诗坛总的诗风（达观、阔大、豪迈），又有自己的独特处，即幽默、诙谐甚至嘲讽的格调。

第三，这种格调的诗具有一定的叙事性。而且多是宣言式的自我介绍，生活与情怀兼重。从《我们这些男子汉》《快乐的女车工》《我们的一对邻居》等名字上便可略窥一二，毋庸多言。值得一提的是，其中的叙事往往不完整，而依靠跨度很大的多项组接，加重诗的密度、生活趣味与亲切感，使得很浓的情怀的宣泄有一种沉实感……

总之，如果说目前一般的较好的抒情诗是优美的咏叹调的话，那么，这种乐观、幽默、叙事风的抒情诗则可称得上是朴实的宣叙调。它既以恢宏和促迫感适应了现代生活博大而敏快的节奏，又因多方面、多角度顺应了现代生活与情绪的复杂性，还因它的亲切朴拙而与读者保持了尽可能宽的接触面，从而骄傲地显示出鲜活的生命力。①

拙文《新诗的一种"宣叙调"》随后进一步总结了"宣叙调"这一诗歌倾向所体现或折射的两大进步与两大趋势——如下所录是两大趋势：

首先，诗歌抒情主体出现了新的变异的趋势——即由"我"向"我们"转化。这从上面对"宣叙调"的抽样分析便可看出。新诗实

---

① 于慈江：《新诗的一种"宣叙调"》，《当代文艺探索》，1985年第4期。

际上正开始完成关于抒情主体的一个否定之否定的过程。即"我们"（五十、六十年代）→"我"（新时期初期）→"我们"（现今）。现在到了这一过程的后一环——诗歌背后从而也就是诗的抒情主体背后隐藏着一个巨大的民族形象。这是不容忽视的新内容。因而，追求"我们"中包容"我"，而不是"朦胧诗"运动初期的"我"包容"我们"甚或"我"中仅"我"，是有其历史与现实的根源的。

其次，是在要求突破、寻求新的集合的契机的过程中，诗歌戏剧化小说化的趋势。可以说，新探索"宣叙调"的新颖格式及幽默、叙事的风格较典型地体现了这一趋势。这实际上，是诗力图打破旧观念、扩大表现力的结果。特别需要提请注意的是，诗歌"小说、戏剧化"的尝试是和小说领域中小说"诗化"这种现象相伴随的。①

对于当今诗歌的这一宣叙性、叙述性倾向的必然性，早年以知识分子写作和纯诗为耀眼标签的诗人西川给出了他痛苦思考、艰难蜕变后的反馈或体悟："在抒情的、单向度的、歌唱性的诗歌中，异质事物互破或相互进入不能实现。既然诗歌必须面向世界敞开，那么经验的矛盾、悖论、噩梦，必须找到一种能够承担反讽的表现形式，这样，歌唱的诗歌必须向叙事的诗歌过渡。"②

当然，正如学者孙基林所指出的那样："诗的本质不是情感（慈江案：'情感'若替换为'抒情'，与下文的'叙述'会更登对），也不是叙述，诗的本质是诗性。"③"叙述作为一种诗的言语行为、表达方法和事物存在方式，它的意义在于叙述自身的诗歌性，包括叙述话语的呈现，被叙事物的呈现，并且是以诗性的方式呈现。这也等于说，并不是任何叙述都可以构成诗，或者任何经由叙述达致的呈

---

① 于慈江：《新诗的一种"宣叙调"》，《当代文艺探索》，1985 年第 4 期。

② 西川：《90 年代与我》，《中国诗歌：九十年代备忘录》，人民文学出版社 2000 年版，第 265 页。

③ 孙基林：《"叙事"还是"叙述"？——关于"诗歌叙述学"及相关话题》，《文学评论》2021 年第 4 期。

现都成为诗的呈现。"①闻一多与其"二家"弟子前面几首以叙述为主要呈现方式的诗之所以能让人不断产生共鸣、引发回响，正是因为它们首先和终极具备结晶质地或诗性。它们是不是真的会实打实成为现代新诗的经典，也最终取决于这一结晶质地或诗性的浓度与纯度。

同理，20世纪的意象派大诗人埃兹拉·庞德（Ezra Pound，1885—1972）的14词短章《在地铁车站》（*In a Station of the Metro*）和芝加哥诗派巨擘卡尔·桑德堡（Carl Sandburg，1878—1967）的短诗《雾》（*Fog*）之所以名传遐迩、极具经典性和可读性，不在于它们虽同属典型得不能再典型的意象诗，行文或打开的方式却是描述性加叙述性的，而主要在于它们是富于结晶质地或诗性的。

在地铁车站（于慈江译）

人群中一闪而现的这些脸；
湿漉漉的黑树枝上的花瓣。

雾（于慈江译）

雾蹑着小猫的脚
来了

它静悄悄地猫腰
蹲下　向下瞧了瞧
港湾和城市
接着又往前飘

原刊于《中国现代文学研究丛刊》2022年第1期

---

① 孙基林:《"叙事"还是"叙述"？——关于"诗歌叙述学"及相关话题》,《文学评论》2021年第4期。

左翼的流动与新文学在青岛的传播

李　莹

在20世纪30年代众多的文学流派中，左翼文学的作品数量相对较多，传播范围较广。现有关于左翼文学的研究，往往以"左联"的正式成员、社团、机构和代表刊物为主体，在"左联"与城市的关系方面，主要聚焦于上海、北平、天津等主流文化城市。而处于相对边缘文化空间的左翼文学并未得到足够的重视。正因不断地吸纳、汇聚多方力量，左翼文学根脉更加稳固。论文以青岛为个案，以现存的、可查阅到的青岛在地文学副刊为主要史料来源，结合流动到青岛的作家的日记、通信、回忆录等文字，考察不同地域、不同职业与不同生活背景的南北左翼作家何以在青岛停留、汇合又离散。受海滨避暑地贫富差异、人文景观的环境影响，左翼作家在南京国民政府、张学良、日侨等多方政治势力管控的缝隙中，与在地自由主义作家和不同城市的左翼社团互动相生，建设和传播左翼文化理想，遥相呼应"左联"的文艺活动。同时，左翼作家在青岛市民报纸副刊的各类活动，不仅加速了左翼文化在青岛的传播，改变了青岛新旧文学的固有格局，也为新文学流入青岛的市民报纸助力。

在进入论题之前，首先有必要对论文涉及的左翼作家进行总体的界定。在特定的历史语境下，左翼文学并非铁板一块，涉及左翼文学的组织与团体也并未能够全部公开地运作，因此对于左翼作家的界定也就不应以"左联"注册成员一概而论之。本文所讨论的左翼作家，并不仅仅局限于"左联"正式成员，也涉及活跃在"左联"外部、其作品具有明确左翼立场的作家和学生。

为何是青岛

从20世纪20年代末开始，南京国民政府不断出台各种图书和出版审查条例①，随着左翼文学活动的风起云涌，"文化围剿"手段层层深入，四处蔓延。"左联"五烈士的牺牲，震撼了整个文坛。"九一八"事变发生后，东北文人在日伪政权下面临着写作与言说的困境和险境，舒群、萧军、萧红相继从哈尔滨辗转到了青岛。左翼文化人被捕入狱或被杀害，引起了各地文人的波动和恐慌。

在青岛或中转、或避难的左翼文化人，身份和职业不尽相同。既有"左联"成员、中共党员，也有党外人士；既有职业作家，也有刚毕业的中学生、记者、编辑、企业职员、铁路职员等。他们在从事左翼事业和相关的文化运动中，多数遭遇了通缉、追捕、围剿等威胁，从上海、天津、河北、东北等地流寓青岛。对左翼作家在青岛期间的文学活动进行考察，发现在地报刊是他们谋生、发表作品和组织左翼文化活动的重要媒介，以《青岛民报》②《青岛时报》③《青岛晨报》④三份市民报纸的文艺副刊为主。左翼作家寓居青岛多则数年，少则数月，创作了为数众多的诗歌、散文、小说、电影剧本、木刻、漫画、翻译作品等，拓展了左翼文学的传播范围，对青岛在地报刊的文学生态产生了重要影响。

---

① 1929年，国民党中宣部制定《宣传品审查条例》；1930年12月公布《国民党政府出版法》；1931年10月制定《出版法施行细则》，11月，公布《宣传品审查标准》。

② 《青岛民报》的社长王景西是国民党人士，但他长期不在青岛，办报的大权交给了报社的总编辑杜宇。杜宇即青岛"左联"小组以外的左翼文人。

③ 《青岛时报》的社长是尹朴斋，副刊编辑与作者中不乏左翼文人。

④ 《青岛晨报》的社长是陈迈迁，中共党员。

青岛之所以成为各路左翼作家的"避难所"，与1932年"左联"决定在青岛成立小组密切相关。"中国左联现在除北平、天津有它的支部，其他各地还没有建立起支部来……必须于最短期内在广州、汉口、青岛、南京、杭州等地建立起支部或小组。"①这成为左翼作家流动到青岛的一个内在推动力。实际上，在中国共产党成立之初，青岛就承担着诸多工作。1923年，中共党员邓恩铭来到青岛，以《胶澳日报》副刊编辑的身份开始宣传和筹备党的工作。1924年夏，中共青岛组成立，次年改为中共青岛支部。在紧锣密鼓地发动工人、农民、学生运动的基础上，青岛的地下党组织网络也越来越严密而广阔，市内的工厂、学校、书店等场所，都有党组织驻派的联络者。青岛"左联"小组的各种活动，自始至终与中共在青岛的支部紧密缠绕。

此外，青岛相对宽松的政治语境，为左翼作家从事文艺活动提供了空间。1930年9月，青岛市政府正式成立，为南京国民政府的中央直辖市、海军基地。一方面，青岛在名义上属南京国民政府管辖，但却与张学良势力有着密切联系。1931年12月，张学良的心腹沈鸿烈担任青岛市市长、海军司令。另一方面，青岛曾被日本侵占（1914—1922），但青岛收回后，仍有大量日侨居留青岛②，并常常兴风作浪，干涉市政。因此，对青岛的管辖，以蒋介石为首的南京国民政府有鞭长莫及之感，微妙的政治处境让处于权力夹缝中的青岛获得了相对宽松的空间。一些法律与条例具体在青岛实施的过程中有可以融通的空隙。另外，在交通地理方面，青岛地处南北交界，有胶济铁路和纵横南北的联运网络，且地处海滨港口，水运也极为便利，所以为左翼作家流动到青岛提供了相对快捷的通道。

---

① 《关于左联目前具体工作的决议》，载于 1932 年 3 月 15 日左联秘书处油印《秘书处消息》第 1 期。转引自陈瘦竹主编：《左翼文艺运动史料》，南京大学学报编辑部 1980 年版，第 179 页。

② 据 1922 年 12 月的人口数据统计，居留青岛的日本人数为 24 132 人。

海滨避暑地的左翼星火

左翼作家在青岛期间，就地取材，将游走、流动中所见到的风物与景色融入各自的写作。青岛依山面海，自然风景极美。但是海的意象在不同作家的笔下，承载着不同的意蕴。对于左翼诗人沈旭，以往的文学史少有提及，他在青岛创作了一系列以都市意象为主要题材的诗歌。在他的作品中，青岛的海是诗歌生发的重要背景，而青岛的洋房、商业街、跑马场等意象则是他着力描画的物象，意在讽刺和揭露华洋差异和贫富悬殊：

> 青的山，绿的海，织成了少女的优娴，
> 美丽的青岛啊！
> ……
> 几座炮台，几棵古玩，跑马场，杂沓惊奇的喝采，
> 天主教堂，箍着叮当的耳环，
> 大港，小港，仔细听，
> 压榨血的哎唷，海的呐喊，
> ……
> 中山街是条飞舞的飘带，
> 東道长桥，任人舶来，
> 傍晚的探照灯映着剽劫的眼睛。[1]

沈旭是青岛邮电局的职工，同时也是国立山东大学（位于今中国海洋大学鱼山校区）的旁听生[2]，与王亚平、袁勃等诗人熟识，从事诗歌运动。他的诗歌以青岛海滨的舰船、避暑洋人、码头工人为主要意象，对比华洋和贫富差异，凸显劳苦民众的生活，如《青岛小港》

---

[1] 沈旭：《青岛速写》，《诗歌周刊》第 1 号，1935 年 12 月 14 日随《青岛时报》出刊。

[2] 1935 年秋季学期，沈旭入国立山东大学中文系旁听，见《山东大学新收旁听生共计三十三人》，《青岛时报》第 3 张本市新闻版，1935 年 10 月 15 日。

《凿牡蛎的妇女们》《海上之歌》《灯塔》，这些诗后来都收入他的第一本诗集《黎明前奏曲》[1]中。此外，李劫夫的漫画作品《避暑胜地小景》《闲画青岛》等，以简洁形象的线条，勾勒出一组组对比极为鲜明的人物群像，如避暑海滨的"洋大人"与尾随其后的"求乞者"、栈桥海边赏樱的阔人与被警察驱赶的荷重之难民。王亚平的诗集《都市的冬》[2]《海燕的歌》[3]大多取材于青岛意象。公共空间海滨，既是有闲有钱者的避暑地，也是搬运工等苦力和贫民的聚集地，随着四季的循环与流动，海滨为各种矛盾汇聚和爆发提供了更具有张力的背景。相较于左翼文学作品中常见的资本家与工人、富人与人力车夫、伪政权官员与亡国奴等矛盾冲突，这类题材丰富了左翼作家对城市生活的描写。

青岛经历了德、日的相继侵占，市内不乏相关遗迹，德国的炮台、提督楼、兵营和日本的忠魂碑等景观，难免激发左翼作家的忧愤之思。艾芜住在背靠海滨的贫民聚集之地，周围环境的破败不堪在散文《古风的市集》中可略窥一二。其间，他创作有《青岛的公园》《晨登观象山——青岛印象记之一》等。艾芜的散文以平静的笔调，在今昔对比之间，表现对和平生活的向往及对漂泊生活经历的感触和反思，比如他在《汇泉残垒》中写道：

四五尊戴着圆形钢盖子的德国大炮，正英武地从地下伸了出来，对着东南海面，做着瞄准的姿势，但看起来却已经失掉了那一种吓人的气概，和残酷的氛围。

这是汇泉残垒首次给我的印象，时候正值暑退之后的中秋。

······

德国占领时代，华人不得登临此地，约有二十年。则我们小百姓

---

[1] 《黎明前奏曲》，当代诗歌社1936年出版，由荒岛书店代售。

[2] 《都市的冬》，上海国际书店1935年出版。《清华周刊》署名"施潍"的书评，第一句即"这是一部用新的题材写的新的诗集"，见1935年第43卷第5期，第80页。

[3] 《海燕的歌》，上海联合出版社1936年出版。

能在今日雍容游息其上，把克虏伯厂制的凶蛮武器，看成木石，抚之唾之，一任己意，真是难得。虽然，说起来这原是属于侥幸的，然而，倘若，能在全世界一切的炮垒上面，像今天一般，同着妻儿，指点残松断垒，闲话往事，或则将孩子骑在大炮上面，以作嬉戏，则此也算人生最大娱乐之一了。①

艾芜擅长将自己的漂泊体验寄托于与大海相关的意象。青岛并非艾芜"漂泊"的起点。不知"漂泊"的终点为何处，他停留在青岛期间，沉淀流动带来的种种感悟，并将行旅中创作的散文结集，出版了《漂泊杂记》②一书。有感于曾被侵占基础上的中西文化交汇，不止艾芜一人，王余杞参观德国炮台遗址后感慨："青岛多马车是一个特点，马车而用双马更不是在别处所能看见；这十足地表出了青岛的人有身分。坐在马车上爬坡缅怀当年德国皇帝的出巡，或者参加日本帝国的什么典礼。"③

左翼作家在青岛，并非散兵作战，他们联合在地的自由主义作家，共同创办刊物。1929年，国立青岛大学成立，在上海等地为人事与文事苦恼的梁实秋、沈从文、老舍等自由主义作家接受聘书，陆续"避暑"于青岛。"避暑"并非避高温之暑，而是摆脱某种不如意的生活状态。在这一层面，"避暑"之意也可用于流动到青岛的左翼作家。他们也是在从事左翼文化运动中遇到了通缉、被捕等危险，辗转到青岛避险。同为"避暑者"，左翼作家突破"关门主义""宗派主义"的限制，与在青岛的自由主义作家联合办刊。1935年7月14日，《避暑录话》在《青岛民报》发刊，每周一期。满十期后，又发行合订本，远销至北平、上海、绥远（位于今内蒙古自治区）、太原等地。作者中，左翼作家和自由主义作家等各占一半。如洪深在发刊

① 艾芜：《汇泉残垒》，《申报》，1935年9月20日。
② 1935年4月，《漂泊杂记》由上海生活书店出版。
③ 王余杞：《一个陌生人在青岛·炮台遗址》，《避暑录话》第2期，《青岛民报》1935年7月21日第11版。

词所讲："他们这十二个文人，作风不同，情调不同，见解不同，立场不同；其说话的方式，更是不同——有的歌两首诗；有的谈一番哲理；有的说个把笑话；有的将所观察到的人事表现在一出戏剧里；有的把所接触到的人生，以及那反映人生的文学，戏剧，电影等，主观地给以说明与批评——他们正不妨'各行其是'。"①关于《避暑录话》的缘起，臧克家回忆道：

> 青岛是老熟的地方，可是这一次却不是去温旧梦，而是去会见一些未会过的好朋友。第一个就是老舍兄②，我们在信件上已有过两年的交往，人却是第一次见，此外见到的有洪深先生、和余杞亚平两兄、剑三叔、赵少侯先生和同愈、孟超、木华③、西蒙原就在青岛，伯箫可巧也赶来了。人手不期而遇者竟这么多，于是在一次聚餐席上便决定要弄个小刊物出来了。④

《避暑录话》是左翼作家策划、创办的非同仁期刊，这在整个左翼文学流脉中是唯一一份。国立山东大学、第四届"铁展会"⑤、《青岛民报》、避暑期，青岛具备了《避暑录话》产生的天时地利。臧克家所言的"不期而遇"，说明在宴席间落定的创刊计划，具有一定的机缘巧合性，但更重要的是，杜宇和刘西蒙都是有着丰富左翼活动经验的作家和编辑，在当时的文化语境中，他们要创办一份刊物，

---

① 洪深：《避暑录话·发刊词》，《避暑录话》第 1 期，《青岛民报》1935 年 7 月 14 日第十版。

② 臧克家在 1934 年 6 月毕业于国立山东大学，而老舍在同年 9 月到校任教，故二人在国立山大未能相遇。

③ 木华是杜宇曾用的笔名之一。

④ 臧克家：《避暑录话的一伙》（暑期生活特辑），《青年界》，1936 年第 10 卷，第 1 期，第 28 页。

⑤ 全称为"第四届全国铁路沿线出产货品展览会"。第四届"铁展会"选址青岛，展期为 1935 年 7 月 10 日至 8 月 10 日，所展出的不仅是各地特产，也有书画等艺术品。第四届"铁展会"展出货品数十万种，展览规模较往届都为壮观。这是 20 世纪 30 年代初倡导国货的一种举措。前三届的举办地分别为上海、南京和北平。

不能不经过多方面的考量。对于左翼作家而言，文学最关切的是广阔的现实生活和革命事业，而自由主义作家更讲究文学本体的艺术性。在一定程度上，《避暑录话》的产生也可看作源自左翼内部的调整和变化，即最大限度地团结"左联"以外的作家，注重培养新生作家，"结果很好，用道林纸印的很美观，卖的也不少，更可喜的是大家一到时候就能交稿"①，并在当时的文坛产生了一定的影响，实属不易。

在青岛，左翼作家分布虽零散，但他们抱团取暖，与不同报社的同人合作办刊，逐渐发展到与其他城市的左翼作家联合办刊。1934年7月1日，《青岛时报》的文学副刊《明天》创刊，在创刊号最显要位置写着："天正黑，集合着大家的力——明天呵！！"②除《青岛时报》自身的编者和撰稿人外，还有《青岛民报》的编辑孟超、刘芳松、杜宇等。这在20世纪30年代青岛的报刊中，并不多见。左翼作家的合作也由此开端。到了1936年，"左联"解散，在"停止内战，一致抗日"的政治背景下，周扬提出"国防文学"口号。青岛的左翼作家积极响应。他们与天津的海风诗歌社联络，王亚平、袁勃、刘西蒙、杜宇陆续在《海风》上发表作品，并与上海、北平、南京等地的十三个诗歌社团联合成立了中国诗歌作者协会③，共同开展诗歌运动，不遗余力。对此，蒲风的一段话极有代表性："为了作品而创造生活，我可以把现款拿去印诗集，而让自己贫穷地在青岛友人处写作诗歌，可以为了写作而不一定久困在职业牢里；可以兴味地作个报馆校对工人；可以住在朋友家里单吃稀饭过日；也敢各处奔跑，而且合各

---

① 臧克家：《避暑录话的一伙》（暑期生活特辑），《青年界》1936年第10卷第1期，第28页。

② 见《明天》周刊创刊号，《青岛时报》，1934年7月1日。

③ 中国诗歌作者协会成立于1936年10月，其他十三个社团分别是天津草原诗歌会、海风诗社、上海诗歌青年社和诗歌生活会、广州今日诗歌社和诗场杂志社、苏州诗歌作者协会和联合诗歌杂志社、北平黄河诗歌会、山东齐飞诗会、南京我们的诗歌社、江阴风沙诗会及湖州飞沙诗会。

青岛现当代作家研究

中国海大百年校庆纪念专号

地的同好组织座谈会，朗读新诗……"①可以说，这段话是大多数左翼诗人在青岛文学生活的"剪影"，也是他们在青岛以积极姿态介入主流文坛的诠释。

聚集在海滨青岛的左翼作家，受到在地自然与人文风物的双重影响，作品中融入的青岛元素和曾被侵占的背景，丰富了左翼文学的固有题材。青岛左翼文学的流动性，不仅贯通着作家地理空间的变迁，还联结着与自由主义作家、不同文化团体的合作、与其他城市左翼文学社团的互动共生。他们有如星星之火，以不乏开创性的形式，配合主流文坛，为全国范围的左翼文学运动助力。

青岛文学生态的新变

20世纪30年代，大批左翼作家流寓青岛，以在地的市民报纸副刊为载体，发表作品和言论，这一方面由于青岛新文学刊物数量少，发声渠道受限；一方面市民报纸发行量大、宣传效应快、成本低、出刊灵活、流动性强、隐蔽性好等特点，也成为建设和传播左翼文化的有利条件。因此，左翼作家的文化活动不可避免地形塑着青岛的文学生态。仅以当时青岛发行量较大、保存较完整的两份报纸——《青岛民报》和《青岛时报》来看，左翼文学占据了很大的比例。笔者初步统计，在现存《青岛民报》（1932—1937）的四十余种文艺副刊中，至少有二十八种为流寓青岛的左翼文人参与创办，并为主要撰稿人。在现存《青岛时报》（1932—1937）的约十四种文艺副刊中，至少有九种为流寓青岛的左翼文人参与创办。当然，每种副刊存在的时间长短不一。但仅就发表作品的数量和读者反馈来看，左翼作家的办刊实践，活跃了青岛的文学氛围，增加了新文学在报纸副刊所占比例，为青岛文化圈与主流文坛的互动提供了更多的机会。以左翼诗人群体为

① 蒲风:《我为什么提出"新诗歌的斯达哈诺夫运动"》,《生活学校》1937年第1卷第6期。

例，1934年秋，"左联"中国诗歌会河北分会主编的《新诗歌》①被查封后，王亚平、袁勃等到青岛继续组稿，以《诗歌季刊》②为名继续出刊；1935年，又以"青岛诗歌出版社"为名创刊《现代诗歌》和《诗歌新辑》；年底，在《青岛时报》开设副刊《每周文学》③《诗歌周刊》④；再度遭遇停刊后，又出刊《诗歌生活》⑤；之后在《青岛民报》开设副刊《青岛诗歌》⑥。从青岛左翼文学的发展，也可以管窥新文学在主流文坛以外传播的路径和形态。

德国和日本占领青岛期间，着力于储备军事实力，发掘经济潜力，对文学未给予足够的重视，造成了文学生产"硬件"先天不足的后果。这种情况直至20世纪30年代初，尚未有多大改观。青岛接受新文学的影响始于20世纪20年代中期，顾随主编《青岛时报》副刊《青光》时，创作并刊登了一部分新文学作品。青岛的第一份新文学刊物——《青潮》，到1929年9月才出现，由王统照主编，但仅出版两期便停刊⑦。寓居青岛的作家大多将书稿寄到上海出版和发行。这使得原本就"晚熟"的青岛新文学更加式微。一直到20世纪30年代，以报纸副刊所刊载的文章来看，仍旧有相当一部分为旧体文学。旧体文学的盛行，与1912年以后大批逊清遗老到青岛的历史有关。"青岛一埠亦若津沪二处，为亡清大老所匿居，惟有一事与上海异，则青岛政府对于革命分子殊不欢迎，而革命分子对于清吏与袁世凯有不反对者

---

① 《新诗歌》旬刊，由中国诗歌会河北分会王亚平主编。1933年2月11日创刊，1934年3月5日第4期出刊后停刊，其中2、3期为合刊。

② 1934年12月25日创刊于青岛。

③ 1935年11月9日在《青岛时报》开设，由宋春舫题写刊名，同年12月7日停刊。

④ 1935年12月14日在《青岛时报》开设，1936年3月28日停刊。

⑤ 1936年3月5日创刊于青岛，1936年10月20日出刊第2期后停刊。

⑥ 1936年7月23日在《青岛民报》开设。

⑦ 《青潮》月刊，王统照主编，1929年9月1日创刊于青岛，1930年1月1日出刊第2期后停刊。作者中姜宏、杜宇都为左翼作家。

也"①，他们或为避难，或欲终老，或依附德政府继续做着虚妄的政治梦，同时也有类似于"十老会"②的旧文人交游组织。因此，旧体文学在青岛有着根深蒂固的影响。以德占青岛期间的历史故事为素材的长篇章回体小说《桃源梦》，在1917年出版后，受到读者好评，1927年再版。在20世纪20年代，新文学在青岛仍为小众，更流行的还是旧体文学，如寓居青岛诗人刘筠的诗集《青岛百吟》，形式即为旧体诗，诸如此类的旧体诗在报纸副刊极为常见。到了20世纪30年代，《青岛时报》副刊《青光》连载的长篇章回体小说《桃源新语》和《窝窝头》连载的《桃源新梦》，在题材的选择上所承续的是《桃源梦》的文脉。此外，也有《新封神演义》《雌黄外史》等章回体小说连载。随着流动到青岛的文人逐渐增多，青岛的新文学氛围才日趋活跃。

在一定程度上，青岛新文学的"晚熟"，为左翼文学的传播提供了某种契机，反过来，左翼文化活动的开展也逐渐改善了新文学式微的样貌。以荒岛书店③为例，从北平毕业的大学生张智忠、孙乐文到青岛后，了解到专营新文学作品的书店匮乏，于是筹划开一家以专营新文学书刊为特色的书店，并无意中结识了中共地下党员乔天华。慢慢地，荒岛书店成为"左联"青岛小组的据点，是寓青左翼作家举办读书会等文化活动的重要场所，也是与主流文坛互动的"窗口"。萧军、萧红与鲁迅通信，即通过荒岛书店完成。1933年，《子夜》出版后，青岛"左联"小组读书会计划讨论《子夜》。青岛"左联"小组成员、《青岛民报》副刊编辑于黑丁回忆："由于书店突然遭到警察局的搜查，而从上海刚刚运进来的几包《子夜》，竟全部被扣。……我

---

① 《青岛之耆宿》，《盛京时报》1914年6月21日。

② "十老会"，见于劳乃宣《韧叟自订年谱》，形成于1914年，由寓居青岛的十位清朝遗老组成，分别为劳乃宣、吕镜宇、刘云樵、赵次珊、童次山、李悝园、张安圃、陆凤石、王石坞、周馥。他们定期相聚，饮酒赋诗，摄影作画。

③ 1933年9月，荒岛书店正式营业，直到抗战爆发前夕才停业，专门代售新文学书刊。

找到文学研究会的著名作家王统照（他是我中学时代的老师），从他那里问到了茅盾同志的通讯地址，我给茅盾同志写了一封信，把《子夜》在青岛的不幸遭遇和我们工作困难的情况告诉了他。没有几天，茅盾同志回信了，并且用挂号信给我寄来了一本《子夜》。……我们一边轮流着看它，一边又严密地组织和扩大我们文学队伍。最后，等到大家把《子夜》看完还给我时，它已经被翻阅得破烂了。"①书店代售的新文学书刊，吸引了在地诸多教师和文学青年，加速了新文学在青岛的传播。老舍、徐中玉、臧克家、黄际遇等人的回忆录和日记中，对这家书店都有提及。此外，青岛市立中学的黄宗江、李普等学生在书店遇到萧军，开始走上文学创作之路②。

在报纸副刊、书店之余，大学的文化空间也是左翼青年活跃的重要之地。国立青岛/山东大学中文系的教授、作家多为自由主义文人。在课堂上，左翼青年学生一边跟随沈从文、老舍等学习文学创作和研究，一边参加各种活动，向周围的同学传播左翼思想。其中有李香亭（国立山大地下党支部书记）、王路宾、陈延熙、朱缵高、郁少英、俞启威、李实谔、蔡天心、吴绮、狄庆楼等，也不乏旁听生，比如周浩然、李云鹤、沈旭等。1933—1936年，由学生创办的新文学刊物（副刊）有《征程》③《励学》④《文刊》⑤《刁斗》⑥《益世小品》⑦

---

① 于黑丁:《缅怀茅盾同志》,《莽原》1981年第2期。

② 据黄宗江《忆青岛 忆"荒岛"》一文回忆,1934年,他在荒岛书店偶遇萧军,为萧军主编的《青岛晨报》副刊《黄金时代》供稿,并发动同学李普共同完成。

③ 国立山东大学征程文艺社创办,1933年11月29日在《青岛民报》副刊出刊。

④ 国立山东大学励学社创办,1933年12月创刊。

⑤ 国立山东大学文刊社创办,1933年12月10日在《青岛民报》副刊出刊。

⑥ 国立山东大学刁斗文艺社创办,1934年1月1日创刊。由1930届外文系学生郭根主编,他是《京报》创办人邵飘萍的女婿。

⑦ 徐中玉主编,撰稿人多为国立山东大学的学生和教师,1934年4月23日在《益世报》副刊出刊。

《文史丛刊》①《中庸》②《新地》③等，同时，还活跃着刁斗文艺社、励学社、国文学会、自由研究社、游艺社、外国文学研究会、国际问题讨论会等学生组织。这些不同名称的学生团体，常以不同的形式纠缠在一起。因此，左翼学生有充分的活动平台。以徐中玉为例，在国立山大读书期间，他的思想经历了从"学术救国"到实际救国的转变，文学创作也从小品文转向更多关注现实生活的作品。

　　青岛自开埠以来的政治和历史形态，是文学生态生成的底色。在青岛市民报纸副刊、荒岛书店、国立青岛／山东大学等文化空间的聚集与离散，左翼作家最大限度地传播了左翼文化思想，在这一过程中，他们的文学活动与新文学在青岛的传播互动相生。在新文学"生地"青岛，左翼作家具备了发表作品与言论的充足空间，这也在客观上改变了青岛新旧文学的格局和固有的文学生态，加速了新文学在青岛传播的进程。由此可以管窥新文学在主流文化城市以外得以扩大的一种路径。

结语

　　20世纪30年代，不同地域、不同职业与不同生活背景的南北左翼作家在青岛停留、汇合，以青岛在地的市民报纸副刊为主要阵地，发表作品、办报办刊，以文学作品、漫画、木刻等不同的艺术形式继续建设和传播左翼文化理想，与主流文坛遥相呼应。居住在海滨城市青岛，他们不能不受到在地自然与人文风物的熏染，因而作品中融入了很多海滨避暑图景与人文景观，借此抒发对贫富差距和阶级矛盾的不满，一定程度上开拓了左翼文学的表现题材。同时，左翼文化人在荒

---

① 国立山东大学出版委员会编，1934年5月创刊。发表的大多为学校教师的作品。

② 1935年10月7日在《青岛民报》副刊出刊。创办者不详，撰稿者是较为固定的几人。通信地址为国立山东大学26056号信箱。以作品的面貌来看，应是学生创办。

③ 国立山东大学国文学会创办的刊物，1936年11月20日在《青岛民报》副刊出刊。

岛书店、国立青岛/山东大学的一系列的活动，不仅改变了青岛报刊文学的状貌，也为新文学在青岛的传播加速和助力。左翼作家在青岛的文化实践，呈现出极为明显的流动性特点，在这里，流动具有多层含义，既是左翼作家的地理空间的变迁，也是左翼作家与自由主义文人、不同文化团体的互动相生，在此基础上，呈现出左翼文学活动促动之下新文学在青岛传播的动态进程。

原刊于《中国现代文学研究丛刊》2019 年第 11 期

国立青岛大学与后期京派文学观的形成

王　平

　　1934年兴起的"京海论争"，将京派这一结构松散、主旨繁复的文学流派划分为前期和后期这样两个迥然有异的历史阶段。对于后期京派而言，沈从文无疑成为其文艺观念的主要凝练者和表达者。梳理沈从文文学思想的流变历程，《文学者的态度》这篇文章自然会引起人们的关注。这是沈从文发表在1933年10月18日天津《大公报》文艺副刊上的一篇短文，然而正是这篇短文标志着后期京派文学观的最初萌芽，同时它也开启了那场著名的"京海论争"。之后，沈从文又连续发表了《论"海派"》《论冯文炳》《论穆时英》等系列论文，集中阐述了他的文学思想——本于自然的审美理想主义的文艺观念。

　　可以看出，1933年前后是沈从文文学思想形成的关键时期，同时也是京派文学观由前期向后期嬗变的关节点。在这里，我们要追问的是：沈从文是在何种文化语境中形成了审美理想主义的文学思想？有哪些文化资源对其产生了直接的催化作用？沈从文与这些文化资源之间存在怎样的复杂纠葛？若要对这一系列问题作出阐释，我们不妨从一个特殊的视角——青岛的大学文化——切入。自1931年8月至1933年9月，沈从文应聘到国立青岛／山东大学（位于今中国海洋大学鱼山校区）任教。在青岛的独特文化氛围中，他迎来了自己的创作繁荣期和文学思想成熟期，《文学者的态度》一文即酝酿、构思于青岛。可以说，是20世纪30年代初名家云集的青岛使沈从文受到了理论上的启发和砥砺，而当时国立青岛大学的"文化气场"则直接催生出代表后期京派审美品格的文学观念。然而，作为北平、上海之外的城市文化"第三极"，青岛在"京海论争"中的意义却未能在文学史上彰显出来。鉴于此，以国立青岛大学为中心，细致梳理沈从文、梁实秋等人的文学理念及其异同，可以更准确地分析、考察后期京派文学观的生成背景及其复杂构成。

一

1930年5月，杨振声受国民政府委派筹办国立青岛大学并出任第一任校长。这位昔日的文学研究会小说家自上任之日起，即效仿蔡元培"兼容并包"的办学思想广揽贤才，从京、沪地区乃至于海外聘请众多知名教授来青任教。一时间，青岛这一既往的文化边缘地带名流荟萃，充盈着浓郁的学术氛围。值得注意的是，由于杨振声亦有新月派背景，因此在受他感召前来国立青岛大学任教的文学教授中，以新月派同人居多。闻一多、梁实秋、沈从文、赵太侔、方令孺等新月派成员汇聚于此，并形成了一个相对独立的文学圈子，于是就有了"新月派主青大"之说。

对于这一时期的文化生态作一初步考察，我们就会发现，此时的国立青岛大学虽处于创校期，各种条件、设施尚不完备，但对于这群来自京、沪文化中心的自由主义作家而言，却是一个尤为难得的心灵栖息之地。原因就在于，当时此起彼伏的一系列激烈的文学论争使得文坛上的空气愈发紧张，已呈山雨欲来之势，身心俱疲的新月派同人亟须寻觅一处宁静、安详的所在来沉淀情绪、梳理思路、整装待发。在这种情势下，远离中心、氛围宽松的国立青岛大学即显示出一种强烈的吸引力。梁实秋曾坦言："金甫（指杨振声）力言青岛胜地，景物宜人。我久已厌恶沪上尘嚣，闻之心动。"①而沈从文在事隔多年之后亦曾深情地回忆道："山东青岛是世界闻名的海滨避暑胜地。这地方对我半生从事文学写作影响极其深远。我有许多作品，都是在那个阳光充足、景物优美的环境中完成，或当时得到启发于稍后数年完成。"②

于是，在蓝天碧海、红瓦绿树的青岛，这群由文坛中心退将下来的自由主义知识分子开始了一次对于各自文学生涯均起到至关重要作用的沉潜和积累。其间，中文系教授之间的交往颇为密切，据梁实秋回忆："每逢周末，辄聚饮于酒楼，得放浪形骸之乐。"③他们在此自由无拘地谈诗论文，一任激情充溢。但匪夷所思的是，在这频繁的聚会中，却唯独不见沈从文的踪影。事实上，沈从文与新月派之间的关系可谓微妙而又复杂。众所周知，新月派对于沈从文是非常看重的。自1928年起，沈从文在新月派的机关刊物《新月》上相继发表了《阿丽思中国游记》《落伍》《牛》《我的教育》《一个母亲》《医生》《若墨医生》等作品。1929年8月，作为一名来自湘西、刚刚在文坛崭露头角的青年作家，沈从文得以进入上海中国公学任教，即仰仗徐志摩向胡适的力荐。1931年8月，又是经徐志摩等人的推荐，29岁的沈从文离开上海，来到国立青岛大学担任中国文学系讲师，讲授中国小说史和高级作文课程。来青岛三个月后的11月21日，沈从文惊闻徐志摩罹遇空难的噩耗，即连夜乘火车赶赴济南，希望能见他最后一面，由此可见徐、沈二人情谊之深厚。在这种背景下，便有20世纪50

---

① 梁实秋：《谈闻一多》，陈子善编：《梁实秋文学回忆录》，岳麓书社1989年版，第308页。

② 沈从文：《德译〈从文短篇小说集〉序》，《沈从文全集》第16卷，北岳文艺出版社2009年版，第408页。

③ 梁实秋：《雅舍忆旧》，天津教育出版社2006年版，第83页。

年代出版的现代文学史著作将沈从文视作新月派作家加以评述。①

　　尽管沈从文与新月派具有千丝万缕的密切关联，但他与新月派成员的个人交往却有亲疏之分。在小说《八骏图》中，沈从文以冷峻的笔法描述了甲、乙、丙、丁、戊等几位教授荒诞不经的私人生活经历，揭示出隐匿在高雅外表之下的灰色灵魂。应当承认，这部小说颇有影射之嫌，以至于沈从文与他的几位中文系同事最终愈行愈远。

　　沈从文与新月派同人之间这种若即若离的复杂关系，在某种程度上并非缘于个人的恩怨，而是各自秉持的文艺观念使然。与现代文学史上的众多流派相近，新月派内部也存有文艺观念的差异，不同的理论倾向相互吸引、相互诘难，在矛盾、砥砺中达成妥协性的共识，沈从文所建构的后期京派文学观便是在这种情势下形成的。在这一过程中，以梁实秋为代表的国立青岛大学新月派作家群所发挥的作用和产生的影响不可忽视。

二

　　沈从文《文学者的态度》一文的标题源自徐志摩的《"新月"的态度》，这篇文章是徐志摩于1928年3月为《新月》杂志所写的发刊词。针对当时文坛上理论派别林立的状况，徐志摩指出，"这又是个混乱的年头，一切价值的标准，是颠倒了的"，"我们在思想上是有了绝对的自由，结果是无政府的凌乱"，若要从根本上扭转这种文艺"荒歉"的局面，需要重新确立"我们所标举的两大原则——健康与尊严"，用"标准、纪律、规范"来重建文学的价值尺度。②

　　对现代文学史作一简略回顾，我们会发现，《"新月"的态度》

---

① 丁易1956年在作家出版社出版的《中国现代文学史略》一书就将沈从文划归为新月派。其后，关于沈从文是否属于新月派作家，学术界亦有争论，可参阅凌燕萍、刘君卫的论文《沈从文是新月派吗——"沈学"文艺思想探究》（《中南民族大学学报》2001年第2期）。

② 徐志摩：《"新月"的态度》，《新月》1928年第1卷第1期。

一文发表的年份正值"革命文学"风起云涌之时，文学的政治宣传功能得到了空前的强化，与此相应，审美等文学的核心要素却受到了冷落和忽视。作为一个以纯文学建设为己任的自由主义文学流派，新月派在这种语境中发出自己的声音、呼吁重整文学之纲目也就在情理之中了。因此，《新月》的这篇发刊词可以被视作新月派的一个集体性宣言，它所标榜的"健康"与"尊严"两大原则亦预示出新月派同人之后的文学发展趋向。

梁实秋和沈从文的文学思想建构也都是以"健康""尊严"作为立论的基点的。然而值得注意的是，他们虽然理论出发点相同，但其后对于这两大原则的阐发却大相径庭。梁实秋将"人性论"和"天才论"当成了维护文学"健康"与"尊严"的两大利器。他与徐志摩观点相近，认为当时的文坛之所以存在种种影响文学正常发展的因素，原因就在于文学被引入了政治宣传的狭窄轨道。人们以一种急功近利、简单肤浅的方式来看待文学，把文学作品视作可以起到立竿见影效果的政治宣传品，这正是阻挠文学进步的症结所在。梁实秋指出："凡从事于文学事业者，无论是立在创作者或批评者的地位，甚而至于欣赏者的地位，其态度必须是严重的。"[1]而要达成这种"严重"的态度，当务之急就是解除阶级性对于文学的束缚。在他看来，文学的精髓存在于对普遍人性的深刻书写，作为人性的一个组成部分，阶级性虽然也可以成为文学家笔下的一个重要题材，但是却不能越俎代庖地构成一个时代的恒久主题。人生现象纷繁复杂，除却阶级性之外，另有许多微妙含蓄、意蕴深厚的层面存在，简单地以阶级性来取代对于丰富人性的多向度书写，势必会使文学内在的美感受到窒息，其中的轻重表里之别须慎重体察。

在对文学"人性论"作出系统阐发的基础上，梁实秋进而提出了"天才论"的主张。他毫不讳言地声称："文学是从人心中最深处发出

---

[1]　梁实秋：《文学的纪律》，《新月》1928 年第 1 卷第 1 期。

来的声音","文学家就是一个比别人感情丰富感觉敏锐想象发达艺术完美的人"①，在这一意义上，文学就是极少数天才的创造。可以看出，在梁实秋的理论视野中，"文学的尊严"与"天才的创造"是相统一的。这也就意味着，他将此时正蓬勃兴起的左翼文学划定在严肃文学的界限之外。众所周知，梁实秋的这一番理论剖白受到了以鲁迅为代表的左翼阵营的激烈驳斥，从而引发了之后颇受瞩目的新月派与左翼作家之争。需要注意的是，在新月派内部，梁实秋的理论也在相当程度上受到了追问和质疑，沈从文的文学思想就是在对梁实秋的观点进行借鉴、反思基础上形成的。

沈从文也将"健康"视为文学发展的第一要务，对于把文学当成宣传工具的做法始终持怀疑、否定的态度。但较之梁实秋，他更进一步，将审视的目光投向了自由主义知识分子内部，认为"讲究趣味"的老京派和"商人气"的新海派也同样阻碍了文学的健康发展。沈从文尖锐地指出：那些"已经成了名的文学者，或在北京教书，或在上海赋闲"，"虽附庸风雅，实际上却与平庸为缘"，想从他们那里"希望什么纪念碑的作品，真是一种如何愚蠢的期待！"②这不啻是阵营内部的反戈一击。我们注意到，沈从文不仅将批判的矛头指向了在现代都市商业氛围中成长起来的海派作家，而且对于自己置身其中的、包括新月派在内的京派文人也给予了辛辣的指斥，甚至对于后者的批评在一定程度上显得更为深入。他对京派作家作过这样的描述："一群新文学作家，在这十年来，可真是出够风头了"，"终日尽管批评、造谣"，"用文学家名分在社会上作种种活动，受青年人崇拜同社会供养"，在他们的引导下，青年人"每天在一堆流行杂志里钻研'浪漫''古典''象征''幽默'字眼儿里，白白的糟蹋掉他们那些宝贵

---

① 梁实秋：《文学是有阶级性的吗？》，《新月》1929年第2卷第6、7号合刊。

② 沈从文：《文学者的态度》，《沈从文全集》第17卷，北岳文艺出版社2009年版，第52页，第50页。

的生命！"①之所以要对自己所处的营垒进行如此严苛的剖析，原因就在于沈从文从某些京派作家身上发现了一种潜存的危险性，那就是较之于偏狭的政治宣传性文学、"游戏白相"的海派消费性文学，以独立、严肃著称的京派文学对于青年的影响更为深远，因而它所彰显出来的负面性因素之危害也就更加深重。

同梁实秋一样，在对文学的"健康"要素进行全面阐释后，沈从文也把理论的着重点落实在了"尊严"二字上，只不过他选取了另一条截然不同的文学尊严的建构之路。在《文学者的态度》一文的开篇，沈从文以娓娓道来的口吻讲述了家中经管厨房的大司务老景其人其事。"这个大司务明白他分上应明白的事情，尽过他职务上应尽的责任，作事不取巧，不偷懒，作过了事情，不沾沾自喜，不自画自赞，因为小小疏忽把事作错了时，也不带着怀才不遇委屈牢骚的神气"，他"那么守定他的事业，尊重他的事业"，其生活态度可归结为"厚重、诚实、带点儿顽固而且也带点儿呆气"②。沈从文将这位诚实、本分、尽职的厨师奉为作家们效仿的楷模，认定无论是作家还是厨师，都是一份值得去追求的事业。而若要使一份事业获得成功，就只有坚守住这种朴素、踏实的态度和精神。在此基础上，他进一步引申出这样的观点："伟大作品的产生，不在作家如何聪明，如何骄傲，如何自以为伟大，与如何善于标榜成名；只有一个方法，就是作家'诚实'的去做。"③

沈从文对文学"尊严"的阐释的确别具一格，他强调的不是作家的阶级、身份、地位等外在标志，而是努力凸显文学事业本真、质朴的精神气度，并将其视作重整文学格局的决定性力量。在20世纪30年

---

① 沈从文:《新文人与新文学》,《沈从文全集》第17卷,北岳文艺出版社2009年版,第83页，第85页。

② 沈从文:《文学者的态度》,《沈从文全集》第17卷,北岳文艺出版社2009年版,第47-48页，第52页。

③ 同②第51页。

代的文学语境中，沈从文的这一理论可谓卓尔不群，业已昭示出一种崭新文艺观念的萌生。

三

将梁实秋与沈从文的文学思想作一对比，可以看出，其中蕴含了两条同中有异的文学阐释思路。梁实秋是从作家的身份归属角度来探讨文学的本质问题的，认为妨碍文学健康发展的主要因素是阶级性对文学的困扰，赋予文学以尊严的力量则源自于天才的创造。而沈从文从作家的态度、精神层面出发，把京、沪都市文人中充斥的"商业性""名士气"视作影响文学生态之大敌，认定只有作家诚实的劳动才可以给文学带来尊严。

这两条阐释思路其实拥有相同的思考起点，即由文学的本质着眼，对于20世纪30年代风云变幻背景下文学的独立性予以全方位观照，以此来重申文学的自律性与规范性，建构起"文学乌托邦"的审美理想。然而，二者间的差异也是显而易见的。首先，批判的矛头不同：梁实秋将论争的锋芒指向了左翼作家阵营，沈从文驳斥的对象则聚焦于自由主义作家所固有的精神顽疾。其次，确立的"文学乌托邦"理想不同：梁实秋不遗余力赞美的是抽象之人性，沈从文所建构的则是本于自然的诚挚之美。

较之于梁实秋，沈从文的独特之处就在于他的视野更为开阔，将目光投向了自由主义作家群体，由单一的外部审视转为一种深刻的内部自省，从而视点下移，完成了对于知识阶层精英意识的有力反拨。这种自省意识无疑成就了沈从文，使其脱颖而出，最终成为后期京派文学的理论代表。究其原因，就在于随着20世纪30年代文学思潮的演进，文学者孤芳自赏的空间已日益收缩。既与现实融合又保持一定的文学独立性、在出世与入世之间达成一种微妙的平衡，这已成为自由主义作家追求的崭新目标，而沈从文的文学思想恰恰应合了京派的这种独特需求。

在这里，我们要追问的是：在众多自由主义作家当中，为何唯有沈从文才得以拥有这种超越性的自省意识？事实上，沈从文的这一自省意识源自他的"边缘化"立场。作为来自偏远湘西的"乡下人"，沈从文始终与都市里的上层知识者具有深深的隔膜，因而能够以一种陌生化的眼光来打量、审视这个充满优越感的精英群体。加之他崇尚与抽象人性相对立的自然人性，希望"把自然人性的鲜活的健康的血液注入这日渐衰朽的民族机体"①，因此这种"边缘化"立场更具有坚实的思想力量。

随着《文学者的态度》一文1933年的写作、发表，沈从文把"边缘化"的立场转化成为一种具有穿透力的文艺观念，而这则得力于他在青岛沉潜的两年时光。作为远离北平、上海文化中心的新兴海滨城市，青岛独具另一种清新、宽松的文化氛围，国立青岛大学新月派作家群则给予他一种思想上的启发和砥砺。置身边缘的沈从文，从而能够穿透文坛主导性思潮的重重迷障，最终形成了以自律、诚实、坚忍为核心的文学观。这从一个侧面昭示出：民国时期的大学文化"作为知识分子的一种生存空间的基本保障，作为现代知识文化传播渠道的基本保障以及作为精神创造、精神对话的基本文化氛围"②，其意义之深远。对于民国时期文学观念的多元共生以及现代知识分子文化生态的平衡，均产生了重要的影响。

原刊于《海南师范大学学报》（社会科学版）2012年第8期

---

① 俞兆平：《卢梭美学视点中的沈从文（下）》，《学术月刊》2011年第2期。
② 李怡：《民国机制：中国现代文学的一种阐释框架》，《广东社会科学》2010年第6期。

—·新史料·—

王统照长篇小说《双清》的由来与版本考释

李　莹

一

1943年7月，《双清》开始连载于《万象》杂志第3年第1期，署名"鸿蒙"，直到1944年6月第3年第12期停载。小说一共二十章，在近一年的时间连载十一期次。①除此初刊本外，目前未见《双清》的单行本。只有先后收录于《王统照文集》（第3卷，山东人民出版社1981年6月版）和《王统照全集》（第3卷，中国工人出版社2009年4月版）的《双清》。然而，对读可知《双清》"身世"的复杂远不止于此，小说"上部共二十章，前十章曾在报纸上刊登，题名《热流》，署提西，经作者生前校阅过"②。这段话要言不烦，对于考辨《双清》的源流、版本等至关重要。

通过查阅1933年的《青岛民报》，可以确认上述引文中《热流》的存在。小说《热流》未收录于《王统照全集》，却是《万象》连载《双清》的"前文本"。从两部小说开始连载的时间来看，《双清》与

---

① 《万象》杂志为月刊。《双清》在《万象》第3年第9期中断一期，由第3年第10期接续第3年第8期连载。

② 见《王统照文集》（第3卷）说明，山东人民出版社1981年版。

《热流》相隔了十年。①1981年出版的《王统照文集》以"两掺法"排印《双清》，即前十章、后十章分别依照《热流》校阅稿与《万象》连载稿。为何如此？《万象》杂志载有《双清》全稿，故对编者而言，小说前半部的稿源不至于成为问题。不妨先看《王统照文集》的主编田仲济先生的介绍，他在勾勒王统照创作生命主线时提及发表于1943年的《双清》："在诗人的存稿中有这同一篇的剪报十章，并经作者亲手校订。题名为《热流》，署名提西。"②在《王统照文集》的序言和第3卷编辑说明中，田仲济先生两次提到王统照校订《热流》剪报，不难知道，他一定熟知这份剪报手稿，并且对此十分重视，才会以《热流》校阅稿代替《万象》连载稿的前半部编印《双清》。

以《热流》校阅稿排印《双清》的前半部，大概还与《王统照文集》艰难曲折的出版经历有关。"从一九六〇年起，将《王统照文集》陆续编迄，交给了出版社。不久，十年浩劫发生了，文稿几乎全部散失"，而面对劫后余生的"作者生前亲自整理的一部分手稿和剪存的报志"③，田仲济先生大概格外珍视，不忍舍弃。生长于现代中国历史语境中的文学，离散是其典型的存在形态。田仲济先生是中国现代文学史的参与者、见证者、研究者，保留《热流》校阅稿的原貌，并将其付梓，可谓用心良苦。《王统照文集》收录的《双清》依照《热流》校阅稿排印，不仅让作家手稿以另一种在场的形式流传，也为深入理解作家、作品提供了重要史料。由此，《双清》的源流已清楚，其现存的两个版本也水落石出了：《王统照文集》版（以下简称《文集》版）与《万象》版。

---

① 《热流》自1933年7月至1933年12月连载于《青岛民报》副刊，共六十七节，是一部未完成之作。

② 田仲济：《序言》，《王统照文集》（第1卷），山东人民出版社1980年版，第14页。关于这份《热流》校阅手稿，笔者曾向刘增人教授与杨洪承教授请教。两位教授均告知未见过此手稿。杨洪承教授还提到，《王统照全集》收录的《双清》，完全依照《王统照文集》排印。

③ 田仲济：《序言》，《王统照文集》（第1卷），山东人民出版社1980年版，第2页。

二

　　将两版《双清》分别与《青岛民报》连载的《热流》对读，可以看出王统照修改《热流》的大体样貌，并推及两个版本出现的先后。具体来说，在小说章节方面，两版《双清》的前十一章半都包含了《热流》在《青岛民报》连载的全部，并在此基础上有不同程度的变化。从第十三章至小说结尾的部分，两版完全一致。经过对读，根据改动内容、改动程度、改动侧重点等方面的差异，可以判断：《文集》版《双清》所依照的《热流》剪报校阅稿要先于《万象》连载稿出现。之所以如此推断，原因有三：首先，对于侵略者日本等敏感字词的处理方面，《文集》版《双清》涉及"日本"的字样，都以"××"代替；《万象》版则或删去，或改为"东北兵"。第二，在小说语言方面，《文集》版修正了《热流》中的错字、语病等问题；《万象》版在校正字词语句的基础上，更注重小说语言的准确度和艺术性，也大大减少了文言、方言的使用。第三，在《万象》版中，作者对小说人物形象的刻画更为细腻，比如对人物相貌、服饰的修改，使得人物与各自的身份、性格等特征更为贴合，显示了现实主义写作的成熟。此外，《万象》版《双清》的标点符号使用更为规范，特别是大大减少了感叹号的使用，将其改用逗号或者句号。以小说开头为例，可大致体会作者对《热流》修改的不同力道：

　　微热的风，冲撞的人群，电灯齐明后的大马路中，一辆精巧华美的包车由如黄雾的街尘中冲过。[1]

——《热流》

　　微热的风，冲撞的人群，电灯齐明后的马路；一辆精巧华美的包车由如黄雾的街尘中冲过。[2]

---

[1]　提西（王统照）：《热流》，《青岛民报》1933 年 7 月 8 日。

[2]　王统照：《双清》，《王统照文集》（第 3 卷），山东人民出版社 1981 年版，第 465 页。

——《文集》版《双清》

微微温热的春晚的南风，使路上行人都感到有点说不出的烦躁。他们向前拥挤，吵叫，仿佛这儿要发生甚么事变，急急地蹭行。但忽然闪过一辆精巧华美的包车从如飘浮着黄雾的街尘里冲去，行人的脚步便骤然松散开了。①

——《万象》版《双清》

作者在小说开头简笔勾勒了一幅城市街景，为故事情节的紧迫感埋下伏笔。通过对比可知，《文集》版开头仅将底稿《热流》的"大马路中"改为"马路"，其后的逗号改为分号。而《万象》版开头的改动更为细致，通过晚春微风的温暾感和行人吵闹拥挤的混乱感，渲染了对外力不可预知的惊慌。特别是，将"一辆精巧华美的包车由如黄雾的街尘中冲过"改为"忽然闪过一辆精巧华美的包车从如飘浮着黄雾的街尘里冲去，行人的脚步便骤然松散开了"，让画面变得更加立体生动，紧张之外还营造了山雨欲来的压抑感。在对读中，不乏诸如此类的案例存在，限于篇幅不一一列举了。

再对照《文集》版《双清》与《万象》版《双清》，尽管有上述细节的差异，但两版的故事情节基本一致。具体而言，前十二章讲述了革命青年卓之在省城探察敌军出兵情报的过程，通过对卓之、大学庶务员于先生、风尘女子笑倩、军阀、政客、士兵、学生、农民、商贩等散点透视的方式，呈现不同身份者对战争的不同心态，以及战争即将来临时省城内外的社会百态。自第十三章起至小说结尾，故事背景从省城转移到乡村朱格庄，主要人物卓之、于先生退场，只保留了成为高大先生义女的笑倩，以笑倩之眼，呈现朱格庄生机盎然的田园风景、简单朴素的人际关系、安稳自足的生活景象的同时，引入一条新的故事线索，即朱格庄遭遇经济衰退的历史变迁，以及面临土匪肆虐的现实危机。两版《双清》的故事情节都在十三章前后出现"断

---

① 鸿蒙（王统照）:《双清》,《万象》第3卷第1期,第61页。

裂"，结合前述小说的创作、发表信息，可推测，《双清》的后八章应是作者在上海期间完成。

　　1937年8月，在青岛被日本军队包围的紧张情势下，王统照与老舍等友人匆忙道别后举家搬到上海。《热流》剪报也许就是他离开青岛时随身携带的。①自上海沦陷后，王统照化名王恂如，深居简出，以开明书店编辑一职糊口度日，唯与柯灵、唐弢、郭绍虞、郑振铎、夏丏尊、李健吾、王伯祥等困居上海的新文学作家交游甚密，此间创作也较以往骤减，就小说而言，整个20世纪40年代仅有《双清》。说到这里，不得不提及《万象》的主编之一柯灵。据王统照儿子王立诚回忆："柯灵先生作为编辑不仅仅是向父亲征稿，而且是父亲在孤岛时期写作的推动者。……我想他一定是一位最善于征稿的编辑，谈来谈去就不谈拉稿的具体的事，但是谈得父亲激情上来，灵感来了，他也就告辞了。"②果然，在接手主编《万象》的一期，柯灵着重介绍了《双清》："长篇创作从本期起增刊了两种。鸿蒙先生的《双清》，和师陀先生的《荒野》。这两部都是极有分量的作品，值得低徊吟味的，我们很庆幸有发表的光荣，请读者注意。"③那么，《双清》"值得低徊吟味"的又是什么？

　　在上海的文化语境里，日伪当局不断强化新闻出版审查制度，封禁有进步倾向的文学作品和刊物，迫害爱国作家。若要发表涉及日本侵华战争题材的作品，对任何作家都是一种考验。然而，王统照的创作热情能够被柯灵点燃，与柯灵接编《万象》后的进步立场有关，但更离不开王统照素所秉持的家国使命意识。在战时上海高压的文化氛围下，王统照发表影射日本侵略与帝国恶行的小说《双清》，既是言

---

① 根据王立诚回忆，王统照有一个南北奔走从不离身的小提箱，里面都是他的作品，有往来信件、日记等，而这些作品在"文革"后失而复得。参见王立诚：《瓣香心语：王统照纪传》，山西人民出版社1999年版，第259-260页。

② 王立诚：《瓣香心语：王统照纪传》，山西人民出版社1999年版，第85页。

③ 柯灵：《编辑室》，《万象》第3卷第1期，第235-236页。

说自己的立场，也不妨说是他与柯灵心照不宣的默契。

为了应对日伪当局的文化审查，处事周密谨慎的王统照自然要将书写抗日意气的《热流》进行一番修改。在《双清》中，他不仅删去了"日本"字样及相关内容，并有意置换了故事背景。将原有的"济南""泰安""青岛""千佛山""普利门""胶济铁路"等真实存在的专有名词进行改写或化名，例如，"济南"改为"省城"，"章丘"谐音为"张秋"，"泰安"改为"安城"，济南的"普利门"改为"永利门"。由此，小说的背景原型即"五三惨案"前夕、北伐战争期间的济南被虚化。然而，熟悉这一段历史的读者不难辨识小说故事的历史原型，"故事发生的地点，一些重大的情节，都不是凭空杜撰，极象北伐军到达济南，济南以及山东所发生的一些事情……甚而连流匪李黑七的窜扰，都是以流匪刘黑七为原型的"①。在历史上确有刘黑七其人，以他为首的土匪群体对济南周边乡村的抢掠烧杀行径，让村民苦不堪言。小说故事背景从省城到乡村的转移，隐含了作者对殖民、资本等外力入侵的批判。王统照自1917年开始发表新文学作品，他的小说创作始终渗透了对于时代和社会的深度思考。正如《万象》版《双清》的插图"喜鹊登梅"所寓意的美好期望，王统照在战时上海发表有抵抗倾向的小说，寄托自己的文学理想和现实期待，也是他在"言辞的联合与警觉"中"有力的显示"②。

三

王统照对《热流》的上述修改与战时上海文化语境的言说策略有关，相较而言，打磨小说人物形象、雕琢润色小说语言、精确标点符号的使用等，显示出现实主义创作的艺术自觉与不断成熟，这离不开

---

① 田仲济：《四十年代王统照的创作活动——论一个作家在抗战中的爱国主义精神》，《山东师大学报》（哲学社会科学版）1982年第3期，第10页。

② 王统照：《繁辞集·序言》，《王统照文集》（第5卷），山东人民出版社1982年版，第371页。

他几年间编辑工作经验的积累①。因而《万象》版《双清》更能够代表20世纪40年代王统照小说创作的水准。以作者对自怜自欺、又怯懦自负的知识分子于先生的修改为例：在《热流》中，于先生的女儿志云"偷看看走在前头扶着明漆手杖的父亲的影子，一动一落地在细沙路上荡步，仿佛是一个无力的幽灵……时时用迟钝而又不活动的眼光望天"②。而在《万象》版《双清》中，作者将"无力的幽灵"改为"久瘸的老者"；将"时时用迟钝而又不活动的眼光望天"改为"时时用迟钝眼光望望虚空"③。于先生身上有王统照自己的影子，从"幽灵"到"老者"的词义褒贬之变，从"望天空"到"望虚空"的一字之差，分明回响着作者环顾今昔的一声喟然叹息。

通过版本对读、校勘等工作，可以发现王统照对《热流》的修改字斟句酌，甚至细化到标点符号。如此精心地校改旧作，当然不会只为纯然地缅怀过去，或谋得"额外的收入支持家用"④，他在字里行间投入了自己十年人生的所思所感。穿梭于过去与现在之间的笔锋，却意在指向未来，"因有已逝的'过去'，才分外对正在逝的'现在'加意珍惜，加意整顿全神对它生发出甚深的感动；同时也加意倾向于不免终为逝者的'未来'……打断'过去'，说现在只是现在，那末，这两个字便有疑义，对未来的信念亦易动摇"⑤。理解了王统照的时间哲学，反观他逐字逐句修改《热流》，这过程何尝不是作者的一番自我镜鉴与涅槃重生。

从《热流》到《双清》，文本流动的样貌也映照了作者十年间的

---

① 1936年7月，王统照接手主编《文学》；1938年7月，应邀主编《大英夜报》副刊《七月》，其后至离开上海前在开明书店任编辑。

② 提西（王统照）：《热流》，《青岛民报》1933年11月8日。

③ 鸿蒙（王统照）：《双清》，《万象》第3卷第6期，第77页。

④ 傅葆石著，张霖译，《灰色上海，1937—1945》，生活·读书·新知三联书店2012年版，第80页。

⑤ 王统照：《去来今》，《王统照文集》（第5卷），山东人民出版社1982年版，第471-472页。

思想历程。由1931年春东北之行对日军暴虐行为的所见所闻开始，王统照受到"九一八"事变冲击后强烈意识到国难的现实和战争的严酷，感喟知识分子在此间的无为，纠正了自己向所主张的人道主义革命观。全面抗战爆发后，王统照一改以往庄重稳健的形象，出任上海文艺界救亡协会筹委会临时执行委员，参加中华全国界抗敌协会上海分会的工作，到不同的场合讲演、集会，"精神亢奋，到处奔走，参加各种大小聚会，访问战区和流离的难民"①，创作了大量救亡主题的诗歌、散文、杂感等，如诗集《横吹集》《江南曲》、小品杂感集《繁辞集》和散文集《去来今》。直到1941年底上海沦陷，王统照深感受挫败。尤其得知青岛的家和藏书被日本军人抢占的消息，家难国难交心，感染伤寒，身体一直未能痊愈，"这场病是他由壮年向老年转化的开端"②。上海七八年间，生活的困窘、精神的焦虑让刚过不惑之年的王统照特别显老，"头发已经秃掉，眼角添上鱼纹，门牙全没了"③。从涌起热流的激情状态到白首杖藜的双清心迹，即小说题目从《热流》到《双清》之变，大概也是十年间作者思想心境变换的缩影吧。

《万象》版《双清》署名"鸿蒙"，不免透露了个人在时代混沌中的不确定感，以及面对家国罹难的无力与失重，纵然如此，王统照仍选择发表《双清》，曲笔言说立场。从青岛到上海，《双清》的写作、发表历时十年有余，不知是历史的巧合抑或必然，与《热流》一样，《双清》也是一部未完成之作，虽然留下了遗憾，但其文本形态却也是中国现代文学在中国社会急速变动发展过程的样貌表征。就本文而言，通过考证、校勘等工作，厘清小说《双清》的由来与版本，并在版本对读中呈现作者对理想与现实、历史与当下、理论与实践、国家与个人等关系问题的复杂感悟。以文本再生产及其内部"裂痕"

---

① 王立诚：《瓣香心语：王统照纪传》，山西人民出版社1999年版，第72页。

② 同①第77页。

③ 朱朗：《王统照先生在青岛》，《益世报》（天津）1947年6月5日。

为症候继续探索王统照思想、心态的变化及其艺术特征，或可更为深入地理解20世纪40年代文学的流动性与多样性。

原刊于《鲁迅研究月刊》2023 年第 7 期

——·师友圈·——

闻一多在国立青岛大学时期的朋友圈

刘怀荣

20世纪30年代的国立青岛大学（位于今中国海洋大学鱼山校区），是中国海洋大学与山东大学共同的发展源头，其文学院首任院长是闻一多。对闻先生在青岛时期的学术、教学及"酒中八仙"等生活趣闻，已有不少文章论及。我们更关注的是1930年8月至1932年7月短短两年间，闻先生为院系建设做出的重要贡献和取得的成绩，此即本文所述闻先生的"青岛功业"。闻先生工作的重点是延揽人才，而他交游圈的朋友们在其中所起的作用尤为关键。

结缘同学

1912年冬，14岁的闻一多考入清华学校，这是一所留美预备学校，学生入校学习八年，毕业后全部资送美国留学。闻一多因故留级两次，直到1922年7月才赴美。在清华学习的十年中，他担任过清华"游艺社"（后改"新剧社"）、"文学社"等多个学生社团组织的负责人，参与《清华学报》《清华年刊》等刊物的编辑工作，与罗隆基、潘光旦、吴泽霖、吴文藻、顾毓琇、梁实秋、梁思成、饶孟侃等同学结下了深厚的友谊。到美国后，他先后在芝加哥美术学院、科罗拉多大学和纽约艺术学院学习三年，结识了赵太侔、余上沅、熊佛西、张嘉铸等留学生。就读于美国科罗拉多大学时，还与罗隆基等人共同发起成立大江会。1925年6月回国后，当月即在《现代评论》发表诗歌《醒呀！》，因此与杨振声结交。不久即加入新月社，与徐志摩一见如故，与饶孟侃、余上沅、张嘉铸、潘光旦等友人有了更多的往来。

闻一多后来几年任职高校的同事，有不少名人，其中有些即为上述同学。如他在担任北京艺术专门学校（后改国立艺术专门学校）教务长期间（1925.10—1926.3），与赵太侔、余上沅、邓以蛰为同事；任上海国立政治大学教授兼训导长期间（1926.9—1927.3），与潘光旦、吴国桢等清华校友为同事；任南京第四中山大学文学院外国文学系副教授、系主任（1927.9—1928.7）时，与陈源、汤用彤、雷海宗、宗白华等为同事，陈梦家、方玮德、费鉴照则是他在该校的学生；任国立武汉大学教授兼文学院院长期间（1928.8—1930.6），与杨树达、邓以蛰、陈源、朱东润、游国恩、谭戒甫、费鉴照等为同事。

1930年6月，闻一多辞去国立武汉大学文学院院长之职，7月被国立清华大学聘为中国文学系专任教授，但他最后应新建国立青岛大学校长杨振声的聘任，与好友梁实秋一起选择了国立青岛大学。以上所述，既是闻一多此前的基本履历，也可发现他的交游圈相对单纯，主要是同学和同事。新月派同人虽比较特殊，但实际上也是以同学为主。

网罗贤才

1930年8月，32岁的闻一多正式入职国立青岛大学，任教授、文学院院长兼中文系主任。这所新建大学于1932年7月被解散并重组为国立山东大学。闻一多于1932年8月，回到国立清华大学中文系任教授。作为学院首任院长，教师队伍建设是闻一多面临的首要问题。他在任两年间网罗的教师，为学院建设奠定了坚实的基础。

梁实秋在《谈闻一多》一文中说："一多除了国文系主任之外，还担任文学院院长。在中国文学系里，一多罗致了不少人才，如方令孺、游国恩、丁山、姜叔明、张煦、谭戒甫等。"①据相关史料，丁山、姜叔明、张煦来校，当在闻一多辞职之后，但梁实秋是当事人之一，他的说法当有依据。丁山等人的引进，或与闻一多任院长时所做的工作有关。闻黎明《闻一多年谱长编》引《青岛大学一览·职教员录》说：

这学年（笔者按：指1931年），青岛大学文学院新聘讲师有赵少侯、游国恩、杨筠如、梁启勋、沈从文、费鉴照，兼任讲师有孙承谟、苏保志、孙方扬、张金梁、刘崇玑，教员有谭纫就。②

张洪刚在《梁启超胞弟梁启勋与国立青岛大学文学院》中也说：

当时（笔者按：指1932年）文学院还有教授赵畸、杜光埙、谭葆慎、程乃颐、马师儒、郭斌龢、宋春舫（兼），讲师游国恩、赵少侯、沈从文、黄淬伯、方令孺、薛彩凤、李方琮及教员、助教30余人。他们担任各门课程主讲，一时在国立青岛大学形成了名家云集的强大阵容，对当时国内文坛影响颇深。③

文学院最初设中国文学系、外国文学系、教育系。上述教师中，程乃颐、马师儒为教育系（教育系于1931年2月独立为教育学院）教授，其他主要是中文和外文系教师。其中，赵畸（赵太侔，1889—1968），戏剧家，毕业于美国哥伦比亚大学，国立青岛大学教务长，后两度任国立山东大学校长。杜光埙（1901—1975），哥伦比亚大学法学硕士，国立青岛大学文学院教授，后任国立山东大学教务长。他与杨振声、赵畸都是国立青岛大学筹备委员。宋春舫（1892—1938），浙江吴兴（今湖州）人，王国维表弟，剧作家、戏剧理论

① 梁实秋：《梁实秋自传》，江苏文艺出版社1996年版，第157页。

② 闻黎明：《闻一多年谱长编》，上海交通大学出版社2014年版，第369页。

③ 张洪刚：《梁启超胞弟梁启勋与国立青岛大学文学院》，《山东大学报》2018年第31期。

家。游国恩（1899—1978），著名楚辞学家。沈从文（1902—1988），著名小说家。方令孺（1897—1976），著名诗人、散文家，毕业于美国华盛顿州立大学和威斯康星大学，与林徽因同为新月派著名的女诗人。这些学者在当时皆为一时之选。

其他学者也不乏名家，如梁启勋（1879—1965），字仲策，梁启超胞弟，毕业于哥伦比亚大学，是著名词人、词学家、翻译家，现代词学建构的奠基人之一。1931年12月受聘，1932年2月到校，任国立青岛大学文学院中国文学系讲师，讲授古典诗词和音韵学等课程。1951年，入选中央文史馆首批馆员。杨筠如（1904—1946），毕业于国立清华大学国学研究院，师从王国维，著有《九品中正与六朝门阀》(上海商务印书馆1930年版)、《荀子研究》（上海商务印书馆1933年版）、《尚书覈诂》（上海商务印书馆1934年版）等。

郭斌龢（1900—1987），字洽周，哈佛大学西洋文学硕士，"学衡派"重要代表。著名语言学家，精通中文、英文、希腊文、拉丁文，并通晓法文和德文。1931年为国立青岛大学文学院教授，后历任国立清华大学、国立中央大学、国立浙江大学外文系教授，1986年在南京大学退休。谭葆慎（1896—?），字敬甫，广东新会人，美国加州大学政治学学士。曾任国立武汉大学教授及北京政府外交部、国民政府外交部秘书。1930年至1932年1月，任国立青岛大学文学院教授。译著有萧伯纳著名剧作《兵器与人》（文明书局1932年版）。

陈梦家（1911—1966），闻一多在国立第四中山大学任教时的学生，他在大学期间即已发表了不少新诗，受到徐志摩和闻一多的赏识。1931年1月，《梦家诗集》由新月书店出版，7月由新月书店再版。陈梦家因此成为新月派的代表人物之一。1932年3月底至7月初，在国立青岛大学任助教。费鉴照，闻一多在国立第四中山大学外文系任教时的学生，著有《现代英国诗人》（新月书店1933年版）和《浪漫运动》（商务印书馆1933年版），闻一多曾为前者写过序。

《国立青岛大学教职员名录》载录文学院教师23位（未含陈梦

家），其中赵太侔、杜光埙两位是建校筹备委员，黄淬伯于1929年10月到校，其余教师外加陈梦家共21位，均为闻一多任院长期间引进，于1930年7月至1932年4月入职①。可见闻先生在人才队伍建设方面的关键作用。更为重要的是，这些教师中当时有声望且后来成就突出者，多与闻一多交游圈的清华大学和新月派有关。这也正是国立青岛大学文学院在一年多的时间里，能吸引这么多的名家加盟不可缺少的前提条件。

交结名家

与学术界的交流是院系建设非常重要的一环。闻一多任文学院院长两年间的学术交流，也与清华同学及新月派密切相关。

由胡适主持的中华教育文化基金董事会下属的编译委员会，是国立青岛大学文学院与学界交流的重要平台之一。1930年7月2日，中华教育文化基金董事会第六次年会在南京召开，会议决定改科学教育顾问委员会为编译委员会，聘胡适为委员长、张准为副委员长。编译委员会分为自然科学和文史两个组。当年9月，中华教育文化基金董事会第29次执行委员会会议通过了胡适推荐的丁文江、赵元任、傅斯年、陈寅恪、闻一多、梁实秋、陈源、姜立夫、丁西林、竺可桢等13位编译委员。编译委员会计划"选择在世界文化史上曾发生重大影响之科学、哲学、文学等名著"，陆续请名家翻译。其中，莎士比亚全集翻译的专门委员会，由闻一多、徐志摩、叶公超、陈源、梁实秋五人组成，闻一多任主任。因时局动荡等原因，这项工作后来由梁实秋一人独立完成，其起点则不能不追溯到1930年。为商讨翻译莎士比亚著作事，胡适曾在1930年8月、1931年1月数次来青岛，每次都会与杨振声、闻一多等人交流雅聚。他在1931年1月25日的日记中写道：

---

① 钱国旗主编：《青岛大学校史》，中央文献出版社2014年版，第97页。

"我同一多从不曾深谈过，今天是第一次和他深谈，深爱其人。"①他还产生了将杨振声、闻一多、梁实秋调入北京大学的想法。

新月派是闻一多与国内名流交往的一个重要平台。1927年7月创办于上海的新月书店，是新月派的重要阵地之一。胡适是书店的董事长，胡适、徐志摩、闻一多、梁实秋、叶公超、饶孟侃、张嘉铸、潘光旦、余上沅、丁西林、刘英士等11人为董事，余上沅为经理兼编辑部主任。闻一多、梁实秋均为新月派中坚，据1927年6月27日和28日《申报》所刊《新月启示》，与闻一多同在国立青岛大学工作的宋春舫是新月书店的创办人之一，方令孺、陈梦家等为新月诗人。因此，国立青岛大学的学潮，有"新月派包办青大"之说，并非空穴来风。从积极的意义而言，正是以闻一多为核心，以包括胡适在内的多位新月派为主力和外援，支撑了国立青岛大学文学院的半壁江山，也使得该院能够在起步阶段即处于学术前沿。②此外，著名学者北京大学顾颉刚教授、山东本地名流赵孝陆、山东省立图书馆馆长王献唐、青岛市市长沈鸿烈等，因学术及工作关系，也是闻一多交游圈中的重要人物。他们对闻一多及国立青岛大学文学院的建设，都产生过积极的影响。

闻一多所成就的"青岛功业"，不仅在当时产生了很大影响，也为后来在国立青岛大学文学院基础上重新组建的国立山东大学文学院奠定了良好的基础。这与该校办学思想、校院负责人的同心同德及青岛地缘的吸引力都不无关系，但闻先生交游圈朋友的加盟和支持，更是不可缺少的。如果再考虑到时局动荡及经费短缺等客观困难，我们不难发现，在院系建设方面，刚刚30岁出头的闻一多实在已倾尽全力，把工作做到了极限。回顾这一段历史，我们在崇敬之外，也应获得诸多启迪。

原刊于《博览群书》2022年第8期

①　胡适：《胡适日记全编（六）》，安徽教育出版社2001年版，第43页。
②　闻黎明：《闻一多传》增订本，人民出版社2016年版，第218-228页。

从"益世小品"到"新地"：
徐中玉国立山东大学期间文学活动的转型研究

李 莹

　　1934年9月，19岁的徐中玉从江阴华士镇乘坐小火轮中转无锡后由水路来到青岛，在国立山东大学（位于今中国海洋大学鱼山校区）文理学院中文系注册报到。1934年秋季学期，与他同时来到国立山大的，还有中文系教授舒舍予、外文系主任洪深和讲师水天同①。由于家境清贫而打算以写作赚稿费维持大学每年约二百大洋的花销，徐中玉开始了一发而不可收的文学创作。不仅如此，在校读书期间他还主编了两份文学副刊——《益世小品》半月刊（天津）和《新地》周刊（青岛）。1934年9月至1937年11月，徐中玉共发表了百余篇文学作品，涉及小品文、小说、诗歌、翻译等多种体裁。但这些作品在后来的《徐中玉文集》中，并不见踪影。而在回忆文字中，徐中玉常常提及在国立山大期间的求学经历和师友，以此为他文学创作和学术之路的起点。因此，考察徐中玉在国立山大期间的文学创作、编辑实践和社团活动，对于理解他在重庆中央大学、国立中山大学读书期间文学兴趣的变化，以及抗战胜利后在国立山东大学、沪江大学、国立同济大学、复旦大学和华东师范大学等地的从教经历和文学思想的承传

---

① 参见《本校新聘教员之介绍》，《国立山东大学周刊》1934年9月24日。

和转型，对于全面理解徐中玉的整个创作生命和思想动态，都具有不可回避的意义。进一步来说，在1937年11月国立山大南迁之前，徐中玉的创作和编辑实践的路径也并非可以一概而论，细读他发表在《语林》《益世小品》《独立评论》《论语》《人间世》《宇宙风》《新地》《光明》等刊物的一百余篇作品，不难发现其创作理路的逐渐衍变，即从1934年入学开始的幽默小品文创作到后期倾向于"文学救国"风格的转型。为何会有如此变化？本文拟从徐中玉如何开始创作小品文、小品文创作中的转向节点以及他在国立山大国文学会内外"文化圈"的自我调适三个方面，论述徐中玉在国立山东大学期间文学创作和编辑实践的转型。

为何是"益世小品"

所谓"益世小品"，不仅指徐中玉发表在他所主编的《益世报》副刊《益世小品》上的作品，还指他在创作之初即以小品文为主要类型的写作。这些作品大部分指向了与读书、文坛论争、日常、成长经历等有关的题材，而就其中的某些问题予以讽刺、批评，或阐发自己的感悟。在大学的第一个学期，徐中玉共有五门必修课程①。从他1934年11月至1935年2月28日发表的二十余篇文章来看，对于徐中玉而言，他大概可以从容应对这五门课。除了发表在《东流文艺月刊》《独立评论》《论语》的三篇作品，其余大部分发表在天津《益世报》副刊《语林》上。从作品的形式上看，除去《蚕茧：一个日本故事》《沙滩上的雨》和《墓志》为译作②，其余都选择了当时盛行的小

---

① 这五门必修课程有丁山的中国通史、游国恩的名著选读、姜叔明的文字学、王国华（王国维之弟）的英语课和周学普的日语课。

② 《蚕茧：一个日本故事》（FUSSAO HAYASHI 作，徐中玉译）为日文翻译，《沙滩上的雨》（Authur Symons 作，徐中玉译）和《墓志》（Watlter de la Mart 作，徐中玉译）为英文翻译。这两篇译文与徐中玉大学一年级第一学期所修外语为日语和英语有关。徐中玉高中就读于师范科，所以学习的科目与学费为一百多块大洋的普通科不同，他所学的课程都与教育学有关，而没有英语和数学。

品文。对于刚刚进入大学的徐中玉来说，能够短时间内在主流的文学刊物上成功发表这些作品，实为不易。那么，值得我们追问的是，徐中玉为何会选择创作小品文？即便有遭遇退稿的情况，他为何仍能发表如此数量的作品？要解决这一问题，就不能不提到徐中玉对新文学的接受史，以及在1934年国内文学生态背景下，身处青岛的徐中玉在文学创作方面具有怎样的优势和局限。

徐中玉在报刊上的创作起于进入国立山东大学之前。从1932年7月开始，他在《社会日报》第一版上发表反映现实生活的社会纪事文章，记录对象为在雷雨之夜仍在修路的工人、苏州河上装卸煤炭的工人、到南京国民政府请愿的学生等。之所以能够捕捉到社会时事所映现出的人生和世相百态，与他定期阅读邹韬奋主编的《生活周刊》中《小言论》不无关系，在一定程度上可以说是《生活周刊》让身处江苏县城的徐中玉接触到了外面的世界。而在新文学的阅读和接受方面，"直到初中毕业，我还不知道当时已有新文化运动。不知道梁启超、陈独秀、胡适、鲁迅这些名字"[1]，1929年秋季进入省立无锡中学高中师范科才听到新文学运动中上述人物的名字，才了解这些人影响下五四运动倾向的大致情况。在高中的图书馆，徐中玉读到的第一本小说是施蛰存的《上元灯》，后来才接触到《现代》和《中学生》杂志。在《我的读写之始》一文中，徐中玉对这一时期的写作回忆道："有个老同学在报馆工作，副刊没有稿酬，可赠阅报纸，约我写稿，因寄去就会发表，引起了我的兴趣。自然都是幼稚的习作，但看到印成铅字，就很高兴，我还从未有过这样的感情。"[2]这是初始阶段写作带给徐中玉的荣誉感和满足感。如果循着初期写作风格的走向，徐中玉在大学期间继续创作与劳苦大众有关题材的反映社会现实的作

---

① 徐中玉：《追念马仲殊老师》，引自灌云县政协学习文史委员会编：《灌云文史资料》第14辑，2007年版，第136页。

② 徐中玉：《我的读写之始》，引自灌云县政协学习文史委员会编：《灌云文史资料》第14辑，2007年版，第140页。

品，会更显得入情理，但他选择了当时极盛的小品文。理清这一转变的内在缘由，对于理解在国立山东大学时期徐中玉的创作，是必要的工作。

家境原因，初中毕业后，徐中玉选择了免收学费和饭费的高中师范科，在规定的两年小学服务期满后，又选择了费用较低的国立大学。如徐中玉自己所言，他创作的初衷，是为了赚稿费而维持大学生活。因此，他首先要考虑的是哪类文体受报刊欢迎，兼及比较不同刊物稿费的多少。1934年，继《论语》之后，《人间世》创刊，中国现代文学迎来了"小品年"。创始人之一林语堂在发刊词中说："盖小品文，可以发挥议论，可以畅泄衷情，可以摹绘人情，可以形容世故，可以札记琐屑，可以谈天说地，本无范围，特以自我为中心，以闲适为格调……"①这些可以写的题材，在徐中玉的初期创作中都有所涵盖，比如发挥议论的《论是非》《论静趣》《论大众语纷争》，畅述衷情的《童年与天真》《北国的海滨》，摹绘人情的《藏书与读书》《坐车》，形容世故的《不如意事》《吃饭统治》，札记琐屑《读书的方法》《漫谈"批评"》。小品文旨在强调性灵、自由和文学的独立性，也因此招致了左翼文坛的批评。回到具体的历史语境中，在小品文与左翼文学论争的思潮中，本文探究徐中玉的文学创作是否有较为明确的立场，他的文学观又是如何呈现的。在《读书随笔》一文中，徐中玉写道：

古人读书，"学而优则仕"，目的固在乎做官。今人读书，说是为要救国，而目的也在洋房汽车之间。所不同的，那是古人较优、今人则圆活得多。他们看得起"青衿一袭"，代价是"十年窗下"；而今人则未识之无，官热已中；恨不能早达正果，轻松松地。还有的是在大体上说，古人较口直，不讳言做官。今人又不然，心里谋官，嘴里骂官，心浊而嘴白清；一但身入龙门，便能赶紧"转变"，"义无

---

① 林语堂：《人间世·发刊词》，《人间世》1934年4月5日。

反顾，不敢后人"。至如清白云云，廉洁等等。那当然又属"于卿底事"之流，不堪再说！近来，"世风日下"，"人口增多"，社会党己，"罪孽深重"，那么这为适应环境计，要在达尔文所说的条件之下求生存，吃饭拉矢，自未可厚非。然而要亦为人世间一人进步也。

其实古人读书，能跳出去名利圈者亦复不少。这正和处今日而言幽默，便被目为亡国文妖一样。人生有苦有甜，既不为做官而生，又不为说苦而死，其中却还有道理。这道理是革命也好，幽默也好，甚至标语口号虚伪假善都好。世界上的全是美，丑也是美，何况幽默未必竟是丑。幽默如果足以亡国，那已不待今日矣。①

从这一段评述中，可以看出徐中玉对幽默小品文的态度。他认为幽默在根本上是文学风格的一种，而不应将其提升到政治的高度，以统一的标尺评判好坏。在这里，他所暗示的是左翼文坛对幽默小品文的不满。这篇文章最后写道："刻意求清，清未见而浊已显。做人亦何莫不是这般。存心平凡，做个平凡的人，能够如此的，实际已为非常人了。"②徐中玉所大力实践的小品文创作，可以说是对这篇随笔所论述的观点的最好诠释了。

同样不能忽略的是，1934年，随着南京国民政府"文化围剿"的强度加大，即便作为一部分左翼文化人的"避暑"之地青岛，也"在近数月间，并经密派宣传科工作通知徐舆在本市各书店查出各种反动刊物数百册。现除荒岛书店内所查出之大批反动刊物自能取获本局，余尚余百余本。"③。而进入1935年后，左翼文学界状况更加恶化，不能不引起写作者的警惕和恐慌。相较于更加容易进入的小品文创作而言，作为刚刚"出道"的大学生，徐中玉没有选择铤而走险。况

---

① 徐中玉：《读书随笔·上》，《益世报·语林》1935 年 2 月 16 日。

② 徐中玉：《读书随笔·上》，《益世报·语林》1935 年 2 月 16 日。

③ 《国民党各省市党部关于"取缔反动书刊"等的报告》，国民党中央宣传委员会编：《文艺宣传会议录》，1934 年 3 月印，转引自陈瘦竹主编：《左翼文艺运动史料》，南京大学学报编辑部 1980 年 6 月，第 332 页。

且，从他的成长经验而论，读书是通向个人理想的一条值得珍惜的路径和机会，得之不易，从徐中玉在国立山大的文学活动来看，他的确一直在积极地融入大学生活和学习。在《性急无益记》一文中，他记述了因为怕错过与友人的聚会，总是焦虑地看时间，因而一整天的行程都显得凌乱而焦躁，结果真正开始聚会时却也没有了兴致。文末有这样一段记录："带着一肚皮怨气，在日记上写道：'修身齐家治国平天下，务要一个镇静，两个镇静，三个还是镇静。平心静气，祸去福来。俺要立志做大官，以后如再性急，必打你两个嘴巴，踢你一脚。特此郑重记住。'"[1]在这段颇具纪实性的文字中，一可以看出徐中玉所接受的具有传统儒家特点的教育历史，一可以看出大学初期徐中玉对未来生活的想象和期许，这在一定程度上影响了他的创作思想和风格。

《芭蕉集》前后的创作调适

1935年，徐中玉的小品文创作达到了顶峰。仅仅一年时间里，他在《语林》《益世小品》等刊物上共发表五十余篇作品。1935年12月，他计划将"一年来所写自认比较满意二十多篇散文"编成册出版，取名《芭蕉集》。在《芭蕉集·题记》一文中，他回顾了自1934年入学以来的创作经历，并记录了来自读者的反馈意见。其中，"称誉我的一方说我富有热烈的情感，指摘我的一方说我太滥用了情感。为了这有度时期令我完全把笔搁起来了"，对于两方完全不同的评价，"我不知道在文字里应该如何才能节制自己奔放的热情。我正以为如要强自遏止自己的热情无殊在为自己锁上一根重枷呢"。在徐中玉的小品文中，"材料都从最熟悉的事物中得来"，对于这类题材的写作，"我重视人类的爱情，友谊，光明和自由，为甚偏要活生生给压扁榨紧？"而指责他在写作中投入情感过多的，"大部分是些和

---

[1]　徐中玉：《性急无益记》，《益世报·语林》1935年3月8日。

自己一般廿左右的年青人，混和着感动，喜悦，恐惧和惭怍种种情绪，终于令我不能不对自己省察一番"①。从这段不乏苦恼、为难的文字中可知，这大概与当时左翼文人对幽默小品文的批评有关。而此时作为青年学生的徐中玉，也许尚未建立起创作的自信，"我尽力设法把自己逐渐洗出情感的翳障，我慢慢想用理智来驾驭我的热情"。但经过一段时间的改变与尝试，"我依然缺少阻止它（情感，笔者注）过量渗入文字中去的勇气和魄力；这因为我还是个未脱稚气的青年，而青年是每多不能为纯理智生活所束缚的缘故"。在这篇创作自述性质的文字中，徐中玉清楚自己作品的定位，即认为在"创作文字技巧"上也许并不成熟，但他对于写作的态度是"严肃忠诚的"，而非"胡笔乱写"。同时，他坦率地告诉读者，1935年下半年自己的创作数量不多，将大部分精力转移到了短篇小说的读写。这种"丑陋当无可讳言"的态度一如其文风。然而可惜的是，"万事俱备，只欠东风"，《芭蕉集》最终在历史的洪流中悄无声息地沉没了。

徐中玉之所以会有如此纠结和两难，一方面，这与20世纪30年代国立山东大学的文化生态不无关系。国立山东大学有着非常浓厚的学风。1932年，曾因为进行学分制改革，而引发了轰动一时的学生罢课事件。到了1934年，国立山大的学则进一步修改，"学生全年所修学分有二分之一，或必修学程三种不及格者，令其退学；学生全年所修学分有三分之一，或必修学程二种不及格者，留级一年，但不得留级二次"②，而且中文系学生所修第二外语（英语和日语）要连习两年。综观1934—1936年文理学院的课程表，不难发现，中文系的课程任务很重，如果每门课都认真准备和学习的话，对于专业基础不很充分的学生而言，需要付出相当多的时间。另一方面，即便课程学习的节奏相对紧张，但国立山大校园内学生的文化活动并未因此而显得寂寥。在1933—1936年间，由学生所创办文学刊物有《征程》《励

① 徐中玉：《芭蕉集·题记》，《益世报·益世小品》1936年2月9日。
② 《校长室布告（长字第三六号）》，《国立山东大学周刊》1934年10月8日。

学》《文刊》《习斗》《益世小品》《文史丛刊》《中庸》《新地》等，同时，还活跃着习斗文艺社、励学社、国文学会、自由研究社、游艺社、外国文学研究会、国际问题讨论会等学生组织。在活泼的学术风气中，还有另外一股力量暗流涌动，即中共地下党员和有左翼倾向的青年在国立山大校园内所开展的读书会和学生社团活动。他们当中既有李香亭（国立山大地下党支部书记）、王路宾、陈延熙、朱缵高、郁少英、俞启威、李实谔、蔡天心、吴绮、狄庆楼等，也不乏旁听生，比如李云鹤、沈旭、周浩然。国立山大校园内的不同学生团体，常常以不同的形式纠缠在一起。其中，左翼青年学生的力量最有渗透力。1935年，徐中玉在国立山大校园的文艺活动非常活跃。3月24日，他主编的《益世小品》在天津《益世报》创刊。5月24日，参加国立山东大学话剧社由洪深指导的话剧《寄生草》的公演，他的具体工作是为演员提示台词。9月8日，国立山东大学中文系学生组织的国文学会成立，徐中玉是筹备人之一①。10月，国立山东大学戏剧团在原来话剧社的基础上改组成立，徐中玉正式加入，并在洪深的指导下排演独幕剧《一兵士》《玩偶家庭》等。在上述社团活动中，参与成员的身份和志趣不尽相同，话剧社和国文学会里就有相当一部分左翼青年和中共地下党员和团员。由此可知，在排练剧本、组织演讲活动等具体的细节参与中，徐中玉不能不受到同学和校友的影响。

另一方面，在结识了国立山大中文系教师老舍之后，无论课堂内外，徐中玉受老舍的启发和影响很多。在1935年，徐中玉的小品文创作最为繁盛。如前所述，他需要将创作所得的稿费用来支付每年大约200块钱的学校花销。进一步探究，徐中玉的写作在一定程度上也得益于老舍的支持。老舍在国立山大时期的角色，并不是单一的中文系教授，他还是很多青年学生开始新文学创作的启蒙者，是国立

① 关于徐中玉在国文学会的职务，现有论述将其一概而论为"国文学会的主席"或"国文学会的主要负责人"。但实际上，1935年9月，徐中玉为国文学会的筹备人之一，到了1936年9月才成为国文学会的临时主席。

山大一些学生社团的顾问，他所居住的黄县路12号，也常常是学生们的拜访之地。尽管他在当时已是国内的著名作家，但"他绝不是那种稍为有点东西便唯恐人家不知道的人，他的谦虚绝不是故意表现出来的"[1]。对于徐中玉而言，老舍亦师亦友，"我们'文学会'开会时，老舍师来参加过几次，也曾到他家里举行过。他果然为《益世小品》写了文章。每次去看他，总非常热情、坦率，正在写作时也立即站起来，拉手，问又在写些什么，读些什么，想些什么"[2]。老舍不仅鼓励徐中玉编辑《益世小品》这一副刊，还帮助拟定了"益世小品"的刊名，经常给予他创作经验的指导。在《〈罪恶的黑手〉略评》中，徐中玉先对臧克家新诗创作的技巧和题材给予肯定，又提出臧诗的语言有些过于"术语"化，而认为应更加"地道"化，"这一点我记得和老舍先生的谈话中也认为是现在一般新诗作中的通病。老舍先生最近也打算制作些'地道'的中国诗，大众诗"[3]。可见徐中玉对老舍给以的文学指导意见是非常在意的。

　　诚如老舍在《〈芭蕉集〉序》中所言："著者徐君还很年轻，他的文字思想感情经验都还在发展前进，不能轻易下断语……徐君的这些篇文字大都是已发表过的，而且给他带回不少的赞美，用不着我来锦上添花……徐君的文字已有了很好的根底，无论写什么都能清楚有力；他知道怎样避免无聊的修辞，而简明的说他所要说的话。"[4]徐中玉在大学期间，文字、思想、感情、经验上的变化并非无病呻吟式的，若是对他的文学活动进行细致梳理，会发现这些变化有章可循。1935年底的一二·九运动在当时的青年学生中，引发了不小的"余震"。以国立山东大学而言，这个极为轰动青年之心的新闻，甚至引发了"学生罢课，教授集体去职"的大学潮。来自现实生活中的刺

① 徐中玉：《老舍先生和我这个学生》，《收获》1988年第2期，第147-151页。

② 徐中玉：《记老舍师四十八年前给我写的序文》，《读书》1983年第12期，第64页。

③ 徐中玉：《〈罪恶的黑手〉略评》，《益世报·益世小品》1935年6月23日。

④ 老舍：《〈芭蕉集〉序》，《益世报·益世小品》1935年12月22日。

激，对于徐中玉来说是最为直接和鲜活的。面对市里军警用武器暴力对付罢课和绝食的学生，徐中玉也在声援被捕学生的运动中签了名，并开始了思想上的悄然转变。如果说1936年初，他的创作"热情"尚处于"学术救国"阶段，那么，到了1936年10月以后，从在鲁迅逝世追悼会上的演说到加入"抗日民族解放先锋队"，徐中玉在作品中对现实进行观照的"理性"成分渐渐增多。这在他关于"普式庚"系列的文章和发表在《光明》上的《哈尔滨的刑罚》《哈尔滨的侦探》《青岛缉私受伤警方新亭访问记》中都有体现。

在国文学会"文化圈"内外

自1934年9月起，国立山东大学成为徐中玉接受新知识和新思想的重要来源地。在这里，他开始更加广泛地组织和参与各种文化活动，如写作、演话剧、编辑文学刊物、组织文学社团。在与各方不同关系的联结中，他接触到的人中，既有向往自由主义的作家和文学爱好者，也有左翼知识青年和中共地下党员。如果把1934—1937年徐中玉的大学生活做一个横切面的话，不难发现，这些力量几乎一直同时存在，只不过各自的表现形式不尽相同，或隐或显。在国立山大这一文化场域中，徐中玉通过与这些人物的交游，体会的是与"纸上得来"不同的学习方式，即现实的气场与亲身的经历，对个人而言往往更具冲击力。这是以口相传和阅读书籍所无法代替的。生活在社会中的人，一定会受到各种社会关系的影响。徐中玉并不例外。在国立山东大学中，老舍、洪深、张怡荪、颜实甫、台静农等老师，以及各种社团组织的学生，如陆新球、蔡天心，都在不同的层面和程度上影响着徐中玉。他在多方合力中，不断地调适自我，这样的变化过程体现在他的文学作品中，有创作内容的调整、文体的选择变化、投稿方向变化等形式，却并非如线性的转折一般干脆利落，而是充满着纠结、矛盾和怀疑。

自国立山东大学国文学会于1935年10月8日成立，徐中玉始终参与其中，并投入了很多精力。第一任主席为朱缵高。第一年国文学会主要以请校内外的知名学者进行学术演讲为主要活动形式，如张贻荪、王统照、游国恩、周学普。直到1936年9月26日，国文学会在新学期的迎新会上进行改选，徐中玉、陈锡恩、王世桃、蔡国政、狄庆楼、许白凝、吴绩七人得票最多，当选为年度干事。这七人中，蔡、狄、许、吴四人都是积极参加左翼文化活动的学生。徐中玉票数最多，当选为临时主席和常务，负责召集干事会，商讨出版文艺理论方向的会刊，并将国文学会细化为新文学、经学、诸子、诗词、语言文字、史实等组，与中文系教师定期组织会面活动。其中，新文学组提议出版一份副刊，"经各会员选举蔡国政、狄庆楼、陈鸥三君负责编辑，并规定凡本属会员每月至少需供给稿件一篇，以资练习写作技能之普遍……由本市民报于每周五出版一副刊，名《新地》"①，徐中玉即在新文学组。通读这一时期的《国立山东大学周刊》，可以看出，新文学组自1936年成立以来，聘请台静农、叶石荪、周学普、颜实甫等教授与会员座谈，讨论的问题诸如《新地》中发表的《待题》一诗的首句问题，象征诗歌和纯诗之难辩解问题，诗歌、小说、戏剧、散文等创作的价值问题，某句古体诗的具体内涵等。改组后国文学会的刊物《新地》，呈现了与《益世小品》完全不同的风格。细察徐中玉在两种刊物上的创作，分析其中的变与不变，可以发现这一时期他如何在国文学会这一复杂的组织中调适自己的内心，体会转变过程中的曲折性和复杂性。

在《益世小品》创刊前的预告中，徐中玉所写的刊稿要求如下：① 不含政治意味，② 尽量减少浮泛空论，③ 非万不得已，不载译稿，④ 刊载"科学小品"及其他。②老舍、洪深、赵少侯、周学普、臧克家、陆新球、马仲殊等是最初的几位撰稿人。其中，周学普为

① 《新文学会周刊〈新地〉出版消息》，《国立山东大学周刊》1936年11月30日。

② 徐中玉：《语林的号外》，《益世报·语林》1935年3月18日。

徐中玉的日语老师，勤于创作；陆新球是国立山大1932级化学系的学生，根据徐中玉的回忆文字，他们应是住在同一宿舍；马仲殊是徐中玉在高中师范科的老师，也是第一位向他介绍新文学的人。徐中玉在《益世小品》发表的作品，可以说与他的刊稿要求是相一致的，如写家乡江阴的春天景象（《江南的春天》），写青岛东方菜市一条街上一个名为塔思拉维斯基的俄国店主，由于经营不善最后沦为乞讨者的命运（《塔思拉维斯基店主》）；介绍读书相关（《读书的方法》《介绍〈新文学大系〉》）；还有诗歌《孤独者》《息工后》《沉默》等。为丰富小品文的创作，他征稿"民间情歌"，认为无论是在创作语言上"提倡大众语"，还是在创作内容上"反映第三阶级第四阶级事"，都"无济于事实"。而其原因在于"握笔者根本不是平民，所见闻与所创作甚难同他们的实生活亲切附合之故"。在他看来，"真正的平民文学，若非出于道地的平民之手，即属假货"①。这是从另一侧面助力小品文创作。由此可见，无论是从作者群体还是从选稿的原则上看，在1935年上半年，《益世小品》搭着小品文盛行的"顺风车"，为《益世报》的副刊增色很多。

直到1936年5月，由于课业负担重，徐中玉辞去《益世小品》的编辑工作，由李同愈接手，另定《文艺周》。在这时，他思想中的"绿色"已经开始"褪色"。"然而，尽管绿色依旧灿烂，尽管芳草明年仍绿，青岛，在我心中终于是已经变成褪色的了。我不能向你们念出自家心胸，我害怕，我不敢。我也无非只是青岛的千千万万暂驻的旅客中的无名的一个而已，一切却来得这样迅速。回想到初初爬上岸头时对于它所抱着的热望——那时我是怎样的惊喜啊！如今，才知道这是被希望所愚弄，被期待所欺诳了。"②这与前文提到的国立山大学潮不无关系，毕竟身边流血流泪的同学与荷枪实弹的官府所形成的强大反差，不能不产生震慑人心的作用。由此，他转而写起"儿时

① 徐中玉：《本刊"民间情歌选"征稿启事》，《益世报·益世小品》1935年6月16日。
② 徐中玉：《绿色的回忆》，《山大年刊》，1936年，第15页。本文写于1936年5月。

的回忆""乡村之慎思","这些过去的记忆和图画也许正足以挽救他的灵魂不致于终极地幻灭。路子是这样晦暗，这样泥泞，由这样辽远，我们还是忍耐一点的好"①。同样阴郁的心绪在《夜雾与"明朗化"》一文中也可看出。

1936年11月1日，国文学会组织教师和学生在学校礼堂举行对鲁迅先生的追悼会。在题为《敬悼鲁迅先生》的文章中，徐中玉写道："依着他的指示和教诲，尽可能地学习着他那坚苦倔强的斗争的精神，踏着他已经走上而没有到达目的地的道路，叫醒着大家一同继续前进，不流一滴眼泪，不吐一声叹息，不惜任何一点牺牲，英勇地，坚决地，跟一切的恶势力斗争到底。"②对比1936年5月的偶有哀愁和迷茫，不难发现，徐中玉的文学思想已经发生了较大的转变。若对比在1935年力挺幽默小品文时期的徐中玉，已判若两人。随着他在国立山大时间越久，徐中玉所参与的文学活动越多，尤其是负责管理国文学会以后，交游的范围越来越广，他的朋友圈也随之扩大。在参与《新地》编辑的过程中，他还认识了《青岛民报》副刊主编孟超（"左联"发起人之一）。在与不同人物交往的过程中，徐中玉接触到的一定是各路纷繁复杂的信息流，若是要求他保持一成不变的思想，也许强人所难了。

从1936年徐中玉发表的文章来看，比前一年的密度有所降低，而发表的刊物也由《语林》和《益世小品》，转向了《中外月刊》《图画周刊》《文学导报》《逸经》《光明》《国闻周报》等更为多样的刊物。对于这样的变化，他的解释是："只在后来受到鲁迅先生议论也包括老舍先生趋向渐变的影响，才转而向《东方杂志》、《国闻周报》、

---

① 徐中玉：《绿色的回忆》，《国立山东大学年刊》，1936年，第16页。本文写于1936年5月。

② 徐中玉：《敬悼鲁迅先生》，国立山东大学国文学会编辑：《鲁迅先生追悼会特刊》，由《青岛民报》出刊，1936年10月31日。

《光明》等报刊投稿了。"①同时，因1936年学潮而辞职的洪深，也对徐中玉有所影响。"洪先生不久离开青岛，回上海编宣传抗日的著名半月刊《光明》去了。由于他来信的鼓励，我为《光明》写过几篇文章。记得其中有一篇是写一个因阻击日本浪人在上海走私破坏我经济而被刺伤的警士亓新亭的；还有一篇《哈尔滨的刑罚》，记述日本侵略者在那里残害中国人民的罪行。洪先生鼓励我多写些这类文章。信中的话不过几句，但他的热情与关心使我奋发。"②但实际上，徐中玉并没有完全告别小品文创作，他在《中学生》和《宇宙风》分别发表了《笛的故事》（1937年2月1日）和《谈寂寞》（1937年4月16日），而且，在《新地》周刊中，相较于蔡天心以对现实黑暗的揭露和斥责为主的明朗文风，徐中玉的《朱柳》（1936年11月20日）和《寄商君白下》（1937年3月19日）还是以小品文式的格调写就。1937年7月7日，卢沟桥事变爆发。8月，尽管家人极力挽留，徐中玉仍坚持返青，加入国立山大同学们组织的救亡宣传队，并到崂山的农村演出《放下你的鞭子》《张家店》等街头剧。同时，加入了由吴绩担任队长的"抗日民族解放先锋队"。抗战全面爆发后，徐中玉随学校南迁，与青岛时期的国立山大的这一告别，也开启了徐中玉另外一条创作之路。

原刊于《现代中文学刊》2019年第2期

---

① 徐中玉：《老舍先生和我这个学生》，《收获》1988年第2期，第147—151页。

② 徐中玉：《洪深先生二三事》，全国政协文史和学习委员会编：《回忆洪深》，中国文史出版社2015年版，第118页。

──•新源流•──

论王蒙"自传"

温奉桥

青岛现当代作家研究

中国海大百年校庆纪念专号

　　王蒙作为中国当代文学独特的个体性存在，或作为具有特定意义的文学"符码"，由何而来？王蒙这只当代文坛上的"蝴蝶"，究竟是中国当代文学发展的"异数""变数"，抑或必然？《王蒙自传》在相对完整的意义上，感性地体现了王蒙的个性以及精神特征的形成历程。在个体的意义上，这部长篇传记，向我们展示了王蒙如何从一个"北方农村的土孩子"[①]"一个落后的野蛮的角落里的宠儿"[②]成长为共和国文学的一代大家，如何由一个理想主义者最终成为经验主义者，以及这种思想转变的现实合理性和实践根据；而在更为广阔的意义上，从王蒙思想的形成、衍变过程，可以发现当代知识分子如何走向革命，以及在革命的洪流中如何被政治化与组织化。自传中的王蒙，不仅为我们了解和认识作为精神个体的作家王蒙而且为我们了解和认识新中国一代知识分子精神成长以及思想形成衍变的过程提供了可能。

　　托尔斯泰因其创作真实地再现了俄国社会的变迁和革命的进程，曾被列宁称为"俄国革命的一面镜子"。任何大作家，其思想和作

[①]　王蒙:《大块文章》,花城出版社 2007 年版,第 204 页。

[②]　王蒙:《半生多事》,花城出版社 2002 年版,第 26 页。

品反映现实的深广度，在一定意义上都是其所生活时代的"镜子"。王蒙是当代中国最具历史感的作家之一。作为一个"历史主义的角色"①，王蒙生活在20世纪这个急剧变动的大时代，其生活和思想上的许多"拐点"②，与半个多世纪以来中国社会的某种思想变化息息相关。单纯从文学的意义上，作为新中国的第一代作家，王蒙参与了共和国文学的完整过程。从20世纪50年代的"百花时代"，中经"反右""文革"，到改革开放的新时期，共和国文学的这段变动频仍的历史，王蒙都是亲历者、见证者，同时也是"反刍者"和"忏悔者"③。因此，《王蒙自传》在一定意义上既是王蒙对自身文学历程、思想历程的总结，也是对共和国文学的一种总结，《王蒙自传》无论是对其个人还是特定的时代而言，同样带有某种"镜像"意义。

一

　　王蒙是个复杂的存在。然而，自传中的王蒙更复杂。"自传"其实就是"通过历史境遇来定义我自身"④。然而，在更多的时候，传主对"历史境遇"的兴趣超越了对"自我"关注的程度。"以《史记》为开端，中国传记的写作实际上形成了在广阔的社会历史背景中写人的宏大叙事传统，后继的传记作者所关注的大多是与历史有关的大局、大事、人物大节，而对于个人的身边琐屑，传主的内心世界一般都不给予过多的关注"⑤。自传当然离不开"大局、大事、人物大节"之

① 王蒙：《共建我们的精神家园——与陈建功、李辉的对话》，《王蒙文存》第17卷，人民文学出版社2003年版，第275页。
② "拐点"的说法，是2006年9月在"王蒙文艺思想学术研讨会"上，王万森教授提出的。王蒙在《大块文章》中认同了这一说法。
③ 王蒙回答陈德宏访谈时所言。此资料复印件保存于中国海洋大学王蒙文学研究所。
④ 〔法〕萨特著，潘培庆译：《词语》，生活·读书·新知三联书店1989年版，第310页。
⑤ 辜也平：《论中国现代传记文学的民族特色》，《文学评论》2005年第2期。

类的"宏大叙事",但是,真正有价值、有意义的还不是这些,而是人物的"内心世界"。《王蒙自传》也写了诸如"反右""文革"、改革开放等当代中国的"大局、大事",甚至不无总结中国当代社会历史经验教训以及思考人与历史关系的宏大意味。通过自己看出一个时代,几乎是一切自传作者的"初衷"。但是,在这部自传中,王蒙对自我"内心世界"即个性精神的关注和表现,超越了对外部事件即时代风云的兴趣,由此,使这部自传不但具有了一般意义上的真实的品格,同时展示了王蒙自我心灵的多维真相,王蒙为自己画了一幅真实的"肖像"——一幅多维的复杂甚至矛盾的精神和心灵的肖像。

那么,自传中王蒙的"自我"是如何形成和"定义"的呢?王蒙是通过"审父"来"定义"自我的,这是王蒙呈现给读者的第一副"面孔"。新时期以来,王蒙一直是一个颇具争议的人物,这是无需讳言的。王蒙引发"争议"的原因是多方面的,其中有一点即是"过于聪明""世故"等。而在《王蒙自传》中,我们却看到了王蒙的另一面,一个决绝的王蒙,这是与王蒙通常留给人们的"印象"所不同的。中国具有悠久的史传传统,司马迁《史记》所体现出来的"实录"品格,一直是中国史传自觉追求的楷模,但这更多地表现为一种理想性境界。事实上,"虚美隐恶",为亲者、尊者、逝者讳,对传主的"理想化",已经成为传统文化的一部分,似乎也已经成为传记的"自然"伦理,特别在我们这样一个对历史深怀敬畏又具有某种文字崇拜的民族,尤显突出。"坦白事实是自传叙事的最高叙事伦理"[1],在一部充满了严肃历史责任感的传记中,所涉及的一切已经超越了道德评判的价值坐标。真诚本质上不仅仅是对良知的挑战,更需要道德和意志的力量。从这个意义而言,自传中的王蒙,将无可避免地面对几千年的文化传统和某种道德甚至审美定势。王蒙已经不自觉地将自己置于传统的对立面。

---

① 王成军:《"事实正义论":自传(传记)文学的叙事伦理》,《外国文学研究》2005年第3期。

英国传记作家李顿·斯特拉屈认为"不偏不倚地追求真实"①是传记的"三大信条"之一。王蒙曾称张洁小说《无字》所表现出来的那种"坦白得不能再坦白，真诚得不能再真诚，大胆得不能再大胆"的书写为"极限写作"②。在这个意义上，王蒙已经逼近了这种"极限写作"。王蒙说自传是他在年逾古稀后写下的一个"留言"，"想说出实话的愿望像火焰一样烧毁着樊篱"。面对历史的真相，王蒙也表现出了某种游移和不自信，如他自问道："你能够做到完全的就是说百分之百的真实吗？不，我没有能够完全做到。但是我做到了，在我的自传里完全没有不真实。"③但是，这种逼近真相的"火焰"，最终还是"烧毁"了王蒙的"理性"防线，那个"聪明"的、"世故"的王蒙开始走向反面，王蒙开始"审父"。如果说《活动变人形》是王蒙在文学的意义上"审父"的话，那么，在他的自传中，王蒙却是站在更高的更理性和现实的层面，"把一个人的真实面目赤裸裸地揭露在世人面前"④。

王蒙的决绝甚至达到了残酷的程度。虽然王蒙深知"对于先人，逝者，保持一点敬意，不是不必要的"⑤，但王蒙更清醒地知道"我的回忆面对祖宗，面对父母师友，面对时代的、各方的恩德，也面对着历史，面对未来，面对天地日月沧海江河山岳，面对十万百万今天和明天的读者"⑥。王蒙对那个"受了启蒙主义自由恋爱全盘西化的害""从来没得到过幸福，没有给过别人以幸福"的父亲——王锦第的"审判"，成为王蒙自传中一件惊心动魄的"事件"。特别是对

---

① 转引自朱文华：《传记通论》，复旦大学出版社1993年版，第93页。

② 王蒙：《极限写作与无边的现实主义》，《王蒙文存》第22卷，人民文学出版社2003年版，第186页。

③ 王蒙：《大块文章》，花城出版社2007年版，第141页。

④ 〔法〕卢梭著，黎星译：《忏悔录》第一部，人民文学出版社1980年版，第1页。

⑤ 王蒙：《大块文章》，花城出版社2007年版，第323页。

⑥ 王蒙：《半生多事》，花城出版社2002年版，第25-26页。

某些隐私如"外遇"的描写,"昨夜宿于日本暗娼家……"①日记的披露,以及父亲如何与母亲、姨妈、姥姥的家庭纷争,直到大打出手以至"脱裤子"的细节等,这在通常的伦理的意义上,确实"是忤逆,是弥天的罪,是胡作非为"②,这不但形成了对世俗伦理的挑战,而且也形成了对传统传记伦理的挑战。"审父"已经成为王蒙的一种庄严的使命:"书写面对的是真相,必须说出的是真相,负责的也是真相到底真不真。我爱我的父亲,我爱我的母亲,我必须说到他们过着的是什么样的生活,我必须说到从旧中国到新世纪,中国人过的是什么样的生活。不论我个人背负着怎样的罪孽,怎样的羞耻和苦痛,我必须诚实和庄严地面对与说出。我愿承担一切此岸的与彼岸的,人间的与道义的,阴间的与历史的责任。如果说出这些会五雷轰顶,就轰我一个人吧。"③这是王蒙内心最激荡的声音,也是迄今我们在自传中所能见到的最坦诚、最光明的文字。王蒙多次谈到自己的"不忍之心",然而,无论是在他的《活动变人形》还是自传中,他却"起诉了每一个人"。王蒙的"审父"甚至超出了读者所能够接受的心理承受能力。这是一个超越了世俗伦理的、决绝的、义无反顾的王蒙。

自传作为一种"最富有刺激性"的文学形式,其魅力恰恰来自作家"毫无遮掩地对待他的一生"④。然而,这并非一件容易的事。这需要克服人性的不自觉自我美化、自我掩藏等弱点,还需要作者有勇气和力量面对道德的责问,这并不是每一个人都能做到的。因此,在文学作品特别是传记中,与那些表现个体性隐私相比,人们更愿意表现那些"世俗伟大的功业和事变",这就形成了"中国文人写自传,

---

① 王蒙:《半生多事》,花城出版社 2002 年版,第 18 页。

② 同①第 14 页。

③ 同①第 14 页。

④ Stephen Spender, "Confessions and Biography", *Auto Biography: Essays Theoretical and Critical*, Princeton University Press, 1980, p116.

归根到底都是为了强调自己的正确"①的倾向，这实际上是一种文化性格的缺陷。王蒙在努力超越这种文化的力量。与传统自传中的"圣徒"意识不同，王蒙在自传中毫不留情地"揭露"了自己某种并不光明的思想和做法：王蒙被打成"右派"在京郊劳动时，夫人崔瑞芳"精神奕奕、仪态从容"地来到劳动农场看他，王蒙则"面红耳赤，无地自容"，并告诫崔不可对"右派"们"太热情"；"文革"一开始，王蒙害怕"祸从笔出"，烧掉了所有的字纸，"不论接到什么尊长的信，我都立即用来如厕，很少在家中保存超过三个小时的"②。这也反映了王蒙"文革"之中的某种真实心态。

同时，自传还表现了一种严肃的反思精神——一种真正的历史理性精神，即对自我的审视和拷问。在中国文化中，我们在个体"私德"方面不乏反思精神，但是在许多历史的大事件中，往往更习惯于"成者为王败者寇"的思维，而不是理性认知。"反右""文革"之后，很多人认为自己是特殊年代的无辜"受害者""被冤枉者"，一味地控诉、批判时代的罪愆，忽略了或者更正确地说不敢正视自己当时真实的内心世界。王蒙在回顾、反思自己被划为"右派"时，认为自己之所以被划为"右派"，并非由于思想上的"右"，实与自己"见竿就爬，疯狂检讨，东拉西扯，啥都认下来"的"一套实为极'左'的观念、习惯与思维定式"有极大关系，"最后一根压垮驴子的稻草，是王蒙自己添加上去的"，是"王蒙自己把自己打成右派"③。王蒙"反躬自问"，"文革"中，"如蒙上峰赏识，如果被召被宣，冷宫里耗得透心冰凉的我会不会叩头如捣蒜做出不得体的事情，丢人的事情，我实无把握"④。王蒙的这种自我忏悔，所需要的并不仅仅是真诚，还需

① 〔日〕川合康三著，蔡毅译：《中国的自传文学》，中央编译出版社1999年版，第206页。

② 王蒙：《半生多事》，花城出版社2002年版，第319页。

③ 同②第173页。

④ 同②第350页。

要真正的敢于面对自我的勇气和力量。

王蒙的反思并非完全面对自己，而是说出了一种至今我们还不能正视的文化或人性的真相。《半生多事》中记述了一位老导演，他本来在"文革"中平安无事，但是不甘寂寞，不甘被"忘却"，"不甘置身于伟大的革命运动之外"，自己跳出来给自己贴大字报，终于被关入牛棚。王蒙认为"反右"运动中"相当一部分不是由于右，而是由于太左才找了倒霉"①，这是王蒙的一个发现。王蒙在回忆"反右"期间对知识分子"思想改造"时坦言，相当一部分知识分子确实具有某种"原罪心理"，对工农"欠着账"，"必须通过自我批判改造，通过自虐性的自我否定，救赎自己的灵魂"，真诚地认为自己"应该晾晒灵魂"②，这在一定意义上揭示了相当一部分"右派"的思想真相以及"反右"运动的某种深层的心理动因。再如，王蒙认为"众右派们也有一种受虐狂，有一种积极性，愿意（？）互相批斗，尤其愿意至少是习惯于把自己身受的一切强梁粗暴施之于人，己所不欲（而不得不接受后），（驾轻就熟地）转施于人。不欲己受，必授他人。不欲，则授受最亲"③。王蒙并没有"把自己打扮成苦主，而把有关的人装扮成魔鬼"④，在那个特殊年代，"右派"的"受害者"身份中也同时流露出某些更为复杂的人性内容：受害者同时也是害人者、施虐者。这个发现其实是相当残酷的。王蒙对那种执于一念的"书生"知识分子是不以为然的，然而，在这里王蒙所表现出来的执拗和"傻劲"超越了一般"书生"知识分子。这是一个陌生的决绝的王蒙。

① 王蒙:《半生多事》,花城出版社 2002 年版,第 179-180 页。
② 同①第 173 页。
③ 同①第 180 页。
④ 同①第 25 页。

二

评论家王干说王蒙是"新中国的一面镜子"。王蒙并非是一个单向度的存在，而是一个文学家、政治家、思想者等多种精神质素的混合体，这是王蒙的独特之处。当然，王蒙首先仍然是作家。作为一个作家，王蒙不仅具有极好的生活感、文字感，而且具有极好的政治感。作家的革命化、政治化甚至组织化是新中国成立后中国作家所共同面对的时代课题，不独王蒙然。然而，这种革命化、政治化无疑在王蒙身上表现得更执着、更强烈，这是王蒙独特的生活、政治阅历所塑就的品格。

在自传中王蒙对自己有一个独特的定位："桥梁"和"橡皮垫"。王蒙要"充当中央与作家同行之间的桥梁"[1]，"充当一个减震减压的橡皮垫"[2]。王蒙的这种定位深刻地影响了他创作的价值取向和审美形态。王蒙谈到自己的创作倾向时说："让我写民俗？大概也就能说说新疆，因为我在那里生活工作过。让我写遗老遗少？我没研究过清史。让我写性爱脱衣？别说裤衩了，就是让我脱上衣光着脊梁，我也扛不住。……我也想书卷气，如兰似菊，可我气韵不对！你让我学富五车？那就是让我裤腰上缠死耗子，假充猎人。我只能写政治生活下的人们，因为我的特点就是革命。"[3]王蒙曾不止一次地感叹自己的经历"太历史了"，"虽然我主张作家写得可以个人一点，也可以写得花样多一些，但实际上我做不到，我的作品里，除了历史事件，还是事件的历史"[4]。王蒙甚至曾羡慕贾平凹《废都》"把社会政治意识形态给你洗得干干净净"[5]，自己却永远做不到，"我无法淡化掉我的社

---

① 王蒙:《大块文章》,花城出版社 2007 年版,第 204 页。

② 同①第 165 页。

③ 《杨澜访谈录》第九辑,辽宁人民出版社 2002 年版,第 77 页。

④ 王蒙:《我们是世界的希望和果实》,《海南作家》1986 年 5 月 8 日。

⑤ 夏冠洲:《生活•创作•艺术观——王蒙访谈录》,《用笔思考的作家》,新疆大学出版社 1996 年版,第 245 页。

会政治身份社会政治义务"①。

那么，王蒙的这种"桥梁意识"或者说"桥梁心态"，是由何而来呢？我认为这源于王蒙的"独一无二的少年革命生涯"所塑就的"干部的心理和习惯"。少年时期的革命经历及其所带来的新中国成立初期的革命者的心态，塑就了王蒙的某种远比一般作家更为强烈的主人意识和政治意识。革命是王蒙的"起点"。20世纪40年代后期，少年王蒙曾"怀着一种隐秘的与众不同与众相悖的信仰，怀里揣着那么多成套的叛逆的理论、命题、思想、名词"②，积极投身到进步学生运动之中。王蒙在少年时代就阅读了大量革命文艺作品以及艾思奇的《大众哲学》、华岗的《社会发展史纲》和毛泽东的《新民主主义论》等革命理论书籍，革命成了王蒙的"童子功"。王蒙的这种早年的地下斗争经历特别是后来的共青团"背景"，构成了王蒙的第一个政治"身份"，也几乎是影响王蒙一生的最重要的精神"徽记"。王蒙后来在回答某些诸如对历史和现状不够决绝的责备时说，"我的起点、出发点、思考的角度就是有所不同"③，王蒙的"起点、出发点"就在这里，这在很大程度上决定了王蒙的精神走向，也决定了王蒙的价值观念甚至思维方式。

在更为深刻的意义上，"审父"为王蒙"自我"的形成和发展规定了方向。王蒙在父亲的身上，已经找到了后来"走向革命"的依据。父亲（其实就是《活动变人形》中倪吾诚的"原型"）的"清谈""大而无当"，"树立高而又高的标杆""绝不考虑条件和能力"的"理想主义"，对所谓诸如"喝咖啡""讲哲学"等新潮和"西洋文明"的"痴迷"以至被讥为"外国六"的做派，以及最终"一事无成"的命运，都在一定意义上成了王蒙的"反面教材"。"父亲"的形象，成为王蒙内心深处的一种永久的自我提醒，也促使王蒙走出那种互为"石碾

① 王蒙:《大块文章》，花城出版社 2007 年版，第 79 页。

② 王蒙:《半生多事》，花城出版社 2002 年版，第 61 页。

③ 王蒙:《王蒙自述:我的人生哲学》，人民文学出版社 2003 年版，第 9-10 页。

子"的生活轨迹，寻找"别样"的人生。这是王蒙最终走向革命的原初动力。

青少年时期的革命经历，在王蒙身上留下的精神"遗产"是多方面的。共和国的第一代青年之所以是"相信的一代"，在于他们经历了20世纪50年代那个激情满怀的理想主义的时代，王蒙曾深受这种理想主义的影响，并使之成为王蒙文学创作的一个重要特色。然而，还有另一方面。王蒙作为一名地下革命工作者，除了地下革命所带来的隐秘的兴奋，更面对着许多实际的、复杂的甚至是危险的斗争。新中国成立前夕，为迎接解放军进入北平，年轻的王蒙曾经佩戴北平市军事管制委员会的胸标和袖标，配备左轮手枪值夜班，散发传单，发动学生参加"护民护城"运动，后来参加开国大典……这种经历是一般作家所没有的。这一方面强化了王蒙的作为革命者的心态，另一方面也使之变得清醒与冷静、理性与务实，不可能简单地从教条出发、从书本出发，而会更注重实践的矛盾性、复杂性。许多学者都充分注意并论及了王蒙创作中的 "革命情结"或"政治意识"，其实这是与王蒙这种独特的政治身份紧密相连的。在当代作家中，像王蒙这样与革命和政治发生如此密切关系的并不多见。革命或政治，对于王蒙而言，绝不是一种外在的东西，绝不是一种单纯的文学叙事对象或叙事策略，王蒙对革命或政治的兴趣，是一种"宿命"："我不能够做出一副'我不喜欢政治'的样子，那是虚假的。我从小就热衷于救国救民"[1]，"中华人民共和国对我从来就没有是身外之物"[2]。因此，王蒙拒绝对现实和历史采取决绝的态度，拒绝成为"对立面"，甚至拒绝鲁迅式的"横站"[3]和成为索尔仁琴式的批判型知识分子。这才是完整意义上的王蒙。

除此之外，王蒙前后十年的"中委"身份和三年的部长生涯，则

---

① 《杨澜访谈录》第九辑，辽宁人民出版社 2002 年版，第 62 页。

② 王蒙：《大块文章》，花城出版社 2007 年版，第 24 页。

③ 王蒙：《王蒙自述：我的人生哲学》，人民文学出版社 2003 年版，第 83 页。

进一步强化了他的这种"桥梁"心态。政治经历之于一个作家并非必需，但有无这种经历却并不一样。王蒙的这种政治经历，其实是他少年时期革命经历的一种延续，这不但极大地拓展了王蒙的"生活经验面"，构成了王蒙"重要的政治经历、政治资源、理论资源、生活资源与文学资源"，而且，更为重要的是，这种政治生活实践"可以去魅、去偏见、去谎言，透过表层看到内里。它使我对许多事不再感觉那样陌生，以及因陌生而神魔化、夸张化、恶意化"①，使王蒙在很大程度上改变了观察社会和看待问题的立场、心态或角度，使王蒙获得了一种使命意识、全局意识，能够更为宏观地、建设性地看待问题，"要当一个和谐的因素而不是生事的因素，要当一个稳定的因素而不是搅乱的因素"②，"起一些沟通的作用，健康的作用，照顾大局的作用，缓解矛盾增进团结的作用而不是相反"③。王蒙的这种独特革命经历，赋予了他"革命者的一种骄傲与特殊身份感"④，王蒙曾不止一次说过："我轻视那种哩哩啰啰，抱残守缺，耍丑售陋，自足循环，只知其一而不知其二其三的死脑筋。"⑤同时王蒙对那些"抓住头发就想上天"的"书呆子"，脱离实际端坐云端的大言欺世者，也表达了他的不苟同。在根本的意义上，是社会实践塑造了作家的思想。王蒙精神个性、思想性格以及价值取向的形成，是与当代中国社会特别是王蒙独特的实践经历分不开的。

然而，这仅仅是王蒙的一个方面。王蒙的复杂性恰恰在于除了这种"桥梁"的角色，王蒙同时还拥有另一个"身份"——"界碑"。也即是说，王蒙除了"左右逢源，前后通透"的一面，也面临着"不完全入榫""不完全合铆合扣合辙"的一面："我好像一个界碑，……

---

① 王蒙:《大块文章》,花城出版社2007年版,第186页。

② 同①第266页。

③ 同①第165页。

④ 同①第43页。

⑤ 王蒙:《王蒙自述:我的人生哲学》,人民文学出版社2003年版,第236页。

站在左边的觉得我太右，站在右边的觉得我太左，站在后边的觉得我太超前，站在前沿的觉得我太滞后"①，这其实就是王蒙所说的"相差一厘米"。20世纪中国社会始终激荡着两种声音，那就是激进主义和保守主义，在这两种思潮激荡中，王蒙确实有"左右逢源"的时候，但同样也有"左右夹击"的窘迫，"左派把他当右派，右派把他当左派"，其实是王蒙必须面对的处境。王蒙在《大块文章》中坦言，他比胡乔木、周扬们多了一厘米的艺术气质与包容肚量和随和，比作家同行们多了一厘米政治上的考量和成熟，比书斋学院派精英们多了也许多于一厘米的实践。王蒙的这种"界碑"式的不被理解和认同的尴尬和窘境，其实正源于他的这种"相差一厘米"。王蒙说："我不是索尔仁尼琴，我不是米兰·昆德拉，我不是法捷耶夫也不是西蒙诺夫，我不是（告密的）巴甫连柯，不是（怀念斯大林的）柯切托夫，不是（参与匈牙利事件的）卢卡契，也不是胡乔木、周扬、张光年、冯牧、贺敬之，我同样不是巴金或者冰心、沈从文或者施蛰存的真传弟子，我不是也不可能是莫言或宗璞、汪曾祺或者贾平凹、老李锐或者小李锐……我只是，只能是，只配是，只够得上是王蒙。"②王蒙之所以不是这些人中的任何一个，在于他的这种思想和精神的独特性。

同时，王蒙的这种"界碑"感，也反映了20世纪80年代以来中国知识界的某种思想现实。新时期"复出"后的王蒙与"青春万岁"时代的王蒙甚至与同时代的作家相比，似乎变得复杂了、游移了，甚至欲言又止了，不再那么"纯粹"（虽然"组织部"时代的王蒙已不那么"纯粹"），不再那么理想主义了，实际上王蒙开始了思想转型。王蒙的某种政治上的主流感和"本质是文人"的特性，使他容易陷于某种思潮的漩涡之中。对于生活和文学的敏锐，使他不满足于当时文学的主流说教，迅速超越了"伤痕文学"和"反思文学"阶段，率先进行了文学上的一些探索和实验，王蒙事实上一度成为80年代中

① 王蒙:《大块文章》,花城出版社2007年版,第175页。
② 同①第230页。

国文坛的"风向标"和"现代派"在中国的代言人，这引起了文坛的某种忧虑，甚至连文学上十分内行的"贵族马克思主义者"胡乔木也"教育"王蒙"不要在意识流上走得太远太偏太各色"①，"少来点现代派"②。对当时文坛的主流意识形态而言，那个"党性特强"的王蒙，无疑已经成为一个文坛和思想界的"远行的叛徒"③；而对于某些简单而又片面的人来说，王蒙反复强调的又是"我已经懂得了'凡是存在的都是合理的'的道理。懂得了讲'费厄泼赖'，讲恕道，讲宽容和耐心，讲安定团结"④；到了90年代王蒙更是开始讲"理性"，讲"理解"，讲"躲避崇高"，王蒙确实成了他们"前进脚步的羁绊"，王蒙正好站在思想上这"两个不能对话的世界"的中间。虽然王蒙反复告诫自己"做一个健康、理性、平衡与和谐的因子"，事实上，就王蒙思想的特点和80年代以来当时中国知识界、思想界意识形态价值动荡的现状而言，王蒙成为"界碑"不可避免。

三

就王蒙的思想和精神完成性而言，半个多世纪以来，王蒙从一个理想主义者转变成了"经验主义者"，从一个革命者转变成了"后革命时期的建设者"。王蒙虽有新中国成立前后参加地下学生运动以及共青团工作的经历，对那种天真的乌托邦思想具有某种"免疫力"，但就王蒙的精神个性而言，那种文人的伤感和理想的一面，要明显于理性和务实的一面。那么，王蒙是如何从那种带有乌托邦色彩的理想主义中走出来，最终变成了一个理想主义的疏离者、审视者，甚至质疑者？王蒙是如何完成了这种"换心的手术"的呢？《王蒙自传》在

---

① 王蒙：《大块文章》，花城出版社2007年版，第152页。

② 同①第162页。

③ 孙郁：《王蒙：从纯粹到杂色》，《当代作家评论》1997年第6期。

④ 王蒙：《我在寻找什么》，《王蒙文存》第21卷，人民文学出版社2003年版，第26页。

展现王蒙个性的形成即精神的自我成长方面，给我们提供了丰富的参照。

法国学者菲力蒲·勒居恩认为自传是"人格的故事"。王蒙的"换心的手术"源于"反右"特别是"文革"的"十年生聚，十年教训"。"十年生聚，十年教训"既是王蒙思想发展过程中最大的"拐点"，也是王蒙后革命时期思想的真正来源和逻辑起点。王蒙说："在我的生活经验中，不但有清明的、真实的、可以理解乃至可以掌握的过程，也有许多含糊的、不可思议的、毫无根据可言的、乃至骇人听闻的体验。"①王蒙的"右派"生涯和"文革"记忆无疑主要是后者的"体验"。这十年的"生聚"和"教训"，成了王蒙思想转变的某种契机："十年生聚，十年教训，我已经不那么年轻，我已经不那么相信概念的区分，命题的转换必定能够决定一切。我知道了一个与方针政策理论同样同时强大的力量：这就是生活，这就是常识，这就是现实。"②当然，也可能在特定的意义上限制了王蒙：从前者而言，这十年"生聚"和"教训"，在很大程度上"重塑"了王蒙，使他走向了人生和思想的另一境界；从后者而言，这十年"生聚"和"教训"，事实上成了王蒙的某种心理和思想另样的出发点和参照系。

对于一个经过了"反右""文革"的中国知识分子来说，理想主义已经成为乌托邦的代名词，起码当人们回过头来再看20世纪50年代的理想主义的时候，虽然在情感上可能仍旧难以忘怀（这一点王蒙同样如此，甚至更强烈。《恋爱的季节》即是这一情感的产物和明证）。但在理性上已经增加了某种警惕性和反思性的成分。"反右"和"文革"不仅改变了一代人的人生轨迹，更改变了一代人的思想走向。经过了"十年生聚，十年教训"后的王蒙，已经明白了"单纯的

---

① 王蒙：《〈王蒙荒诞小说自选集〉序》，《王蒙文存》第21卷，人民文学出版社2003年版，第123页。

② 王蒙：《大块文章》，花城出版社2007年版，第190页。

理想易于通向假大空的自欺欺人"的道理，明白了"激情常常是和思想的贫乏而不是智慧的丰富联系在一起"，更洞彻了"对于天堂的理想也可以把人们驱赶到地狱里"①。王蒙迎来了一个新的思想转型——向经验主义的转型。

王蒙说："经验塑造着不同的人。"王蒙是一个历史的经验和内心的经验都很丰富的人。从历史经验层面而言，王蒙可谓"半生多事"，经历丰富，阅世极深，是个深味中国国情、世态、人心的知识分子。王蒙后来的很多思想，特别是例如不要太"形而上"，要认同生活的世俗性、此岸性的一面；不要走向教条主义，不要大言欺世，要认同常识、常情、常理；不要走极端，不要相信简单化，要认同事物的中间状态、过渡状态等，既与他早年经历有关，更与他十年的"生聚"和"教训"有关。"王蒙思想上的成熟，应当说是从新疆那里开始的。他从底层人的苦难中，意识到了什么，感悟到了什么，他的理想主义，用世的儒家情感，开始饱受着风雨的侵袭。"②王蒙曾说新疆生活是他的"独一无二的创作本钱"，其实，在更深刻的意义上，这不仅是他创作的"本钱"，而且是他思想的新的"出发点"，"是他返观革命的一个新的角度，新的价值参照，新的智慧的援助"③。王蒙作为20世纪50年代"反右"运动中折翅的北京文坛"四只黑天鹅"之一，他与刘绍棠、从维熙和邓友梅相比，他的新疆之行的确具有"逍遥游"的性质。50年代的"右派"生涯和60年代的中年赴疆使王蒙在很大程度上做到了"行万里路，识万种人，做百样事，懂百样道理千样行当万种风物"④，特别是那种世事变幻、荣辱得失，使王蒙从一种更为开阔的价值坐标和更为实践性意义上重新看取

---

① 王蒙:《王蒙自述:我的人生哲学》,人民文学出版社 2003 年版,第 270 页。

② 孙郁:《王蒙:从纯粹到杂色》,《当代作家评论》1997 年第 6 期。

③ 郜元宝:《当蝴蝶飞舞时——王蒙创作的几个阶段和方面》,《当代作家评论》2007 年第 2 期。

④ 王蒙:《半生多事》,花城出版社 2002 年版,第 224 页。

和审视人和社会、历史的关系。

　　同时，王蒙长期生活在社会底层的经验，使他真切地感受到现实的力量、实践的力量和民间的力量。十六年的新疆生活，特别是在伊犁同各族底层劳动人民长期生活在一起，使王蒙"完全改换了视角"，从那种极左政治的虚妄中解脱出来，从那种凌空蹈虚的意识形态的"亢奋性"中解脱出来，认识到生活和存在的"坚实性"，认识到"活着的力量"才是"天下最顽强最不变的力量"。王蒙后来回忆这段经历时说："劳动给我最大的感悟就是要关注生存问题，要关注粮食、蔬菜、居室、穿衣、燃料、工具、医药、交通、照明、取暖、婚姻、生育、丧葬、环境……诸种问题。"[1]王蒙洞见了"理论"、大话、空话的极端虚妄性，更是对那些脱离实际脱离生活捏着鼻子将一切现实生存问题都蔑称为"形而下"的"不可救药的空谈家"和"准精神疾患者"的云端高论极为反感。王蒙曾多次劝告那些喜欢发空论的理论家，要多多注意和联系"中国革命运动的背景"和"特别的中国"，不能闭着眼睛沉迷于与现实毫不搭界的自我循环之中。王蒙这种更具世俗和实践理性思想的形成，是与这近二十年的社会底层生活经历密切相关的。王蒙曾说："我得益于辩证法良多，包括老庄的辩证法，黑格尔的辩证法，革命导师的辩证法。我更得益于生活本身的辩证法的启迪。"[2]这种"生活本身的辩证法"使王蒙远离了脱离实践的教条主义，避免了凌空蹈虚、偏执乖张，而是注重生存、现实和实践，对现实始终保持了一种务实的理解性的建设姿态。王蒙意识到在一个建设时期，人们更需要的是务实和理性的点滴建设，不再是理论的豪华化、"瞎浪漫"、大言和悲情主义。王蒙后来强调人生之"化境"，人生的艺术化，应该说"反右"和"文革"的"生聚和教训"，才是通向王蒙人生"化境"的"酵母菌"。

　　从内心的经验而言，"反右"和"文革"当然是一种乖戾的、痛苦

---

① 王蒙：《王蒙自述：我的人生哲学》，人民文学出版社 2003 年版，第 3 页。
② 同①第 236 页。

的记忆，但这段经历对王蒙个人而言，却成了一种思想"酵母"，发酵、催化出了另一种崭新的思想，这大概就是王蒙所说的生活的"辩证法"。"反右"和"文革"的痛苦经历和建立在这一痛苦经历基础上的对现实和历史的深刻理解和洞悟，是促使王蒙走向一个新的精神世界的思想资源。曾有人问王蒙："50年代的王蒙和70年代的王蒙，哪些地方相同，哪些地方不同？"王蒙回答说："50年代我叫王蒙，70年代我还叫王蒙，这是相同的地方；50年代我20岁，70年代我40岁，这是不同的地方。"①王蒙的"回答"，似乎在开玩笑，其实，在这种"玩笑"的后面，蕴含了诸多的人生体味。"反右"和新疆生活使王蒙沉于生活最底层，懂得了生活的辩证法，也赋予王蒙某种真正"王蒙式"的精神"徽记"："将近20年过去了。王蒙还是王蒙。依旧是布尔什维克，但是一个清醒的、经过各种磨练的布尔什维克。依旧是一个赤子，但是一个成熟的赤子。依旧心头热血奔流，但他不会再为生活中美丽而晃眼的假象所迷惑，单纯又傻气地冲动起来。依旧充满社会责任心，但他更懂得这种责任的严峻性和怎样去尽自己的职责。"②新时期"复出"后的王蒙，曾不止一次表达过类似的观点："二十岁的时候，生活和文学对于我像是天真烂漫、美好纯洁的少女，我的作品可说是献给这个少女的初恋的情诗。初恋的情诗可能是动人的，然而它毕竟是太不够太不够了啊！"③王蒙的这种"清醒"，其实是源于现实的经验，特别是源于"反右"和"文革"的"生聚和教训"。

王蒙说："每一代人都有自己的机遇与局限。"那么王蒙的"机遇"特别是"局限"又在哪里呢？其实，任何的所谓"机遇"和"局限"都是社会实践的产物，"机遇"可能同时也是"局限"。王蒙坦言

---

① 冯骥才:《话说王蒙》,李扬编:《走近王蒙》,中国海洋大学出版社2003年版,第56-57页。

② 同①第57页。

③ 王蒙:《我在寻找什么》,《王蒙文存》第21卷,人民文学出版社2003年版,第25页。

"我不是书斋型的知识分子"①，其实，在一定意义上这就是王蒙的"机遇"，也是王蒙的"局限"。20世纪中国社会的大变动、大激荡和王蒙政治上的早熟以及对革命的兴趣，使他不可能成为"书斋型的知识分子"；但同时，王蒙的"亲革命性"的特点，又限制了他对许多重大问题的更具深度的思考。王蒙的"右派"生涯和"文革"记忆，一方面为他后来的思想，特别是他极富辩证色彩和实践理性的文艺思想的形成提供了契机和可能，但又在另一方向上强化了王蒙的"局限"性一面。例如有的学者认为王蒙后革命时期对极左充满"警惕性"的思想，源于他的"恐惧性思维"："内心的恐惧使王蒙总把恶梦一般的岁月时时加以警惕，时间长了，这种警惕就不再成为一种有意识的理性思维，而是一种无意识的自觉支配。"②这种说法也并非完全没有道理。

王蒙说："历史扮演着人，人表演着历史。"王蒙作为一个独特的精神个体，其复杂性、矛盾性在一定意义上都是历史的"回音"；同时，又是他独特的生活阅历和个性禀赋的产物。王蒙曾以"蝴蝶"自喻："你抓住我的头，却抓不住腰。你抓住腿，却抓不住翅膀。"③王蒙这只"蝴蝶"其实也是特定时代的产物。从王蒙身上，我们的确可以发现更多的社会和时代的影子。在这个意义上，王蒙不仅仅代表了一个独特的文学时代，也代表了中国社会思想文化一个特定的历史时期。

原刊于《文学评论》2008 年第 2 期

---

① 王蒙：《我只是只文化蛆蚓》，《羊城晚报》2000 年 7 月 1 日。

② 谢泳：《内心恐惧：王蒙的思维特征》，《中华读书报》1995 年 5 月 10 日。

③ 王蒙：《蝴蝶为什么得意》，《王蒙文存》第 21 卷，人民文学出版社 2003 年版，第 97 页。

王蒙小说在"八十年代"叙事中的意义

徐 妍

青岛现当代作家研究 中国海大百年校庆纪念专号

在当代文学史上，作家王蒙一直都是一个引人注目的存在。过去的五十多年以来，他的创作力丰沛，中、长及短篇形式无不擅长，小说、散文、诗歌、评论及学术著作也颇丰赡，而他以小说的形式对不同时代的承担和进入，足以调动研究者的绝大兴趣。他以具有时代意义的题材和文本的形式探索，引领我们回返又前行于当代文学的历史图景。从这个意义出发，当20世纪80年代渐行渐远，考察王蒙小说在"八十年代"叙事中的意义，既呈现了王蒙小说路径的演变，又反观了"八十年代"文学的意义。

激情与梦想的集体记忆

文学本身是一种"乌托邦"，但仅仅"乌托邦"之梦不能够承载王蒙的文学理想。或者说，在王蒙的"乌托邦"写作中，政治是一个必须被书写的议题。正如王蒙在一次讲座中所说："很多政治家喜欢文学，也有很多文学家对政治表态。什么原因呢？政治和文学都是社会活动，都是语言的艺术，都有一种激情，由于有了这些原因，政治与文学的关系怎样撕扯你也撕扯不开。"①但是在王蒙的小说中，政治的议题不是压迫于文学之上的权力话语。它不是"被强加或需要解决的"（萨义德语）成分。对于文学"乌托邦"性质的负面因素或者限定，王蒙具有清醒、深刻的认知并一直心怀警惕："文学很容易变成纸上谈兵、无病呻吟，在现实生活中一事无成。一辈子写美人，连个对象都找不到。"②这样，从文学与政治的关系上，王蒙小说的"八十年代"叙事一方面构成了与主流文学界同构的宏大政治理想，另一方面又浸润以文学的真挚情感和深厚经验以及艺术感受力。而且非常神奇的是：文学与政治——这在中国现当代文学史上通常冲突与分裂的两个因素，在王蒙小说中一直和谐地相处。现当代中国作家大多强调政治对文学的压迫性一面，王蒙则肯定政治对于文学的提升作用。在政治和文学的关系中，王蒙更心仪的还是那些伟大政治家写就的不朽之作，譬如王蒙曾经赞誉中国政治领袖毛泽东的词。但是，与此同时，在自我选择上，王蒙宁愿自己成为一位有政治关怀的文学家，因为王蒙认为："一个政治家不能按个人的情绪和兴趣办事。"③所以，王蒙并没有因为个人兴趣而让二者关系对立起来，或者舍弃政治议题。

王蒙对于政治与文学的关系具备高超的处理能力，从他第一部长篇小说《青春万岁》开始，就确立了政治与文学相互生成、和谐拥抱的革命与青春的小说主题。1984年，王蒙曾经追忆《青春万岁》的写作动因："我怀恋革命运动中慷慨激越，神圣庄严，我欢呼大规模的、有计划的社会主义建设的绚丽多彩、蓬勃兴旺，我注视着历史的转变当中生活与人们的内心世界的微妙变化与万千信息，我为我们这一代人——经历了旧社会的土崩瓦解、全国解放的欢欣、解放初期的民主

---

① 王蒙:《政治家的文学与文学家的政治》，王蒙 2006 年 6 月 2 日在中国海洋大学讲演。

② 同①。

③ 王蒙:《探寻中国文化更新与转换的契合点》，《王蒙文存》第 20 卷，人民文学出版社 2003 年版，第 97 页。

改革与随后的经济建设的高潮的一代少年——青年人感到无比幸福与充实，我以为这一切是不会再原封不动地出现的了，我想把这样的生活和人记录下来。"①这段自述不仅是解读《青春万岁》的切入点，而且也是进入王蒙整个小说世界的入口。在这些话语的表述中，虽然王蒙极力规避"五四"一脉现代小说的启蒙者的居高临下的叙述者身份，但也从来不曾将自己的小说降格为凡庸之辈的写作。甚至可以说，在现实的意义上，以《青春万岁》为起点的王蒙小说比启蒙一脉的现代小说更具智性的经验和力量。为一个时代立言、为一代人代言的文学传统与现代知识分子的价值观，一直有机地构成王蒙小说的写作目标和恒久的写作动因。

由这个目标出发，王蒙小说"八十年代"叙事回眸了反右时期和"文革"，并将当代中国"八十年代"隐喻为天堂中的政治。所谓"天堂中的政治"是借用了普林斯顿大学教授、著名书评人迈克尔·伍德的说法。迈克尔·伍德将"天堂中的政治"比喻为批评本身的理想形态，用伍德的话说就是"我试图做的批评的形态"②。但是，对于王蒙小说而言"天堂中的政治"则有特定的所指。即20世纪80年代的王蒙小说仍然坚持以文学的方式关注政治议题，而且政治与文学的关系仍然处于和谐、理想的小说世界中。

从这个意义上讲，王蒙小说的"八十年代"叙事与80年代其他当代作家的创作一样将"激情""浪漫""理想主义""乐观主义""社会主义""历史""文化""使命"作为其关键词。其中"激情"位居首位。其中原因，一方面是80年代整体文化氛围的影响。当时的文化情状恰如作家李陀的回忆："八十年代一个特征，就是人人都有激情。什么激情呢，不是一般的激情，是继往开来的激情，人人都有这么一个抱

---

① 王蒙：《我的第一部小说》，《王蒙文存》第21卷，人民文学出版社2003年版，第88页。

② 〔英〕迈克尔·伍德著，顾均译：《沉默之子》，生活·读书·新知三联书店2003年版，第5页。

负。这在今天青年人看起来可能不可思议。其实那种责任感和激情是有由来的，是和过去的历史衔接的。……那时候人人都相信自己对历史有责任。"①但另一方面也源自王蒙自身的经历：20世纪80年代，复出后的王蒙虽然告别了青春岁月而步入人生的中年时代，虽然经历了升降起伏的生活变迁，但政治与文学结伴同行的"天堂"毕竟失而复得，王蒙倍加珍惜这个"天堂中的政治"而重新燃烧起生命的激情。无论是复出后最早引起争议、发表于1979年12月的《布礼》，还是随后如集束炸弹一样引起文坛轰动效应、发表于80年代初期的《夜的眼》《风筝飘带》《蝴蝶》《春之声》《海的梦》《深的湖》《心的光》《杂色》或者发表于80年代中后期的激情、锐气不减的《焰火》《来劲》《坚硬的稀粥》，都反复出现激情燃烧的诗句。这些句子的微妙和力量主要显现为：在主流文学界看来根本无法避免伤痛的地方避免了伤痛，在主流文学界难以逾越的地方进行了逾越。当主流文学沉湎于历史的伤痛性记忆而难以自拔之时，王蒙小说却以理想主义情怀叙述自己的无怨无悔。当主流文学界徘徊于故事小说与性格小说之时，王蒙率先开启了意识流的心理小说。

但是，王蒙小说"八十年代"叙事从来没有纵容激情，或者说，充沛的激情始终配合以强大的理性。对于这一点，同是作家的曹文轩分析得非常透彻："八十年代的中国心理小说，既不夸大本能和直觉，也不轻视客观现实，理性的光辉始终照耀着心理王国，而引起心理产生各种变化的又正是客观现实——心理是客观现实的聚光点和光的折射棱柱。《蝴蝶》《春之声》《海的梦》莫不如此。"②正是由于理性的把握，王蒙小说的"八十年代"叙事如是看待"八十年代"：人们付出巨大牺牲不是为了倾诉伤痕，不是为了以文学的形式唤起人们怜悯的情感。恰恰相反，在这个失而复得的"天堂"中，"政治"被解释成一

---

① 查建英主编:《八十年代访谈录》，生活·读书·新知三联书店2006年版，第252-253页。

② 曹文轩:《中国八十年代文学现象研究》，北京大学出版社1987年版，第117页。

种重新焕发的生命激情，一种与主流文学话语同构的承诺。

也正是由于理性的把握，王蒙小说的"八十年代"叙事不仅认同，而且先行于80年代文学界的主流话语。譬如：1980年8月，王蒙在中国社会科学院文学研究所、当代文学研究会等单位联合召开的王蒙作品讨论会上的发言中，描述了"八十年代"未来图景："我觉得随着生活的复杂化，随着人们文化水平的提高，它会越来越多要求多线条、快节奏的结构。"①这样的观点，在政治刚刚"解冻"之时，不能不令人叹服其预见力。可以说，80年代文学界的诸种文学现象，王蒙大多前瞻性地有所预见、有所实践。其身体力行的文学实绩正如王蒙在90年代的回顾：从现实主义的回归到现实主义的开拓和超越；从突破题材的禁区到改变题材的观念；从主题的丰富和实在到主题的化解；从风格的被承认到风格的难以捉摸；从语言的生活化到语言的艺术化。②其中原因固然很多，但王蒙的自身经历不可忽略。王蒙一路从"高处"走过（少年时期有过革命经历，新中国成立初期就立下了"职业革命家"的志向，1978年以后历任中国作协副主席、文化部部长），王蒙小说的"八十年代"叙事自然有一种一般意义上的中国当代作家所少有的高度、力量和目光。这种"高处"的视角，使得王蒙小说的"八十年代"叙事虽然与大多数80年代作家一样，书写改革开放的主旋律，但正如"政治家和思春的人写星星月亮不一样"（王蒙语），王蒙小说的"八十年代"叙事在认同于80年代文学界主流话语之时又有所疏离。

王蒙小说的"八十年代"叙事除了激情，还有梦想。因为激情与梦想原本为一体。或者说"天堂中的政治"之于王蒙，与其说是一

---

① 王蒙：《在探索的道路上》，《王蒙文存》第19卷，人民文学出版社2003年版，第40页。

② 王蒙：《新时期文学面面观》，《王蒙文存》第19卷，人民文学出版社2003年版，第269-276页。

个充满激情的"信念"，不如说是一个神圣的"梦想"。王蒙小说的"八十年代"叙事固然关怀现实世界中的政治，但也同样追求理想世界的梦想。这样，"天堂中的政治"一方面指向意识形态层面的大叙事，另一方面也指向理想主义层面的大梦想。不过，这两个方面并不冲突，而是互相生成。短篇小说《风筝飘带》主人公佳原的一段心理活动体现了王蒙小说的"八十年代"叙事立场：将国家意识形态的理想与个人的梦想统一起来。"佳原明白了。佳原也笑了起来。他们都懂得了自己的幸福。懂得了生活、世界是属于他们的。青年人的笑声使风、雨、雪都停止了，城市的上空是夜晚的太阳。"①一对情侣没有获得房子的现实性失落被梦想所填充。这样的例子在王蒙"八十年代"叙事中随处可见。其实"政治"和"梦想"的和谐关系不仅属于王蒙小说，而且属于那个时代的共名。张颐武的一段话语颇能传达80年代的集体记忆："八十年代是中国改革开放的'起点'。当时大家对于未来并不完全清晰和明确，却有一种对于变革的强烈的共识。当时人们对于文革时代的痛苦和压抑记忆犹新，大家都愿意寻找一个不同的未来。尽管人们的思想和意识千差万别，但对于变革的渴望，对于新的生活的期待，对于未来的承诺都是没有疑义的。那个'起点'确实是让中国人获得了新的可能和新的希望。这恰恰是八十年代最为可贵的一点。那时的物质生活仍然很匮乏，那时人们对于外部世界的理解很天真，那时的思想和价值很简单。但那毕竟是我们对于未来的信心的一部分。整个国家和它的人民都沉浸在一种变革的氛围之中，大家做事可能简单和片面，却有一种自信的力量和面对未来的勇气。其实，今天想来，那个时代的共识就是今天的'中国梦'。"②

但是，王蒙小说的"八十年代"叙事与80年代主流文学界有所不同。后者的大部分文学作品只是对现今、眼前的发展变化进行肯定，而对过去的伤痛性记忆进行否定，因此拒绝对过去的记忆进行梦想。

---

① 王蒙：《风筝飘带》，《王蒙文存》第 11 卷，人民文学出版社 2003 年版，第 278 页。
② 张颐武：《"八十年代"的意义》，《北京青年报》2006 年 9 月 3 日。

而王蒙小说不仅将梦幻作为小说的结构，而且将过去的梦幻作为一种真实。这些差异意味着冒险。因为按照当时主流意识形态的观点：梦想意味着虚空和反动。然而，王蒙小说坚持以文学的本体论解释梦想的本质，即在王蒙看来，梦想是主观的真实。正如王蒙1980年8月27日写成的一篇文章中指出："人们的理想、愿望、激情、想象、梦幻……都是生活中确有的，都可能是真诚的，而对于主观世界，真诚的东西就是真实的。"①这种对梦想的理解或许由于过去的生活在王蒙的记忆中不够惨烈，但更主要的是王蒙宁愿以梦想化解过去的苦痛。这种梦想叙事的写作立场，很容易让人联想到50年代王蒙小说的写作，仿佛《青春岁月》序诗中的梦想重新复活。但是，如果说50年代的王蒙小说只是对梦想的形状进行单纯的描述，那么80年代王蒙小说则是对梦想的功能做出现实的回应。这一点，在中篇小说《如歌的行板》的结尾有深刻的体现。当女主人公萧玲历尽磨难，终于听到以往青春时代如痴如醉的乐曲时，竟然心静如止水。不过这种平静不是死寂，而是生发一种新的梦想："现在，仅仅听这种透明而又单纯的音乐，是太不够了啊。我们需要新的乐章，比起贝多芬的第九交响乐，它应该更加雄浑、有力、丰富、深沉……"②梦想不是逃避现实，而是提升现实。这是王蒙小说"八十年代"梦想的形式。

当然，由激情和梦想构成的"天堂中的政治"首先是以文学的形式为前提的。但是，它也来自一种强大的文艺思想的支撑。80年代早期的"八十年代"叙事，王蒙小说主要忠实于马克思主义、毛泽东文艺思想。王蒙自11岁半开始，就接触马克思主义、毛泽东思想——艾思奇的《大众哲学》、毛泽东的《新民主主义论》③。新中国成立

① 王蒙：《是一个扯不清的问题吗——谈文学的真实性》，《王蒙文存》第23卷，人民文学出版社2003年版，第71页。
② 王蒙：《如歌的行板》，《王蒙文存》第9卷，人民文学出版社2003年版，第237页。
③ 王蒙：《敞开心胸，欣赏与接纳大千世界》，《王蒙文存》第20卷，人民文学出版社2003年版，第126页。

后，他一直将毛泽东的《在延安文艺座谈会上的讲话》作为"伟大的起点"。新时期后，他的一系列创作经验谈、理论谈、思想谈都紧紧围绕马克思主义、毛泽东文艺思想的框架而展开。如《"反真实论"初探》《睁开眼睛说话》《生活、倾向、辩证法和文学》等文章，都以毛泽东文艺思想为指导回应了当时的一些热点问题。可以说，马克思主义、毛泽东文艺思想支撑了王蒙小说的"八十年代"叙事的信念。如《布礼》主人公钟亦成在历尽劫难后仍然发出誓言："即使谎言和诬陷成山，我们党的愚公们可以一铁锹一铁锹地把这山挖光。即使污水和冤屈如海，我们党的精卫们可以一块石一块石地把这海填平。"①不过，王蒙的文艺思想在忠实于马克思主义、毛泽东文艺思想之时，也在寻找另一种参照。1982年发表的《谈我国作家的非学者化》《人性断想》等文章透露出这种寻找。当然，这些思想尚处于零散化状态。

阳光和忧伤的个人记忆

王蒙小说的"八十年代"叙事固然认同、承当并先行于当时主流文学界的宏大主题，但与此同时，它也书写了王蒙阳光与忧伤相混合的个人记忆，尤其是那些远去的50年代的青春记忆总是在"八十年代"政治与革命主题的缝隙中渗透出来。可以说，王蒙小说的"八十年代"叙事从来没有单纯地建立在80年代的文化环境之中，它始终与50年代的黄金时代交错、叠加在一起。以"八十年代"的叙述视角追忆50年代，是王蒙小说"八十年代"叙事的特异之处，也是王蒙小说所依托的生命的福地。

从某种意义上说，50年代生活只有在 "八十年代" 叙事中才真正存在过。同样，反过来说，"八十年代"叙事只有和"五十年代"的记忆相互参照才能真正叙述。那么，50年代的生活为"八十年代"叙事提供了什么样的支撑？或者，反过来说，王蒙小说的"八十年代"

---

① 王蒙:《布礼》,《王蒙文存》第9卷,人民文学出版社2003年版,第66页。

叙事让哪些50年代的记忆浮现出来？从总体上来讲，那些与"八十年代"主流话语差异的地方，正是王蒙"五十年代"个人记忆的复活之处。换言之，正是王蒙的"五十年代"的个人记忆为王蒙小说的"八十年代"叙事提供了精神支撑。王蒙小说在80年代的伤痛处怀念50年代的阳光，在80年代的乐观之时渗透着50年代的忧伤。阳光与忧伤的小说品质，与其说接续了王蒙50年代的叙事风格，不如说保留了50年代的个人记忆。如果说"阳光"是革命浪漫主义精神的一种体现，忧伤则是王蒙对个人情怀的眷恋。二者的结合不仅使得王蒙小说产生了动人的情调、景致，而且建立了一个类似巴什拉所描述的"梦想的诗学"。譬如，《青春万岁》的充满梦幻与激情的序诗①与巴什拉的诗句颇为相通："孩子是在自身的梦想中发现神话的，发现他不向任何人讲的神话。那时，神话即生活本身：我体验了生活，却不知我生活在我的神话中。"②只是，王蒙小说的"八十年代"叙事中，阳光与忧伤的成分更为复杂。面对曾经失落的过去，面对现实的生活本身，人们是否能够追寻那些飘逝的梦想？能否在自己身上发现那阳光或忧伤的本体存在？《布礼》《蝴蝶》《如歌的行板》等小说中的主人公曾经被抛到世界上，被抛到消极无人性的世界里，重新获得的世界是否能够让他们回到信任的世界、有自信的生存世界、梦想飞翔的世界？

由此，王蒙小说"八十年代"叙事的代表作大多呈现出一半阳光、一半忧伤的精神气质。其80年代前期的作品《蝴蝶》《如歌的行板》《海的梦》的色调、人物性格都是阳光与忧伤的组合，而且阳光与忧伤的组合处于一种平衡状态。它是理性对激情的掌控。如果忧伤滑

---

① 《青春万岁》的序诗写道："所有的日子，所有的日子都来吧，让我编织你们，用青春的金线，用幸福的璎珞，编织你们。"见《王蒙文存》第1卷，人民文学出版社2003年版，第1页。

② 〔法〕加斯东·巴什拉著，刘自强译：《梦想的诗学》，生活·读书·新知三联书店1996年版，第149页。

向了颓废，那将是王蒙小说"八十年代"叙事所批判的对象。这种叙述的平衡在王蒙的80年代早期的作品中得到完美的表现。无论主人公有过多少伤痛和忧疑，王蒙小说的"八十年代"叙事都竭力展现人物新的形象的光辉。《布礼》中的钟亦成夫妇尽管蒙受冤屈，但一经平反昭雪，便不约而同地手拉手走上钟鼓楼，鸟瞰全城一派春光。《蝴蝶》中的张思远曾经在政治运动中有晴天霹雳之感，平反之后时有悲凉之气，但最终还是怀着期待迎接明天。特别是《如歌的行板》通篇都回荡着柴可夫斯基的小提琴曲，这首名曲构成了小说的主题和结构，甚至它就是一种超力量的存在，正因如此，篇末小说结尾处主人公的"小资产阶级"的忧伤让位于"更加雄浑、有力、丰富、深沉"的新的乐章。这样"五十年代"和"八十年代"两个不同的时代统一在生机蓬勃的个人记忆中。开放的"八十年代"唤醒了黄金的"五十年代"。"五十年代"再次生活在"八十年代"中。

　　但是，随着文化环境的变化和王蒙对于人性探索的深入，王蒙小说的"八十年代"叙事有时出现了阳光与忧伤失衡的倾向。譬如，其80年代中后期发表的长篇小说《活动变人形》中主人公倪吾诚是一个界于阳光、忧伤之间乃至堕入颓废的复杂人物。他热爱生活、追求生活、渴望爱情，充满了对浪漫、阳光生活的向往，然而因为时代与性格的因素，他的生活总是处于忧伤之中，乃至颓废、绝望得不能自拔。小说对于这种人生价值取向选取了爱恨交织的批判的立场。这种批判的立场既有王蒙对小说美学层面的理解，也有王蒙的世界观的规定，还有一个男人对于一个男人的要求，借用王蒙的话语表达："我注意意境和情致，注意语言的音韵、节奏和色彩，胜过了用心谋篇布局、编排故事"①，"我反对非理性主义，我肯定并深深体会到世界观对于创作的指导作用"②，"一个男人一定要咬得紧牙关，不论什么处

---

① 王蒙:《撰余赘语》,《王蒙文存》第21卷,人民文学出版社2003年版,第84页。

② 王蒙:《关于创作的通信》,《王蒙文存》第21卷,人民文学出版社2003年版,第58页。

境，自己起码要扛得住自己"①。

当然，对阳光与忧伤的描述还是停滞在王蒙小说"八十年代"叙事的现象层面，归根结底，王蒙小说的"八十年代"叙事试图在集体记忆之外保留一份个人记忆。迈克尔·伍德说过："文学则是一种自由，不是因为它处理的是想象的题材，而是因为它在心智中重构现实，而心智是一个可以保护的游乐场，一个（有时候）可以躲开政治控制的地方。"②王蒙也表达过类似的观点。"个人记忆"从某种意义上在王蒙的"八十年代"叙事中可以等同于个人自由。"八十年代"叙事从80年代中期以后以《来劲》为代表作品，最来劲的地方就是尽情地享受了一位个体写作者的叙事自由。而这种自由的追求主要体现在文本的营造上。可以说，小说的世界为王蒙提供了无限探索的可能性。在这个自由的世界中，他可以将他的丰富、智慧、自然的生命状态过瘾地表现出来，不必正襟危坐、疑虑重重。如果说，作家王蒙的世界有许多个，那么这个保有个人记忆的写作世界则是他生命的福地。

而且，对个人记忆的忠实与对集体记忆的忠诚，传达了王蒙的文艺思想的另一个维度。如果说从社会学的层面，王蒙小说的"八十年代"叙事坚持了马克思主义、毛泽东文艺思想，那么在美学层面上则蕴含了各种富有创造精神的艺术原则。其中有左翼理论资源的革命浪漫主义，苏联的社会主义现实主义，中国古典诗学理论，俄苏文学的情调和美感以及革命青春主题，西方批判现实主义、现代主义理论。但是，无论多么驳杂，王蒙小说的"八十年代"叙事的文艺理论思想始终服从于现实主义的理性精神。即便是王蒙小说所推崇并实践的意识流，王蒙也没有照搬西方的理论，而是保持自己的理性认知："因为意识流首先是人的构造，是人对自己的意识流动的一种反省、自

---

① 王蒙：《王蒙自传》第一部，花城出版社2006年版，第98页。

② 〔英〕迈克尔·伍德著，顾均译：《沉默之子》，生活·读书·新知三联书店2003年版，第61页。

省、自己对自己的觉察。所以意识流的因素远远在意识流的学说之前就存在。"①

悖论如何转化为"清明"

由于王蒙小说的"八十年代"叙事将最有共名性质的集体记忆从复杂的个人记忆中抽取出来，而那种或阳光或忧伤的个人记忆与谜语般的语境和历史连接在一起，这使得其所叙述的集体记忆与个人记忆都没有被简单地浪漫化。而且王蒙不只有一个小说家的身份，他还曾经是一位主管国家文化领域的政府官员。20世纪80年代中后期，随着多元文化环境的确立、个人际遇的变化、叙事理论的吸取与探索等因素，使得王蒙的"八十年代"叙事发生了从悖论到"清明"的转换。

论及王蒙文学立场的转变，学界大多将注意力集中在90年代以后"人文精神论争"之后的"二王"之争。事实上，在80年代中后期，王蒙小说已经开始从忠诚的确信转向反思的悖论，由单纯的理想主义转向复杂的世俗化理想。于是，王蒙刚复出时，其小说在激情与理性之间的平衡日渐倾斜，阳光与忧伤的缝隙逐渐加大，"八十年代"叙事的悖论不可避免。而这种日渐冲突的悖论主要体现在80年代后期的小说叙事中。

王蒙小说"八十年代"叙事充满悖论话语的是长篇《活动变人形》（1987年3月出版）。这部小说强有力地表现了我们或可称为扭曲的悖论：理想成了一种虚妄的爱的形式，而对理想的偏执追求则是痛苦、最深刻的表达方式。主人公倪吾诚自少年时代就因为"想不清人生的目标、人生的意义、人生的价值"而难以入睡，为人夫、为人父之后，由于更加执迷于西方文明而落得众叛亲离，直至生命即将终结时仍然困惑于："彼岸的世界，你是有，还是无呢？"一生一事无

① 王蒙:《我的几点感想》,《王蒙文存》第19卷,人民文学出版社2003年版,第228页。

成，灵魂无法平静。对于整个悖论的逐渐加剧过程，我们固然可以理解为中西文化冲突的结果，但更意味着王蒙"八十年代"叙事陷入了理想与现实的不可调和的悖论漩涡。小说结尾，叙述者黯然地说："这热烈的痛苦的冲击毕竟把天空荡得摇滚翻覆，以及一再的垂落，终于还是没有飞的重力的威严，终于破碎了的心的梦……原有的位置。又加速，又抛起，又竖直和飞快地旋转。又平息，又下垂，又恢复了位置，一次又一次地飞起，一次又一次地落下，我们怎样结语？是说我们终于飞起，终于实现了人类的永远的热情和愿望，终于唤起了山河和大地吗？还是说我们的热情，我们的幻想，我们的御风而飞翔的梦终于是徒劳，终于还得停下，下到地面来呢？"①这纠结的思绪正显示出王蒙小说"八十年代"叙事的纠结。通过深刻描述理想的扭曲——温柔、可怕、激情、暴力的扭曲，《活动变人形》做到了一方面既毫不留情地描写理想造成的人性的变形，另一方面又不至于使理想的追求者看上去只是精神不健全的变形人。爱与恨、理解与怜悯纠缠在一起，《活动变人形》打破了理想的神话。

　　不过，打破理想的神话，并不是放逐理想，而是由以往单向度的理想主义反观人生和自我。1988年，王蒙发表了五个中短篇《一嚏千娇》《球星奇遇记》《夏之波》《组接》《十字架上》。它们一同传达王蒙对于单向度的理想主义写作立场的消解。其中，《一嚏千娇》犹如《蝴蝶》的续篇，但显然区别于《蝴蝶》双重视角下人物心理由分离到统一的协调过程：在张指导员、张书记、张副部长、老张头之间虽然有庄生梦蝶的恍惚之感，但分明有一种内在的联系，这联系"便是张思远自己"。《一嚏千娇》则选取多重视角，用戏谑的叙述语调，让人物心理始终处于分裂之中。大人物老喷和一介书生老坎相互对比、相互作用却没有相互转化。人物的性格和命运充满叙述的不可靠性，或者无限的可能性。叙述的多重视角超越了叙述学的意义，并关涉王

----

① 王蒙:《活动变人形》,《王蒙文存》第 2 卷,人民文学出版社 2003 年版,第 324 页。

蒙对"八十年代"政治的态度和对知识分子的反思，借用小说叙述者的话语表达："我们是要思考一个问题，坎与喷，他们的相互作用到底是怎么回事。其次，坎与喷，到底哪种类型对国家和社会更有益、有用。"①

这样，王蒙小说的"八十年代"叙事抵达了始自于悖论的"清明"，即王蒙小说的"八十年代"叙事没有让人物在悖论中坠落下去，而是在悖论处重新上升。当人物在悖论中陷落得越深，叙述者的意志和理性就越强大。意志与理性的强大足以弥补悖论的巨大裂缝，正如《一嚏千娇》的叙述者所说："意志和理性可能成为一种压抑，制造出种种的虚伪和变态。但意志和理性也可以成为一种安排，成为一种光照，成为一种合情合理合乎智慧的聪明而又快乐的引导，制造出种种美和善的果实。"②可以说，正是意志与理性的强大逐渐让悖论转换为"清明"，而这种"清明"之境在曾经卷入沸沸扬扬的"稀粥事件"中表现无疑。《坚硬的稀粥》（1989年）可以作为多重意义的文本进行解读，因为它将政治、经济、文化、家庭伦理问题放置在一起进行构思。但是，令人拍案称奇的是：那么多问题所引发的悖论竟然悄然平息了。就连小说中"比正式成员还要正式的不可须臾离之的非正式成员——徐姐"的无疾而终也没有掀起情节的波澜。一切悖论都始终符合叙述者的预期："理论名称方法常新，而秩序是永恒的。"③同时，一切悖论也无法改变这个预期的结局："许多时日过去了。人们模模糊糊地意识到，既然秩序守恒，理论名称方法的研讨与实验便会自然降温。做饭与吃饭问题已不再引起分歧的意见与激动的情绪。做饭与吃饭究竟是技术问题体制问题还是文化观念问题还是其他别样的过去想也没想过的问题，也不再困扰我们的心。看来这些问

---

① 王蒙:《一嚏千娇》,《王蒙文存》第 10 卷,人民文学出版社 2003 年版,第 124 页。

② 同①第 93 页。

③ 王蒙:《坚硬的稀粥》,《王蒙文存》第 13 卷,人民文学出版社 2003 年版,第 18 页。

题不讨论也照样可以吃饭。"①以本土文化的"不变"应对异域文化的"万变"既是《坚硬的稀粥》的写作冒险，也是王蒙小说的"八十年代"叙事与主流文学界一味接受西方文化的疏离之处。

只是，问题接踵而至：支配王蒙小说"八十年代"叙事从悖论转向"清明"的思想资源来自哪里？概言之，经验，包括生活经验和艺术经验。王蒙自述"没有接受过严格的概念的训练"②，但是，王蒙拥有的丰富的生活经验与过人的智慧，逐渐形成了穿越概念的心智。80年代中后期，王蒙对于主流文艺理论有一种突围的跃跃欲试的冲动。在一次青年文艺理论批评工作者座谈会的讲演中，王蒙围绕"主体和对象"的议题提出了自己的看法："文学艺术是人类心灵追求自由的表现。它表明人类历史是从必然王国向自由王国发展的历史。文学艺术既是对现实的一种反映也是对现实的一种突破，为的是使心灵达到理想的境界。在创作中，既有生活的心灵化，也有心灵的生活化，没有心灵的生活是一种僵化的生活，没有生活的心灵是空虚的心灵。"③这些话语与其说是对当时主流文学界"反映论"的辩证解释，不如说是对其的大胆偏离。1986年王蒙在一个理论札记中说得更为直截了当："追求真理的道路是多种多样的，不存在追求真理的唯一的与笔直的长安大街。很少有人是因为从一出生便系统地接受马克思主义的理论传授而成为马克思主义者的。相反，倒是有多得多的人既接触马克思主义也接触别的思想、文化、风俗、价值标准、行为规范，尤其是接触实际，同时接受现实生活实践的挑战、压迫、启示、鼓舞，随时回答现实生活提出的各种问题"，"总之，无论多么伟大多么重要的理论，我们都无法靠它自身的推导来解决一切问题，无法只靠

---

① 王蒙：《坚硬的稀粥》，《王蒙文存》第 13 卷，人民文学出版社 2003 年版，第 18 页。

② 王蒙：《说不尽的现实主义》，《王蒙文存》第 20 卷，人民文学出版社 2003 年版，第 212 页。

③ 王蒙：《我的几点感想》，《王蒙文存》第 19 卷，人民文学出版社 2003 年版，第 226-227 页。

它自身的推导与宣传使人们接受它。人民是理论的主人，理论为人民所用。生活是理论的母亲，理论为生活所塑造"①。这两段话语完全可以概括为：经验远比理论更丰富、更接近真理。顺着这种思路，王蒙小说的"八十年代"叙事由马克思主义理论出发，将心智中的生活经验作为通向真理的道路。王蒙小说"八十年代"叙事逐渐呈现"清明之气，并不是因为心智是他生活的地方，而是因为他的心智在经验世界有着思考的嗜好并将思考作为生活方式。

总之，王蒙小说的"八十年代"叙事由激情的、梦幻的、单纯的理想主义逐渐转为理性的、入世的、复杂的经验主义。如果说精神层面的理想王国曾经是王蒙小说的"八十年代"叙事的强大支撑，那么，世俗层面的经验王国同样是其坚实依托。在这种具有相对主义之嫌的立场转换中，隐含了王蒙意欲告别二元对立的思维的努力。这种立场的思想资源，我以为与其说是后现代的解构主义哲学，不如说源自王蒙先生自身的生命哲学。正是生命哲学的积累和体悟使得王蒙小说的"八十年代"叙事由悖论抵达"清明"。

原刊于《文学评论》2007 年第 6 期

---

① 王蒙：《理论、生活、学科研究问题札记》，《王蒙文存》第 23 卷，人民文学出版社 2003 年版，第 166 页。

身体美学：王蒙《猴儿与少年》的艺术超越性

朱自强

> 我歌颂肉体，因为它是岩石
> 在我们的不肯定中肯定的岛屿。
> ……
> 它原是自由的和那远山的花一样，丰富如同
> 蕴藏的煤一样，把平凡的轮廓露在外面，
> 它原是一颗种子而不是我们的掩蔽。
>
> ——穆旦《我歌颂肉体》

王蒙新作《猴儿与少年》蕴含"猴性"和"少年性"，与"身体性"视域有着内在、深层、紧密的联系。本文试图以此来讨论这部在王蒙小说创作中具有独特而重要意义的小说。

阅读《猴儿与少年》，我之所以从"猴儿"与"少年"联想到身体，是因为我曾经撰写过《童年的身体生态哲学初探》这篇论文。我在文中说："生态学的教育就是使童年恢复其固有的以身体对待世界的方式。身体先于知识和科学，因此，在童年，身体的教育先于知识的教育，更先于书本知识的教育。""承认、尊重身体生活，就是承认、尊重歌唱跳跃嬉戏的孩童的生活方式，就是回到童年生命本真的

状态，也就是回到人类生命本真的状态。"①在我的认知图示里，"身体"处于如此重要的地位，所以，自然在距离身体生活最近的"猴儿"和"少年"这里，感受到、认识到王蒙的《猴儿与少年》的身体美学。

王蒙心里"乐"的是什么？

在我试图理解《猴儿与少年》的意义时，这部小说结尾处改写自程颢的《春日偶成》的那首诗浮现在脑海——"云淡风轻近午天，群猴踊跃闹山巅。时人不识余心乐，将谓偷闲写少年。"这首诗一开始引起我的注意是因为诗中出现了小说题目中的"猴儿"（"群猴"）和"少年"。但是，后来更让我关切的是诗的后两句："时人不识余心乐，将谓偷闲写少年。"王蒙只将程颢的后两句诗改动了一个字，将"学少年"改成了"写少年"。也就是说，王蒙也许像程颢一样认为，如果"时人"将《猴儿与少年》看作"写少年"的小说，那就是"不识余心乐"的一种阅读。

那么，王蒙的这部小说"乐"的是什么？王蒙的文学世界丰富、深邃、博大。《猴儿与少年》也是如此。所以，这部小说表现的"乐"，就像第八章写了"七个我"一样，也不会只有一个。另外，一部十万字多一点的小说，有二十九个小标题，不可谓不散。那么小说的意义核心是什么？王蒙心里最重要的那个"乐"是什么？我猜测，王蒙创作《猴儿与少年》，要表现的那个最重要的"乐"，就是身体的快乐。小说中描写、表现了大量的"身体"生活以及与"身体"直接相联系的"劳动"生活。通过对这些关于"身体"和"劳动"生活的艺术表现的凝视，我几乎可以确认，王蒙是一个能够充分地感受和享受身体快乐的人。他在《猴儿与少年》中，将自己的身体美学投射在了小说主人公施炳炎的身体之上。《猴儿与少年》所表现

---

① 朱自强：《童年的身体生态哲学初探》，《中国儿童文化》，2005年，第8-12页。

的身体快乐超越了单纯感官的快乐，而是身心一元的快乐。

何谓身心一元的快乐？当我们置身于大自然之中，一定会产生精神的愉悦。这是以身体为基础和源泉的愉悦。比如，眼睛之于碧海蓝天，肌肤之于清风微拂，耳朵鼻息之于鸟语花香。当我们置身于游戏、体育和劳动活动之中，精神的快乐更是与身体的快乐合而为一。而在文学的美学表现中，"身体乃是比陈旧的'灵魂'更令人惊异的思想"①。

王蒙多次说过，他在一个艰难的时候到了新疆、到了伊犁、到了农村，但是，在那儿他确实得到了快乐。王蒙所说的快乐，就是身心一元的快乐。王蒙离开新疆多年以后，还有两句维吾尔族谚语让他念念不忘。其中一句是：除了死以外，其他的都是"塔玛霞儿"。王蒙解释说，游戏、散步、歇着、唱歌都叫"塔玛霞儿"。可见，在维吾尔族人的人生观中，人生的快乐都是与游戏、散步、唱歌这些身体生活相联系着的。另一句谚语说的是：如果有两个馕，一个可以吃掉，另一个应该当手鼓，敲着它跳舞。也就是说，王蒙所体认这两句关于人生快乐的谚语，其幸福感都与"身体"有关。因此我才选择了穆旦的《我歌颂肉体》中的几句，借为本文的题头诗。在《猴儿与少年》的美学表现中，经过生命历史的泥土的滋养，"身体"不是对生命的"遮蔽"，而是已经成为发芽、开花、结果的一颗"种子"。

《猴儿与少年》是一部身体美学——将"身体"作为审美对象的文学。王蒙的《猴儿与少年》是他的身体美学的一次强力表达。在八十七岁的耄耋之年，以小说强力表达自己的身体美学，这堪称是一个文学创作上不多见的"事件"。在这个意义上，《猴儿与少年》成为王蒙十分重要的、具有超越性的作品。王蒙通过书写《猴儿与少年》展示了自己作为小说家的一个新的艺术形象。对"身体"美学的确证，是对人的生命的重要确证。书写身体美学的《猴儿与少年》是王

① 〔德〕尼采著,孙周兴译:《权力意志》,商务印书馆 1996 年版,第 152 页。

蒙的健全的人性观、人生观的一次独特而有力的表现。

创作《猴儿与少年》，是王蒙最尽兴的一次语言书写。小说创作的语言作为一种书面语，与口语相比，它与身体的联系已经更加让人难以觉察。不过，王蒙在创作《猴儿与少年》时，语言与身体更加靠近。毕飞宇说："……无论是写小说还是读小说，它绝不只是精神的事情，它牵扯到我们的生理感受，某种程度上说，生理感受也是审美的硬道理。"[1]很多研究者指出了王蒙小说创作的总体风格是语言的"狂欢"性。我想进一步指出的是，王蒙的狂欢性语言是一种"身体"的语言。这种"身体"的狂欢性在《猴儿与少年》的语言表现中可谓登峰造极。

我读《猴儿与少年》的文字，特别是面对那些如烟花升空，噼啪闪烁、目不暇接的一连串的押韵诗、押韵文、押韵曲，还有用之乎者也的"乎""归去来兮"的"兮"，用"柒不楞登""捌不楞登"来咏歌的句子，似乎看见了王蒙的"身体"正在那里"手之舞之""足之蹈之"，感受到的也是"身心一元"的愉悦。

施炳炎与"身体"的"猴儿"和"少年"

在小说中，"猴儿"与"少年"，都是身体性存在。王蒙通过"身体"的书写，将"猴儿"和"少年"与施炳炎这一人物紧紧地连在一起，通过书写身体性的"猴儿"和"少年"，塑造着施炳炎的"身体"形象。

在小说中，王蒙将施炳炎的关键性"身体"生活的获得，与"猴儿"紧密地联系在一起。

小说中的施炳炎因为"摊上事儿了"，于1958年来到北青山区镇罗营乡大核桃树峪村下放劳动。大核桃树峪村身处山区，四面环山，毫无平地，是一个需要"身体"的一个生存环境。在这里，"不独山

---

[1] 毕飞宇：《小说课》，人民出版社 2020 年版，第 16 页。

羊与野鹿，还有野兔山狸山鸡山獾，加上一般家养的马牛犬猪，都善于爬山。上了山都是得心应脚，如履平地"。而猴子呢，"它们熟练地爬高就注，攀援随势，蹬崖跃涧，轻脚熟道，出出没没，捡捡拾拾，翻翻找找，顺手牵羊，大享方便，活力闹山川"。

在大核桃树峪村，人得向上述动物们学习。施炳炎在这方面是有学习的天资的。小说写道："来此后，施炳炎的腰、股、膝，从大腿根儿到腿肚子到脚后跟到脚趾，都在发生戏剧性变化。莫非他的祖先给他遗留下了猿猴的基因？他的远远说不上发育良好的下肢，为什么走在山路上，踩到硬石滚石湿滑草皮泥泞险径与各种坡度上竟然没有任何为难，却只感到趣味与生动、新鲜与舒展，尤其是扎实与可靠呢？"在王蒙笔下，施炳炎简直就要变成"猴儿"了。王蒙还让施炳炎不无得意地想："为什么，其他的'下放干部'今天这个扭腰，明天那个崴脚，一会儿这个肝颤，那个两眼发黑喘不上气儿来。而他施炳炎却是这么溜，按二十一世纪十几年的说法，他怎么到了伟大的小山沟，是这样666呢？"读这样的文字，读者不禁会想，在那样一个年代，具有"猴性"身体，对于知识分子的生存是多么重要的一件事情。《猴儿与少年》的后记的题目就是"回忆创造猴子"，我们是否可以说，小说主人公施炳炎其实就是王蒙创造出的一个"猴子"。

小说对施炳炎与"少年"的亲密关系的描写，也是从"身体"写起的。

"那天赶上了他与核桃少年侯长友与一拨孩子来到这棵大树下。施炳炎向孩子们学习爬树，他勇于攀援，他敢于与大树亲密接触，拥抱摩擦火烫，他不怕跌撞，他碰青额头、擦伤胸膛，血迹斑斑，他扎破手指与小腿；他摸到手上触到脸上的，是体表布满含毒纤维的多足花虫洋刺子，它们是鳞翅目刺蛾科中国绿刺蛾、黄刺蛾、梨刺蛾的幼虫。它们的火一样的热情烧得人脸颊生痛，好一个痛快过瘾！"对于一般的成年人，这样的爬树过程显然不是一个享受的体验，但是，王蒙塑造的施炳炎，却感受到了"好一个痛快过瘾"，显然怀揣的是一颗少年心。

就在爬树的过程中，"炳炎看到了一个远处似乎是猴儿的活物，一闪而过。他叫了一声。什么？孩子们问。猴子，施炳炎答。……什么样的猴子，少年长友非常注意，他在意上心，追问炳炎。炳炎乃又上树，长友也再次爬树爬高，遍寻猴子不得，与炳炎二人相觑遗憾。炳炎后悔，看到蹿蹿跳跳的活物没有认真追踪"。施炳炎与少年侯长友的交往，一开始就有"猴儿"参与其中。施炳炎是如何评价这次与"少年"侯长友的相识呢？"是一次巧遇，不，是伟大的机遇，是一次非同一般的感动和温暖。"将"向孩子们学习爬树"视为"伟大的机遇"，既是对"少年"致敬，也是对爬树这一身体生活的致敬。因为与少年的交往，"在山村，在核桃少年身边，出现了第五个小老施：活泼喜悦，健康蓬勃，豁然无忧，欣欣向荣，春光明媚，东风和顺，阳光少年，童心无边，爱心无涯，信心钢钢地响"。

作为持着"儿童本位"这一儿童观的儿童文学研究者，王蒙对"第五个小老施"的书写，令我精神为之一振。王蒙的少年观（儿童观）具有从儿童这一生命存在汲取思想之源的倾向，令人想起中国现代文学中，以周氏兄弟、郭沫若、冰心、丰子恺等人所代表的"发现儿童"的传统。两者之间，即使不是一脉相承，肯定也是多有牵连。

李敬泽敏锐而深刻地指出："王蒙的小说一直有'猴性'、有少年性，直到此时，八十七岁的王蒙依然是上天入地的猴儿，是永远归来和出走的少年。他如一个少年在暮年奔跑……"[1] "如一个少年在暮年奔跑"，这一来自身体的矛盾修饰式比喻，既是暮年王蒙的"精神"形象，也是暮年王蒙的"身体"形象。

---

[1] 李敬泽：《〈猴儿与少年〉推荐语》，王蒙：《猴儿与少年》，花城出版社 2022 年版，封底页。

《猴儿与少年》的"劳动"美学

根据"身体美学"的倡导者理查德·舒斯特曼的观点，身体美学的核心之一是通过身体进行"创造性自我塑造"①。在《猴儿与少年》中，王蒙一直表现着"身体"生活对施炳炎的精神自我的塑造。施炳炎通过"身体"而超越自我、重塑自我是《猴儿与少年》的重要主题。

《猴儿与少年》最关键的词语就是"劳动"，与"身体"直接相联系的"劳动"。王蒙喜欢"劳动"这个词，他甚至谈及创作时，也把自己说成"劳动者""劳动力"。其实，与其说他喜欢"劳动"这个词，不如说他喜欢"劳动"这件事。

理解"劳动"这个词语的内涵时，王蒙更看重的是"体力劳动"。他在小说里写道："是的，社会主义，头一条就是劳动，马克思主义就是劳动真经。要爱脑力劳动与体力劳动，尤其是体力劳动。大心理学家巴甫洛夫说过的。由此可见，没有从事过体力劳动的人，至少是一个残缺的人、遗憾的人、不完整的人、孱弱的人，寄生、无能，至少是走向懒散的人，是没有完成从猿（鱼、海豚……）到人的进化的亚次准人前期人。"小说里还说："……另一种体验，雨季造林，成就了逍遥奔放、自由天机、恢宏驰骋，天地大美，道法自然，是劳动成就人文的——狂欢嘉年华。"

当王蒙写下这些话语时，他也许觉得自己就是一个"完整的人"。当我们读到这些话语时，可以肯定地说，王蒙的劳动观是健全的。王蒙是真正劳动过的人。单三娅就说过："很难想象当时瘦弱的王蒙能当多大的劳力，但他确实受惠于体力劳动锻炼，他的肩臂胸都挺厚实，不单薄，至今八十大几的年龄，不大出现肩疼腰疼这样的问题，直让我这个六七十岁的人惭愧。他回忆过在大湟渠的龙口会战，

---

① 〔美〕理查德·舒斯特曼著，张宝贵译：《通过身体来思考》，北京大学出版社2020年版，第29页。

写到过扬场、割麦、植树、浇水、锄地、挑水、背麦子、割苜蓿、上房梁……这些要劲的活儿他全干过！"[1]

王蒙受惠于体力劳动的不仅仅是"肩臂胸"等身体，还有更重要的健全的人性观。在小说中，施炳炎通过"伟大的劳动"，"在换一个活法"。王蒙写道，"劳动使猿猴成人，使弱者变成强人，使渺小之人成为巨人"。他借施炳炎的话夫子自道："施炳炎为自己的劳动史而骄傲，而充满获得感充实感幸福感成功感！劳动是他的神明，劳动是他的心爱，劳动是他的沉醉，劳动是他的诗章！""他明明是城市小鸡屎分子。他今天忽然发现了自己的坚强、自己的潜力、自己的累不死也折不断的身子脖子关节四肢……"正是因为王蒙将"劳动"看得如此重要，对"劳动"如此挚爱，他才在小说中，表达对当下这个时代离身体生活、劳动生活越来越远的人性异化的忧心忡忡——"机械化自动化智能化舒服化正在分担人的劳动，人的劳动能力人的五官四肢五脏六腑肌肉骨骼从而弱化退化，我的娘老子，人啊，人，请不要作废了报废了人体自身呀！"

身体是"自我"的根基。没有身体感受，难以建立起真实的、积极的、和谐的自我。海伦·凯勒的身体感受的痛苦是表象，而对身体障碍的超越才是她身体感受的本质。还有史铁生，他的那种独特的"自我"和人生体悟，只能以他的身体生活为根基来确立。王蒙也是如此。如果没有"劳动"来创造王蒙的身体，他所获得的"自我"将是另一个"王蒙"。《猴儿与少年》艺术生命力的源头，就来自王蒙被"劳动"创造出的"身体"。没有"劳动"，就没有《猴儿与少年》的身体美学。

在小说中，最让王蒙铆足了劲儿来写的就是"伟大的劳动"。写劳动，他用的笔墨最多，投入的情感最深，歌咏的声音最大。越是写身体生活的"劳动"，王蒙那洋洋洒洒、信马由缰的语言叙述，就越

---

[1]　单三娅:《又到伊犁——王蒙笔下的新疆》,《文汇报》2021 年 8 月 28 日。

是恣意放纵，越是节奏鲜明、韵律铿锵。在小说的"劳动"书写笔墨中，最有特色，也是最尽兴的，是"雨季造林"一章。王蒙用"语言"的放纵和狂欢来表现身体、思想、情感的放纵和狂欢——"猛打猛冲，挖树苗，带泥土，溅泥水，抹皮肉，成花脸，染衣裤。三下五除二，装车，上车，雨中行车，其乐何如！半是树，半是土，半是苗，半是汤汤水水，半山是渚；半是叫，半是笑，哀莫哀兮有错误，乐莫乐兮栽大树！"

王蒙在《猴儿与少年》中创作了大量的押韵文。其中一段可称为"劳动之歌"——"劳动美，劳动逍遥，夏练三伏，冬练三九，却又行云流水，行于当行，止于可止。劳动累，拓荒黄牛，触处生媚。劳动壮，力拔山兮，高亢嘹亮。劳动乐，不食嗟来，温饱嗝瑟！青春岂可不辛劳？汗下成珠娇且骄，七十二行皆不善，土中求食最英豪。"

王蒙小说对劳动的审美表现其来有自。获得茅盾文学奖的《这边风景》的创作始于1974年，至1978年完成初稿，直到2013年才得以出版。《这边风景》中就有很多关于劳动的表现。令人惊异的是，在创作这部小说的20世纪70年代中后期，王蒙就已经形成了健全而审美的"劳动"观。小说中写道："里希提现在进入的这个'轨道'，是远比演戏或者作诗更伟大更根本也更开阔的一个事业，这个事业就叫作生产，叫作劳动。"接着，王蒙在里希提和乌甫尔的劳动中发现了"美"——

一个跟在他们后面的年轻的社员，抬头看了并排前进的他俩一眼，自言自语地赞叹道："真漂亮！"

漂亮，什么叫作漂亮呢？他们根本不会想到自己的姿势漂亮与否。他们忠诚地、满腔热忱而又一丝不苟地劳动着；他们同时又是有经验的、熟练的、有技巧的。所以，他们干得当真漂亮。也许，真正令人惊叹的恰恰在这里吧！忠诚的、热情的和熟练的劳动，也总是最优美的；而懒散、敷衍或者虚张声势的、拙笨的工作总是看起来丑恶可厌。

不过，在表现"劳动"美学方面，《这边风景》显然没有《猴儿与少年》那样专注和用力。就与"劳动"有关的情节来说，最与《猴儿与少年》的"劳动"表现相近的是小说《失态的季节》的部分文字。这部小说的第八章和第九章所写的"七天当中有五天是下雨"的"造林"，情节上与《猴儿与少年》的"雨季造林"几乎是一致的。而且，《失态的季节》写到"最需要改造的人们"挑水上山时，作家情不自禁的抒情与《猴儿与少年》的抒情也是相似的。但是，如果认真比较、细加体会，两者在内容和形式上又有微妙的不同。《失态的季节》在赞美"劳动"时，还留着诸如"思想改造"一类的时代印记——钱文就这样想："只有劳动才能赎罪。只有劳动才能净化自己的心灵。只有劳动才能不再白白吃劳动人民种植出来的粮食。只有劳动才能在当前的大好形势下不算是完全虚度光阴……"而在《猴儿与少年》中，对"劳动"的歌咏似乎与具体时代的具体的"思想改造"无关，它献给的更像是纯粹的"劳动"本身。在艺术表现形式上，与《失态的季节》的抒情喜用感叹号不同（最抒情的一段六百来字的文字里，就一口气用了八个感叹号），《猴儿与少年》更喜用歌韵来抒情。我觉得，与感叹号相比，歌韵的抒情来得更"审美"，情感表达得更眉飞色舞，因此，也就更让人陶醉。

在《猴儿与少年》中，王蒙对身体的劳动的赞美是彻底的，因为只有在《猴儿与少年》中，"劳动"的表现才成为王蒙进行自我确认的一种方法，只有在《猴儿与少年》中书写的"劳动"，才超越了"劳动改造"，升华至小说主人公的"创造性自我塑造"这一更高的文学审美的高度。

"身体"的"施炳炎"：王蒙的镜像自我

要理解《猴儿与少年》的意义，要阐释王蒙在《猴儿与少年》中表达的身体美学，就要弄清楚小说家王蒙与小说中的主人公施炳炎之间的关系。

《猴儿与少年》是带有一定的元小说色彩的写作。小说是以年过九十的外国文学专家施炳炎"与小老弟王蒙谈起"他"从一九五八年开始的不同的生活历练"这一讲述形式来书写的。但是，耐人寻味的是，呈现施炳炎的讲述内容时，小说家王蒙并没有用第一人称"我"来叙述，而是一律用"施炳炎""炳炎""他"，也就是说是用第三人称来叙述。这样一来，围绕"施炳炎"这个人物发生的故事，甚至是"施炳炎"这个人，就不是由"施炳炎"自己从内部交代出来的，而是被作家王蒙从外部观察乃至审视出来的。

王蒙曾说过一句十分重要的话："活到老，学到老，自省到老。我是王蒙，我同是王蒙的审视者、评论者。我是作者，也是读者、编辑与论者。我是镜子里的那个形象，也是在挑剔地照镜子的那个不易蒙混过关的检查者。"①也可以说，《猴儿与少年》里的"施炳炎"实际就是王蒙的分身。在小说中，"施炳炎"是"镜子里的那个形象"，而"小老弟王蒙"（也可以说是隐含作者王蒙）则是"那个不易蒙混过关的检查者"，一句话，《猴儿与少年》是小说家王蒙对"自我"镜像的一次"审视"。

在王蒙的写作面前，新批评的"忘记作者"这一主张是行不通的。读《猴儿与少年》，很难像新批评所主张的那样，将注意力从作者那儿完全转移到文学文本上来。作为小说家的王蒙太强大。他的小说互文性太强，总是让我想到作家王蒙身上来。于是，我就在"施炳炎"身上看到了许许多多与作家王蒙的重叠和关联。

1958年，是《猴儿与少年》叙事的焦点和原点。这一年，施炳炎到山区的大核桃树峪村下放劳动，而王蒙也是在同一年到同是山区的北京郊区门头沟肃堂公社桑峪大队接受劳动改造。王蒙在新疆度过了十五年，其中，1965—1971年，王蒙在伊犁地区农村劳动生活了六年。在小说中，歌唱伊犁的歌曲《亚克西》被施炳炎"不费吹灰

---

① 王蒙：《一辈子的活法——王蒙的人生历练》，北京出版社2011年版，第366页。

之力"，改成了"山区的人民"的《亚克西》。施炳炎像王蒙一样，也沉醉于苏联小说，耽读庄子。施炳炎也和我在与王蒙有限的生活接触里所看到的王蒙一样，"爱吃、爱看、有兴趣"。施炳炎和王蒙一样，有周游世界的经历。作为一个外国文学专家，施炳炎对数学竟然有这样的认知："……人间最最伟大的是数学，饱含着苍穹的崇高、真理的威严、人类的悟性、数字的绵绵，情感的无依无靠、智慧的无垠与有误，这样的学问啊——它就是数学。"而我们知道，小说家王蒙酷爱数学，对数学有很深的领悟。施炳炎是外国文学教授，而王蒙在二十八岁时也在北京师范学院当过教师，后来也一直是学者型作家。还有很重要的一个证据，那就是涉及"施炳炎"的感觉、感受的那些描述都是王蒙式的！这就触及小说人物的语言与小说家的叙述语言之间的距离问题。显而易见，王蒙在创作《猴儿与少年》时，一反小说创作的常态，而消弭了两者之间的距离。"施炳炎"的自我叙述，其语感不折不扣用的是小说家王蒙的语感。虽然委婉，但却非常有力地证明"施炳炎"就是王蒙自己的，是王蒙在《后记》中说的一段话："一个即将满八十七岁的写作人，从六十三年前的回忆落笔，这时他应该出现些什么状态？什么样的血压、血糖、心率、荷尔蒙、泪腺、心电与脑电图？这是不是有点晕，晕，晕……"①王蒙说的这"六十三年前的回忆"显然指的就是王蒙自己的回忆，而在小说中，写施炳炎，正是从"六十三年前"，即施炳炎"摊上事儿了以后"的"一九五八"年开始写起的。正因为王蒙笔下的施炳炎不是别人，而是王蒙他自己，所以"六十三年前的回忆"才会影响到他的"血压、血糖、心率、荷尔蒙、泪腺、心电与脑电图"，所以才会"晕，晕，晕……"

当然，作为镜像自我，"施炳炎"与王蒙的最大契合还是两者的"身体"自我。像"施炳炎"一样，王蒙的自我也是由身体生活，特

---

① 王蒙：《后记 回忆创造猴子》，《猴儿与少年》，花城出版社 2022 年版，第 216 页。

别是由身体的"劳动"生活塑造出来的。"从今天开始，他开始是另一位施炳炎青年同志，傻小子施，咬牙施，叫作能够吃大苦耐大劳的施……""而二十世纪一九五八，兴奋乐观砸不烂推不倒碾不碎的大壮施炳炳、炳炎炎、炎施施，是血性满怀的狮还是筋骨如铁的施，哈哈，还是经打经摔的施。"……读这一段段文字，我感受到的不仅仅有施炳炎的自负，更有王蒙的自负。在王蒙那里，我一直感觉到他有一种颇为与众不同的自负。现在我似乎明白了，他的最有质感的与众不同的自负也许很大程度上是来自"身体"，来自"劳动"的自负。至少可以说，对于王蒙的"自我"建构而言，以新疆生活为底蕴的"身体"生活，与以"少共情结"为原点的"政治"生活具有同等重要的意义。

温奉桥说，王蒙把"《猴儿与少年》发酵成了'陈年茅台的芳香'"，"《失态的季节》《半生多事》中的那种'失态'的不平感、'置之死地而后生'的悲壮和决绝都消失了，王蒙与命运和记忆达成了新的和解。和解是超越，更是一种新的历史观、生命观的达成……"①我想说的是，也许像《猴儿与少年》这样，在"身体"的层面上与历史和命运达成的和解，才是真正的，也是最终的和解。

通过塑造"施炳炎"这个"身体"的镜像自我，王蒙终于完成了对自身历史的价值确认。这不是普希金的诗中说的"那过去了的，就会成为亲切的怀恋"，而是朝向现实、朝向未来的，因为历史岁月镂刻在"身体"上的，绝不仅仅是记忆，它还是并更是生命的继续。与观念上的和解相比，"身体"的和解是更彻底的和解，因为"身体"是不会骗人的，而观念则未必比"身体"更为可靠。

在《猴儿与少年》中，八十七岁的王蒙对"身体"的肯定，对"劳动"的歌唱，这难道不是王蒙对自己有磨难的人生的最终极肯定？！有文尾诗为证："少年写罢须发斑，猴儿离去有猴山，此生此忆

---

① 温奉桥:《王蒙长篇小说〈猴儿与少年〉:1958·猴儿与魔术师》,《文艺报》2022年1月5日。

应无恨，苦乐酸甜滋味圆。""苦乐酸甜滋味圆"里的"圆"，是"大团圆"的"圆"，是"圆满"的"圆"，这一个"圆"字，蕴含的是一种多么透彻而达观的人生哲学啊！

总之，作家王蒙是"施炳炎"的审视者，而被审视者"施炳炎"就是作家王蒙的"身体"的自我。很显然，王蒙对这个"身体"的"自我"镜像十分满意。正如王蒙在《后记》中所说的，小说有明显的"自恋情调儿"。这自恋，王蒙当然是通过对"施炳炎"的表现来实现的——"听着施大哥的滔滔不绝，王蒙说：'太难得了，您这一辈子，不管嘛情况、嘛年纪，您总是一个劲地津津有味！您是神啊，您的人生观事业观就是津津有味啊！'"

《猴儿与少年》的"身体美学"不仅对王蒙自己的小说创作具有艺术超越的意义，对于当代小说创作，也平添了一道独特而珍贵的审美风景。既然作为王蒙的镜像"自我"的施炳炎年过九十，都依然"不管嘛情况、嘛年纪"，"总是一个劲地津津有味"，我们当然更可以期待八十七岁以后的王蒙、九十岁以后的王蒙继续为读者们"津津有味"地书写"津津有味"的新作。

原刊于《中国现代文学研究丛刊》2022 年第 8 期

在时间的巨流河中，泳且歌

徐　妍

哲思者之书

　　王蒙是中国当代作家中的抒情者，亦是沉思者。比较而言，前者更能吸引人们的注意力，而后者相对来说被人们有所忽视。的确，1953年，十九岁的王蒙在创作长篇小说《青春万岁》时，就确立了他的抒情诗人的小说家身份。但《青春万岁》在投放了抒情者的纯净目光的同时，还内含了沉思者的冷静目光。因此，半个多世纪之后，《青春万岁》被学者重读为"纯粹"与"杂色"的变奏①。基于沉思者的目光，1956年，王蒙发表了短篇小说《组织部新来的青年人》，较早地反映了单纯又多变的时代中的社会主义制度下的官僚主义。在乍暖还寒之季，四十四岁的王蒙完成了以新疆生活为题材的长篇小说《这边风景》，确信：经验比立场更可靠，传递出了一种基于生命感受的沉思的创作观。"复出"于新时期的王蒙，依旧葆有浪漫主义的理想情怀，也依旧持有对浪漫主义的理性审视。所以，20世纪八九十年代的王蒙小说《蝴蝶》《杂色》《活动变人形》《季节系列》等都写满了浪漫主义的符号，同时也不讳言浪漫主义的旧疾新患。新世纪

---

① 金理《"纯粹"与"杂色"的变奏——重读〈青春万岁〉》,《文学评论》2020年第4期。

之后，随着王蒙对中国传统哲学的源头性著作的研读，也随着二十世纪中国的风雨背影行将远去，王蒙由沉思者渐变为哲思者：王蒙在新世纪创作的《尴尬风流》《青狐》《闷与狂》《笑的风》等长篇小说深具哲思风格，堪称个人化的诗史。在这样的哲性言路的写作行动中，王蒙新近发表在2021年第五期《花城》杂志上的长篇小说《猴儿与少年》亦是一部哲思风格的个人化的诗史：这部小说以生命的热力追忆半个多世纪的个人往事，以诗意的笔法描摹出中国当代社会的历史变迁图景，进而书写出一位乐观的沉思者在怀疑时代中的生命执念——爱与信。

《猴儿与少年》如王蒙的诸多小说一样是流动的意识世界：其时空向度时而隶属于现实世界，时而归属于心理世界；其形式结构时而循环于记忆世界，时而跳动于想象世界；其情节线索时而如岁月的金线一样编织一切，时而如记忆的扳手一般"拆卸"一切。但是，这部小说的故事内容不难概括：通过小说家王蒙的视角，追溯了一位高龄的外国文学专家施炳炎穿越半个多世纪中国当代社会的人生往事。随着往事的追溯，历史见证人——外国文学专家施炳炎、历史书写者——小说家王蒙、历史传奇人物——抗日老英雄和抗美援朝烈士家属侯东平、核桃少年侯长友、三少爷"猴儿"以及侯守堂、吴素秋等形象相继出场，并呈现了各自不同的曲折命运。不过，这部小说似乎并不打算叙写任何个人的传记史，或者说这部小说的真正传记主人公是时间，因为这些形象所缠绕的个人记忆、历史记忆、集体记忆、文化记忆等一并被汇入一个无边无际、无始无终的巨型时空——时间的巨流河之中。而任何个人，在时间的巨流河中，既可能成为时间的囚徒，也可能成为时间的泳者和歌者。

那么，个人如何在时间的巨流河中，泳且歌？对这个问题的哲思，正是这部小说的迷人之处。

大核桃树峪的神奇记忆

　　小说开篇从1958年"大跃进"运动的历史背景起笔，讲述时年二十八岁的大学青年教师施炳炎因"摊上事儿"而被派至北青山区镇罗营乡的大核桃树峪村参加集体劳动。然而，这部小说的开篇与历史上以往同类题材小说的开篇颇为不同：非但不选取感伤、忧郁的冷寂笔调，反而选取乐观、昂扬的热诚笔调。于是，"倒霉蛋儿"施炳炎居然是一个精神抖擞的青年人，并一路欢歌地来到山水如画的大核桃树峪村。在小说的第六章，施炳炎在大核桃峰巧遇了十五岁核桃少年侯长友与留洋大学士三少爷"猴儿"。这是施炳炎生命中的"伟大的相遇"，预示了施炳炎即将与一个奇境世界结缘。后来的故事情节果然验证了施炳炎与大核桃树峪所结下的生命奇缘：1958年"大跃进"年的大核桃树峪村在施炳炎的个人生命中"种植"下了如幻如梦如诗如歌如火如电的神奇记忆。此后，在1960年、1982年、1985年、2016年，施炳炎曾数次回返大核桃树峪村。每次回返，施炳炎都体味出大核桃树峪人的美好品性和君子德行。也正是在数次回返的过程中，施炳炎亲历了"三年严重困难""拨乱反正""改革开放""互联网＋"的时代变换，度过"劫难"，安稳着陆。之后，施炳炎对大核桃树峪人的记忆虽时浓时淡，但始终系念着核桃少年侯长友和三少爷"猴儿"。核桃少年侯长友和三少爷"猴儿"甚至成了施炳炎的梦与醒、爱与痛……

　　由上述内容，不难看出，这部小说仍然带有独特的王蒙小说的标识：实验精神，回忆性叙事，自叙传色彩，东方意识流手法，抒情诗人的诗句，幽默和诙谐的语言风格，传统与现代、古法与时尚相混搭的语词，"蕴思含毫，游心内运"的气韵，春夏秋交替唯独冬缺席的色彩……但仔细体味，这部小说又确是一次大核桃树峪的神奇记忆带给王蒙小说的新实验。

　　为什么这样说？的确，在现代小说家族中，回忆叙事类的小说随

青岛现当代作家研究｜中国海大百年校庆纪念专号

处可见。即便是在王蒙的小说世界中，回忆叙事也被运用得相当熟稔。但在这部小说中，谁在叙述？受述者是谁？叙述者和受述者的关系如何理解？作家对这些问题的处理方式不仅使得这部小说区别于其他作家的回忆类小说，亦区别于王蒙以往的回忆类小说。尤其，受述者小说家王蒙为何转述？转述什么？这两个问题是这部小说的重心所在和意味深长之处。

水性·歌者

概言之，小说家王蒙所转述的动因是为了铭记往事，但更是为了朝向未来的往事，因为往事如果在未来的日子里没有被铭记，就相当于如烟飘散。同样缘由，小说家王蒙所转述的内容是为了回望自我和"镜中人"的心灵对谈，但更是为了思考个人如何在时间的巨流河中成为泳者和歌者。

对于小说家王蒙而言，转述或重述是他的工作职责。这一工作职责或许就寄寓在小说主人公施炳炎的名字中。施炳炎，这个名字读起来与"丙言"谐音，不知是否蕴含了这样的寓意：中国当代知识分子的自身定位仍然是立德立功之后的立言？不管是否内含这一寓意，小说家王蒙转述施炳炎之叙述的重心显然并不在于那些关乎个人得失的任何具体的历史往事，而在于那些具体的历史往事如何汇聚为时间的巨流河，进而省思一位历史亲历者如何在时间的巨流河中系羁而游、攀援而歌。因此，在这部小说中，小说家王蒙并不看重施炳炎在往事中遭遇了哪些磨难，而看重施炳炎在时间的巨流河中如何提升肺活量、如何习得超好的水性，如何成为仰泳、蛙泳、蝶泳、自由泳的全能泳者，如何成为乐观、淡定、热诚的歌者。这意味着小说家王蒙的转述工作固然不回避历史亲历者施炳炎在时间的巨流河中的无可奈何，但更感兴趣的是施炳炎在时间的巨流河中的大有作为。概言之，小说家王蒙之所以转述施炳炎的往事，固然是由于施炳炎穿越了半个多世纪的中国当代社会，但更在于施炳炎超好的水性和乐观的心性，借用这部小说中的话，则是：施炳炎的人生是"津津有味"的人生，是"泰山压顶不弯腰"的人生，是一辈子"活过了他人的五辈子"的人生！

基于小说家王蒙所自觉承担的工作职责，我们也就不难想到小说家王蒙转述什么了。小说家王蒙首先将转述目光聚焦在施炳炎所遇到的半个多世纪的中国当代社会的历史变迁。施炳炎在青春期遇到一个"特别热气腾腾"的年代，"河热、石热、土热、歌热、戏热、旗热、风热、哨热"；在壮年时期遇到了"九年的浓云密布"；在中年期遇到了"一切都正常了，过好日子了，日新月异地发展着了"的改革开放时代；在高龄阶段赶上了"全球旅游，到处有中文的说笑"的全球化时代和可以网购"广式、沪式、秦式月饼"的网络化时代。可见，时代背景，在这部小说中，如王蒙的以往小说一样，作为小说的氛围、幕布和空气，不可缺席。在时代背景布置停当之后，小说家王蒙继而将转述目光聚焦于施炳炎的个性心理：

施炳炎这回发现了摸到了他长期隐蔽着的自个儿的江湖好汉潜质，一个受字，如石如钢，如咒如诀，打开了新的可能，悄悄显示出隐蔽的力量。他凭这力量，一个男子，会在最后一秒的时候，有最后一克力气，反败为胜，咸鱼翻生。

可见，人物形象，在王蒙的这部小说中，不仅是历史中的人、社会中的人，而且是独特的个人。然而，时代因素和个性心理并不必然使得施炳炎成为时间的巨流河中的泳者和歌者，而很可能成为王蒙以往小说中的张思远、钟亦成、曹千里等人物形象的再版。即便施炳炎在时间的巨流河中遭遇到积石、险滩、暗礁和巨浪，也未必能够习得水性、乐观歌咏，因为施炳炎只有在水中站稳，经过激流、越过险滩、避开暗礁、穿过巨浪，并以历史理性来确立基石、把握流向、通过隧道、搭建桥梁，才有可能在时间的巨流河中成为泳者和歌者。这样，说到底，施炳炎在往事追溯的路途与自我相逢，是施炳炎成为泳者和歌者的前提。同样，小说家王蒙的转述过程固然是倾听和对话的过程，但同时更是一个自我辨识和自我再生的过程。

少年新人·猴性

解读至此，施炳炎在大核桃峪峰顶相遇的核桃少年侯长友和三少爷"猴儿"这对"连体"兄弟该由这部小说的一隅走向台前了！实际上，在叙述者施炳炎和转述者王蒙一同回溯往事的路途上，核桃少年侯长友和三少爷"猴儿"一直相伴左右，引导前行。正因如此，每当叙述者施炳炎在自我迷离之时，就会念念不忘核桃少年侯长友和三少爷"猴儿"。原来，叙述者施炳炎和转述者小说家王蒙的内心中都居住着核桃少年侯长友和三少爷"猴儿"。这一点，不仅以明喻的形式体现于这部小说的第六章、第十一章、第十六章、第十七章、第十九章、第二十二章、第二十七章、第二十九章——这些章节将施炳炎与核桃少年侯长友、三少爷"猴儿"的命运连结在一起，而且以暗喻的形式结构了整部小说的哲学意蕴：这部小说的表层结构是讲述小说家王蒙倾听并转述比较文学专家施炳炎的人生往事，深层结构则是哲思这对互为镜像者如何在时间的巨流河中实现自我寻找和自我再生。沿着这部小说的深层结构，这部小说的核心内容又可以被这样概括：比较文学专家施炳炎和小说家王蒙这对"互为镜像者"的所有追忆都从核桃少年侯长友和三少爷"猴儿"这对"连体"兄弟出发，兜来兜去，又回到这对"连体"兄弟那里去。

那么，核桃少年侯长友是谁？他，生长在古村落，父亲是共产党员和抗日英雄，面庞如一幅古典诗画中的牧童模样：

> 眉清目秀，白净细嫩，笑容满面，好意不断，举止活泼而又文明礼貌。……他的风度不但与老子明显不同，也与整村的脸上某些不无迟钝与淡漠的儿童少年相异，长友的脸上有微笑，有好奇，有关切，也有对一切人的真诚与善意。

这段肖像描写，穿越了百年中国文学中的少年肖像史，回返到中国古典哲学那里去，在新世纪背景下为中国少年形象增添了新质。进一步说，核桃少年的肖像既不同于百年中国文学中或苦难、或感伤、或浪漫、或反叛、或革命、或雅痞、或宅男等中国少年形象，也不同于王蒙小说中的革命又浪漫的当代中国少年形象，而分明是迎向未来人类社会的新型中国少年形象。他，拥有革命父亲的血脉，也拥有中国传统文化的心性和自然山水的精气，其美好美德正如转述者小说家王蒙所言："文明规矩，健康阳光，文雅喜乐"。这样的少年形象，即便日后遭遇劫难，也不会成为恨世者和厌世者，而更可能成为一位仁者和勇者。当然，核桃少年侯长友的魂灵依附于三少爷"猴儿"的身上，如同《红楼梦》中贾宝玉的魂灵依附在脖颈上的那块通灵宝玉。如果我们不知三少爷"猴儿"，也就不识得核桃少年侯长友，自然也不识得比较文学专业施炳炎和小说家王蒙的互为镜像关系，以及这部小说的真义。

最后，该解密三少爷"猴儿"了。三少爷"猴儿"作何理解呢？从三少爷"猴儿"的身手看过去，很容易联想到中国文学中的"猴儿"的原型经典形象，即吴承恩的《西游记》中的孙悟空了。的确，三少爷"猴儿"具有孙悟空的须发和形体，但其真身更似曹雪芹的《红楼梦》中大荒山无稽崖青埂峰下的那枚"顽石"。在中国文学中，大概只有《红楼梦》中的这枚"顽石"才更可能赢得作家王蒙的钟情，也才更可能在这篇小说中让这枚顽石化身为"猴儿"并款款深情地为它起名为"三少爷"。要知道，在王蒙的数字王国中，"三"具有非凡的魅力和丰富的哲学意蕴。在这部小说中，"三"不只是数字"三"，还是"三个来源""三个组成部分""三观""糖三角""三黄（鸡）""三句半""拼命三郎""三道沟""三条河""春夏秋三季""三九""三伏"等时代印记、日常生气和自然节气，还是"庄周的齐物论""1958年的吴素秋"、《第四十一》——"苏联同路人拉夫列尼约夫一九二四年写的小说"等文学的哲学、艺术的哲学和思维的哲学。不仅如此，"三"，在这部小说中，更是哲学层面上的含义，意指生命的超越性和生活的多样性——"非重要非确定性带给个人的一种放松与相对感"。说到底，这部小说中的"三"，是"第三个'自己'"：在我、你、我们、你们、他们之外的"他"。借用这部小说的语言来描述："他是时代潮流中的健儿，是船夫，是游泳人，是弄潮儿，是冲浪选手。"可见，"第三个自己"，正是生命个体的一种理想活法。至此，"三"，是泳者的水性，"猴儿"的猴性，猴性亦水性，水性亦猴性，无论猴性，还是水性，皆是生命的本性。倘若"他"由于这样或那样的原因而遗失了生命的本性，就难免不似贾宝玉遗失了脖颈上的玉石一样痴傻和疯癫。核桃少年侯长友亦然：侯长友因为三少爷"猴儿"的悬树自缢而本心受损，患上了精神疾病，险些坠入悲剧性结局。不过，作家王蒙是一位书写过《心的光》《深的湖》《海的梦》《夜的眼》《笑的风》等聚散、悲欢、甘苦相交融的乐观的沉思者，他所钟情的"三"意指无穷多的快乐，而不超载无限多的哀痛。所以，在这部小说的篇末，作家王蒙借助于乐观主义的想象给人们带来一个充满慰藉的结局：核桃少年侯长友身体康复了许多，在大核桃树下，与他的子孙们团圆了，也与大学士三少爷猴儿的子孙们相聚了。此时此刻，泳者靠岸，歌者归乡，小说家王蒙也终与少年王小蒙重逢了。

总而言之，这部小说与其说是一部抒情诗人的个人回忆录，或是一位诗史作家的家国史，不如说是一位哲思者的哲思录，或一部哲思性的诗史。这位哲思者所哲思的对象与其说是一个人和他的同时代人，不如说是一个人和他的同时代人的自我镜像。这样，哲思者从哪里开启哲思？意欲抵达何处？这是这部小说所哲思的根本问题，也是给予读者的哲性启示录。概言之，外国文学专家施炳炎和小说家王蒙在作别了半个多世纪的生命历程之后开启的哲思别有深意：以铭记往事的形式迎向未来的时代。其缘由如普林斯顿大学教授迈克尔·伍德所说："自认为赶得上时代的人是落伍的，或者自认为了解时代的人根本不知道今夕何夕。宣称跟自己是同时代的人，只会失去如此宣称之前可能有的任何可信度。"参照这段话来阅读这部小说，我们是否可以获得这样一个发现：哲思者只有选择与往事相逢在未来的时间向度上，才可能忠实于生命的本心？哲思者也只有忠实于生命的本心，最终才能抵达自知之境：个人，在时间的巨流河中，不必太看重自我，也不必看轻自我，终其一生，唯愿成为泳者和歌者。

原刊于《读书》2022 年第 7 期

《霞满天》中的王蒙密码

段晓琳

　　2023年是"人民艺术家"王蒙从事文学创作七十周年，在与共和国一同成长的文学生涯中，王蒙为中国当代文学贡献了《青春万岁》《组织部来了个年轻人》《活动变人形》、"季节系列"、《青狐》《这边风景》《笑的风》《猴儿与少年》等重要作品。其中2022年发表、2023年出版的《霞满天》是王蒙新近创作的小说中引人注目的一部。无论是对于王蒙的个人创作来说，还是对于中国新时代文学而言，《霞满天》都是一部重要的作品。小说中所展现出的坚定的人民立场、强烈的家国情怀、宏阔的人类视野，以及以文化自信与民族自信讲述中国故事的文学自觉彰显了王蒙小说创作的新时代文学品格。

　　从文本细读的角度来看，《霞满天》是一部暗藏玄机的作品。这是一部小说的"回旋曲"，王蒙在小说的"回旋"中埋藏下了许多"密码"。"回旋曲"写法是王蒙格外欣赏的一种写法，它可以用于小说创作，也可以用于诗歌写作。具有浓厚"李商隐情结"[①]的王蒙，在诗论《李商隐的回旋曲（外二章）》中，曾重点解读了李商隐的"回旋曲"写法。王蒙认为李商隐的"诗之回旋"主要包括时间的回旋、视角的回旋与诗语的回旋三个方面：时间的回旋是指现在、未来、过去

---

① 赵思运：《王蒙旧体诗中的"李商隐情结"》，《中国当代文学研究》2022年第2期。

与现实、想象、回忆的彼此交织、相互转化、互相影响乃至共时存在，它体现了"时间的多重性"；视角的回旋是指君与我、主与客角色视角的回旋转换，这是一种虚拟的多层次复调对话状态；而诗语的回旋则是指诗歌中字词的重复现象，在这些有意义的重复中形成了诗的"张力与悲哀，悬念与期待，落空与落实"[①]。王蒙认为正是通过时间的回旋、视角的回旋与诗语的回旋，李商隐完成了比音乐回旋还要回旋的诗之"回旋曲"。而王蒙的小说《霞满天》中也存在着复杂的小说"回旋曲"，因此《霞满天》与《李商隐的回旋曲》可以作互文参照阅读。首先，《霞满天》同样以时间的回旋与视角的回旋实现了小说叙事的回旋，并在叙事的回旋中，以多层次疾病隐喻为中心形成了小说的双重环形叙事结构。而且，《霞满天》还通过作者的在场与虚构的暴露、时间的"错置"与"重版"、多文本的嵌套与互文实现了小说虚构的回旋。正是在叙事的回旋与虚构的回旋中，王蒙借助双重环形叙事结构和文本内外的互文，完成了一部关于女性、国族与人类的寓言，并将这寓言写成了一部对女性、国家和民族、人类精神的赞歌。这便是《霞满天》中的王蒙"密码"，它彰显了王蒙小说创作的新时代文学品格。

叙事的回旋与疾病的隐喻

《霞满天》的小说叙事结构严密而精巧，其总体小说叙事是一种双重环形叙事结构。小说楔子和正题共同构成了从21世纪20年代到21世纪20年代的环形叙事，而小说正题部分以蔡霞为中心的叙事则构成由2012年到2012年的环形叙事。这种双重环形叙事结构是通过视角的回旋、时间的回旋与叙事的回旋来共同完成的。

具体来看，《霞满天》由小说楔子部分开始叙事。楔子（1—4章）由"我"（王蒙）从第一人称视角讲述了"我"往事中的"日

---

① 王蒙:《李商隐的回旋曲(外二章)》,《读书》2023 年第 2 期。

子"和几个老友的故事片段。这看似碎片式的随笔体记录中却暗含着两条与时间有关的叙事线索。

首先是时代线索。与共和国一同成长的王蒙，是一位擅长在个人史中讲述国家史的作家。《霞满天》的楔子在讲述"我"三十岁、四十岁、四十岁后对"日子"的感受以及新疆"铁胃人"老友、北京"没情况儿"老乡和某海滨城市"大舌头"姜主席的故事时，王蒙借助"五七"干校、"爱国卫生"运动、"批林批孔"、出国移民梦以及市场经济东风等标志性时间节点的事件，在个人史的片段中折射出了国家发展史中的大时代变迁。楔子部分在看似随意的散文式感慨中，将20世纪50、60、70、80、90年代的个体往事与国家往事，按照时间顺序予了以点带面、以小见大式地呈现。在这一叙事中，个体与时代、个人与国家紧密相连、同步向前。也正是时代线索的连续性，让小说楔子与正题部分获得了叙事上的连贯与气韵上的相通。

其次是叙事时间线索。《霞满天》的小说叙事是从当下21世纪20年代（约2021年）的回溯式讲述开始的，而这个立足当下的叙事时间并没有被王蒙明确点出，而是需要读者在阅读中自己推算出来。楔子中的"我"在三十多年前因病疗养时认识了某海滨城市的姜主席，分别不到一年，"我"就听到了他投资期货被骗、突然因病去世的消息。由于市场经济的东风与"从未与闻的'期货'市场"在改革开放后的出现时间是20世纪90年代初，那么距此三十年后的现在就是21世纪20年代初，这说明《霞满天》的小说叙事是从21世纪20年代初开始的。而在小说的结尾部分，小说叙事又回到了21世纪20年代初："二〇二一年，在'霞满天'院里，王蒙终于见到了九十五岁庆生的蔡霞'院士'。"[1]也正是立足于当下的叙事才为王蒙提供了"王按"与"王评"的机会，让"王蒙"得以直接参与叙事对话并做出了立足于当下的价值评判。

---

[1]　王蒙：《霞满天》，花城出版社 2023 年版，第 66 页。

《霞满天》的总体叙事（楔子+正题）是"我"（王蒙）在21世纪20年代讲述发生于21世纪20年代的"我"与步小芹、蔡霞交往的故事。在这一叙事中，王蒙通过叙事视角的转换与回旋，形成了小说叙事的三层嵌套：层次一，"我"讲述"我"与步小芹、蔡霞相识相交的故事；层次二，在层次一的叙事中嵌入"我"听步小芹讲述和转述蔡霞的故事；层次三，在层次二的叙事中嵌入蔡霞对其人生经历的自述。这种叙事视角的回旋转换在参差对照中形成了一种立体复调叙事，蔡霞、步小芹和王蒙（"我"）都对蔡霞的奇葩行为与传奇经历发出了自己的声音并做出了价值判断。

更重要的是，在小说主体（正题）部分，王蒙完成了以蔡霞为中心的从2012年到2012年的环形叙事。在这一环形叙事中，以疾病为核心，形成了多时间轴的多层次疾病隐喻叙事。

首先，时间轴一（第5—9章）的叙事是"我"听步小芹讲述蔡霞2012—2017年的故事。该时间段所覆盖的核心事件是蔡霞入住霞满天养老院后，因跌跤突然发作了幻想性精神病。蔡霞的精神病是《霞满天》中叙事节奏最慢的部分，也是小说中最精彩的部分，它是小说的题眼、心脏与灵魂。以这一精神病为中心的多层次疾病叙事要靠整部小说的环形叙事结构来完成。仅从时间轴一来看，它完整地讲述了蔡霞入住霞满天养老院、因跌跤而发作精神病、依靠时间与音乐的治疗而自愈的过程，其表层叙事即精神病的发病与疗愈。但时间轴一的叙事中却留下了许多"格格不入"的悬念。比如，当王蒙听步小芹讲述蔡霞的精神病经历时，善于为休养员保密的步院长尚未告诉王蒙蔡霞的个体往事，但时间轴一的叙事却已经在字里行间透露出蔡霞的精神病发作与其"此生遭遇过重大的不幸"密切相关。而且当蔡霞的精神病被时间与音乐所疗愈后，时间轴一的叙事又专门提到了空间旅游的治疗作用，尽管入住霞满天后的蔡霞从未进行过旅游："为什么提到了空间的旅游？也还少有谁知道情况。霞满天，并没有旅游业务，小步他们还不敢组织古稀耄耋群体的大空间活动。"①个体的不幸与空间的疗愈这些突兀的悬念要到时间轴二的叙事来揭露和解决。

其次，时间轴二（第10—18章）的叙事是蔡霞在听说王蒙想了解她的故事后，她向步小芹自述了其1926—1996年的人生经历。该时间段所覆盖的核心事件是蔡霞初婚意外丧夫、再婚意外丧子、后遭丈夫与干闺女双重背叛离婚、离婚后开启了国内外全球化旅行。时间轴二的表层线性叙事是蔡霞前70年的人生经历，但其深层叙事却构成了以"病毒—免疫"模式为核心的疾病隐喻叙事，其中"病毒—免疫"模式兼具叙事结构功能与隐喻结构功能。时间轴二中的蔡霞处于一种大喜大悲、祸福更替的极端人生状态中，她人生中的重要机遇与幸福和重大不幸与灾祸总是螺旋缠绕、交替出现。蔡霞遭遇一次次苦难突袭后所作出的种种应对恰似遭受了病毒侵袭的肌体所作出的一次次免疫对抗。这个多次突袭与对抗的"病毒—免疫"过程本身构成了时间轴二的线性叙事结构。同时从蔡霞的个体人生经历来看，这个"病毒—免疫"过程也构成了关于人生状态的疾病隐喻结构，其内里是对人性弧光与坚毅品格的赞美："荒唐的痛苦正像一种病毒，摧毁生命的纹理与系统，同时激活了生命的免疫力与修复功能。我明白了，我不可能更倒霉更悲剧了。已经到头，已经封顶。我蔡霞反而坚定了一种信心。"②为了应对突袭而至、不得不全盘接受的灾祸与苦难，蔡霞采取了种种有效措施来向外发泄和向内修行。她购买健身器材锻炼身体，她排演话剧、用文艺充实自己，更重要的是她去新疆、西藏、云南、四川、甘肃、青海，布拉格、维也纳、俄罗斯、欧洲名城、突尼斯、尼日利亚、好望角、伊朗、埃及乃至南北极等地进行国内外全球化旅行。对于蔡霞而言，"空间"成了一种有效的治疗方法与自我救赎手段。至此，时间轴一中的悬念得以解决，但王蒙同时又在时间轴二里埋下了更大的悬念，即蔡霞为何在2012年突然中止了全球化旅行（空

---

① 王蒙：《霞满天》，花城出版社2023年版，第32页。

② 同①第51页。

间自疗）而入住了霞满天养老院。而这个悬念的揭晓与环形叙事的闭合则要在时间轴三里完成。

最后，时间轴三（第19—21章）的叙事是一种第三人称全知叙事。2021年，在霞满天养老院，王蒙终于见到了九十五岁的蔡霞，蔡霞在庆生摄影展上讲述了她去南北极旅行的故事。当王蒙问她为什么在2012年终止了全球化旅行时，蔡霞微笑不答，步小芹则小声告诉王蒙："二〇一二年初，中日友好医院查体时候发现她的淋巴结有变化……"①这显然是一种强暗示，正是突袭而至的更大灾难、极有可能是癌症的重大疾病迫使蔡霞停止了自我疗救的空间旅行。因此，时间轴三的叙事仍是一种双层叙事，其表层叙事是对王蒙与蔡霞故事结局的交代，而深层叙事则是对以蔡霞为中心的环形疾病叙事的完成。2012年既是小说正题部分疾病叙事的时间开端，也是小说主体疾病叙事的结尾。小说在完成全部叙事的同时，将蔡霞故事的结尾与开头相连，形成了完美闭合的环形叙事结构。

而从以蔡霞为中心的完整环形疾病叙事结构来看，在时间轴一（2012—2017）中同样存在着双层疾病叙事。时间轴一的表层叙事是关于蔡霞精神病"发病—发展—自愈"过程的完整叙事，而深层叙事则是关于"作为一种疗愈方法的精神病"的叙事。蔡霞的精神病不仅是一种疾患，更是一种疗愈方法。当历经人生苦难的蔡霞再次遭受命运的重大突袭（罹患绝症）时，她由外向式的空间自疗，转入了内向式的精神自疗。"疾病是通过身体说出的话，是一种用来戏剧性地表达内心情状的语言：是一种自我表达。"②蔡霞突然发作的自言自语、自恋自怜式的幻想性精神病是一种内向型的自我表达与"智能补偿"。

结合时间轴三与时间轴二的叙事来重审时间轴一，会发现蔡霞发

① 王蒙：《霞满天》，花城出版社2023年版，第75页。
② 〔美〕苏珊·桑塔格著，程巍译：《疾病的隐喻》，上海译文出版社2020年版，第47页。

作的精神病不仅是疗愈身体病变（癌变）的有效方法，也是疗愈人生病变（苦难）的有效手段。发作精神病同样是"病毒—免疫"模式下蔡霞应对命运突袭时所作出的免疫对抗。而历经时间与音乐的自我疗愈，从精神病中恢复过来的蔡霞，不但实现了身体的康复，还完成了人生境界的质的飞跃。她实现了由人境到圣境、到佛境的提升。纵观蔡霞的95岁人生，前30年（1926—1955）是幸福的成长经历与爱情生活，中间35年（1956—1990）是灾星噩运、祸福更替的极端人生苦难，而最后30年（1991—2021）则是不屈不挠的决绝反抗与坚持到底的自我疗救过程。当王蒙见到了95岁的霞满天"院士"蔡霞时，他为蔡霞的超高龄美貌与神仙风度所折服。历尽人生病变而又顽强自愈的蔡霞终于修炼到功德圆满："与天为徒，天人合一，莫得其偶，是为道枢。"①

　　由此，再来反观由楔子和正题共同构成的双重环形叙事结构，楔子部分其实与正题相似，其核心也是关于疾病／人生病变／苦难突袭的叙事。楔子中看似碎片式的关于王蒙（"我"）、"铁胃人""没情况儿"、姜主席等人生片段的随笔式回忆，其共同内核都是如何应对人生病变（苦难突袭）这个问题。楔子中罹患咽喉病、口腔癌、颈椎病、心肌梗死等疾病的"他"和"他们"面对身体疾患、人生病变与命运突袭采取了不同的应对方式，有的积极，有的消极，有的成功，也有的失败甚至一败涂地。"他"们的故事与正题中"她"（蔡霞）的故事共同构成了有意味的参差对照与疾病隐喻，在大小双重环形叙事结构中共同揭示了《霞满天》的小说主题："不要怕偶然与突然的祸端，因为我们勇敢而且光明。"②而这也正是小说题目"霞满天"的内涵。

---

① 　王蒙：《霞满天》，花城出版社 2023 年版，第 69 页。
② 　王蒙：《后记：与日子一道》，《霞满天》，花城出版社 2023 年版，第 188 页。

虚构的回旋与小说的寓言化

　　王蒙是一位言说欲极强的作家，这种强烈的言说欲不仅促使其小说语言经常处于一种汪洋恣肆、奔涌驳杂的语言流、词语流状态，还经常让"王蒙"直接以对话者、旁观者或叙事者的身份参与小说叙事，从而以"王蒙"的强在场感彰显着作者对虚构的掌控与对小说的话语权。《霞满天》就以"王蒙"的在场、作者的"破壁"与虚构本质的主动暴露彰显着王蒙的强烈言说欲与对小说虚构的绝对掌控："看官，以上是本小说的'楔子'。您知道什么是'楔子'吗？……读小说也是一样，开个头，对世道人情、生老病死感慨一番，显示一下本小说的练达老到、博大精深，谁又能不'听评书掉泪，读小说伤悲'？"①

　　除了作者的在场与虚构的直接暴露外，王蒙还在《霞满天》中埋下了许多虚构的密码。比如时间的"错置"与"重版"。《霞满天》是一部在"时间"上极其讲究却又极其"不严谨"的小说，与时间有关的"错误"总是过分明显而又过于频繁地出现于小说中，这是一种与虚构有关的有意味的时间形式。比如在第5章中，蔡霞2012年入住霞满天时是76岁，但在第21章王蒙询问蔡霞时却说："您为什么二〇一二年，在您八十六岁的时候停止了全球化旅行，变成霞满天的'院士'了呢？"②同一年发生的同一事件却对应着两个年龄点，这种时间上的"错误"提醒着读者时间错置的在场。比如第9章中，蔡霞在霞满天春节联欢晚会上用多国语言朗诵诗歌这一事件发生于2017年，但在第19章中，步小芹却说蔡霞"自从二〇〇五年春节联欢会上做了多种语言的朗诵以后，立刻被全院称为院士"③。这不仅与第9章的时间线发生了冲突，更与第5章及第21章的小说叙事发生了逻辑悖

---

① 　王蒙：《霞满天》，花城出版社 2023 年版，第 14 页。

② 　同①第 74 页。

③ 　同①第 66 页。

反，因为在蔡霞故事的开篇与结局，她都是2012年才住进了霞满天养老院，她根本不可能在2005年时就成了霞满天的"院士"。再比如第13章中，薛逢春出轨干闺女小敏并致其未婚怀孕是在1988年，但在第17章中小敏生子却发生于1991年秋天，一孕三年，这显然不合逻辑与常理。

总体来看，虽然与蔡霞相关的多个时间点因为数次出现的时间错置而发生了时间线上的连锁波动，但这些频频出现的时间错置并没有影响整体双重环形叙事结构的闭合与完成。在有效的叙事中，重复必有意义，由于"在各种情形下，都有这样一些重复，它们组成了作品的内在结构，同时这些重复还决定了作品与外部因素多样化的关系"，因此"一部小说的阐释，在一定程度上要通过注意诸如此类重复出现的现象来完成"①。这些反复出现的时间"错误"以时间的矛盾、逻辑的悖论与叙事的不自洽动摇了整部小说的真实性与可信力，强烈地彰显了小说的虚构本质及其人物的隐喻性与符号性功能。为了提醒读者时间"错误"的在场，王蒙不惜在叙事中直接揭露了时间错置与重版的可能："是的，出嫁在一九五九年，似乎也可以说，同时是一九五六年，还同时是一九四五与一九四九年的重版，是时间的多重叠加……"②

此外，《霞满天》中的文本嵌套与互文是更加隐晦的虚构回旋与虚构密码。王蒙是一位善于在小说中嵌套文本的作家，依靠文本间的嵌套与互文，人物命运与小说主题往往能够得到强化与加深。在《青狐》《笑的风》《猴儿与少年》等代表性小说中都存在着典型性的文本嵌套与互文，《笑的风》甚至在出版时以字体区别、变体引用等方式来强化文本间的嵌套性，这显然也是一种有意味的形式。但与以往作品对文本的直接嵌套不同，《霞满天》中的文本互文以一种更隐蔽的

---

① 〔美〕J. 希利斯·米勒著，王宏图译：《小说与重复：七部英国小说》，天津人民出版社2008年版，第3页。

② 王蒙：《霞满天》，花城出版社2023年版，第40页。

密码式线索存在。《霞满天》在小说叙事中提到了王蒙的另外三个作品，《没情况儿》《夜的眼》和《初春回旋曲》。这三部小说的文本内容并没有被直接嵌套于《霞满天》中，但它们在《霞满天》中的出现却是一种强暗示，它给予了介入《霞满天》文本的新线索，强烈地诱惑着读者去发现《霞满天》文本内外的互文。相较于《没情况儿》和《夜的眼》，《初春回旋曲》在《霞满天》中的地位显然更高，它直接参与了《霞满天》的小说叙事与人物塑造：

> 九十五岁的蔡霞与八十七岁的王蒙见面，她笑着说："我读过你的《夜的眼》和《初春回旋曲》。"
>
> "什么？回旋曲？"我一怔，一惊。
>
> 《初春回旋曲》一直在我心里，发表以后没有一个人说起过它，以至于听到蔡霞的话我想的是，好像有这么一篇东西，可是我好像还没有写过啊。
>
> 似有，似无，似真，似幻，似已经写了发表了，似仍然只是个只有我知道的愿望。①

王蒙发表于《人民文学》1989年第3期的《初春回旋曲》是一部典型的元小说，它展现了小说虚构的不确定性与小说创作的正在进行时。《初春回旋曲》的开篇便充满了"回旋"，小说在"我们""她""他""你""他""我们""我""你"的人称回旋中，将小说的时间情境设定于一个有着惨白清冷月光的冬夜。就在这个"我"和"你"喝茶回忆往昔的冬夜里，"我"突然说起了一部20世纪60年代写的却已丢失了的小说稿子。随后，"我"便向"你"叙述小说稿的梗概，但"我"的叙述却不是确定性的，而是在对小说的复述中加上了许多不确定的"可能"。这种不确定性让过去已完成却未曾发表出来的小说进入了"过去未完成时"，并在当下"我"的讲述中重新进入

---

① 王蒙：《霞满天》，花城出版社2023年版，第74页。

了虚构的"现在正在进行时"。"我"所叙述的小说梗概成为该小说的第一种写法，即现实主义写法。随后，在"我"与"你"的对话中，"我"分别在构思的假想中用阶级斗争的写法、敌特侦察小说写法、20世纪80年代的身体写作写法、现代派与先锋派写法、等待戈多式的荒诞派写法以及寻根小说式的新潮写法等，数次解构并重写了这个图书馆管理员的故事。至此"我"的虚构想象被彻底放开，这部丢失的小说稿进入了无限的虚构可能中。

《初春回旋曲》的小说叙事是一种双层嵌套叙事：首先它的主体叙事是"我"与"你"的冬夜叙话，这是第一层叙事；在叙话中又嵌入了图书馆管理员的故事，这些小说中的小说、文本中的文本是第二层叙事。但当小说中"我"的文学想象进入无限虚构后，第二层叙事与第一层叙事发生了交叉混合。第二层叙事向第一层叙事的入侵，让图书馆管理员的故事与"我"和"你"的故事在叙事上发生了嵌套融合。在双层叙事相互入侵混合后，"我"叙述了这部旧日小说稿的结尾，由这个"不能保证这一切都是原文"的结尾来看，这部已完成却未发表的小说其实是写了一段已发生却又从未开始的爱情。《初春回旋曲》作为一部小说中有小说的元小说，它以小说虚构的方式去回忆另一部已完成却丢失的小说，这种回忆性讲述让小说稿回到了最初始的存在状态，即"回到了有待虚构有待生发的状态"①。而关于小说稿的虚构性叙事显然是一种破坏性复述，它在不停的建构与解构中，让回忆变成了虚构，让小说的本真历史文本在无限的想象与虚构中永远地失落了。

显然《初春回旋曲》与《霞满天》之间构成了文本内外的强烈互文。在《初春回旋曲》中那部关于图书馆管理员等待姑娘的小说稿是一部已完成却从未发表的小说，它以多种虚构的可能存在于文本嵌套的元小说叙事中，它的似完成又未完成、似存在又无法确定存在的虚

---

① 晓华、汪政：《〈初春回旋曲〉断评》，《文学自由谈》1990年第1期。

构进行时与《初春回旋曲》本身的元小说叙事强化了小说的虚构性，让"虚构"本身成为文本叙事的意义。而在《霞满天》中，《初春回旋曲》就像那部丢失的小说稿一样，它似乎早已存在却又仿佛从未被写过，它似乎早已经发表却又好似只存在于王蒙的意愿之中。正像丢失的小说稿彰显着《初春回旋曲》的虚构性，《初春回旋曲》也以虚构的回旋彰显着《霞满天》的虚构本质。《初春回旋曲》与《霞满天》在"虚构"上实现了文本间的回旋互文共振。

　　值得注意的是，即便是"楔子"部分也存着类似的文本互文。《霞满天》的"楔子"依靠回忆随笔体叙事营造出了一种类似于非虚构的叙事效果，但王蒙又巧妙地通过文本内外的互文，以强暗示动摇了非虚构叙事的真实性，暴露了小说的虚构内里。这部在"楔子"中具有强烈在场感与提示感的小说是《没情况儿》。与《初春回旋曲》相似，王蒙发表于《人民文学》1988年第2期的《没情况儿》同样讲述的是"我"和"你"的故事，小说的主体内容是"我"在一种类似于对话的独语体叙事中讲述"你"的故事与"你"的"没情况儿"。这种独语体叙事因为充满了回忆的细节与个体的深情而充满了可信的真实感，但《没情况儿》的小说"绪言"却在主体叙事开始之前就以小说家的强烈在场暴露了小说的虚构性："创作，真是一件残酷的事情。当你成为一个作家……这一切都是创作的启示，创作的材料。"[1]显然，《没情况儿》与《霞满天》之间也构成了文本内外的强烈互文。《没情况儿》的开篇"绪言"动摇了整部小说回忆式独语体叙事的真实性与可信性，强化了小说的虚构性。而在《霞满天》的"楔子"中，《没情况儿》以关于虚构的强烈暗示，动摇了"楔子"回忆随笔体非虚构叙事的真实性与可信性，强化了《霞满天》的小说虚构性。

　　"虚构是文学的特权"[2]，纵观王蒙70年的文学创作，王蒙一直

---

① 王蒙:《没情况儿》,《王蒙文集》第 14 卷,人民文学出版社 2014 年版,第 180 页。

② 南帆:《虚拟、文学虚构与元宇宙》,《中国当代文学研究》2022 年第 5 期。

都是创造力与虚构力极强的作家。迷恋于小说"元宇宙"①的王蒙一直有意识地锻炼自己的虚构力与想象力，即"虚构的能力要靠自个儿发展"②。王蒙擅长以汪洋恣肆的语言与无拘无束的表达来进行纵横捭阖、先锋新锐的虚构，其内里则是对精神空间的极限拓展与极度放大："我喜欢说的一句话是开拓精神空间，增益精神能力，包括想象力、联想力、延伸力与重组及虚拟的能力。"③而《霞满天》就是一部极其重视联想、延伸、重组与虚拟的小说。《霞满天》以作者的在场与虚构的暴露、时间的"错置"与"重版"以及文本间的嵌套与互文形成了"虚构的回旋"与"虚构的在场"。《霞满天》对小说虚构本质的有意暴露和对双重环形叙事结构的刻意制造，均是在追求一种诗化寓言体小说效果："王蒙从小就想写这样一篇作品，它是小说，它是诗，它是散文，它是寓言，它是神话，它是童话……"④显然，王蒙想要写作的是一种"文备众体"的小说，而《霞满天》就是一部典型的诗化寓言体小说，兼具"哲学的深邃""诗歌的激情"与"历史的质感"⑤。

结语：一部关于女性、国族与人类的寓言

王蒙的《霞满天》以叙事的回旋与疾病的隐喻、虚构的回旋与小说的寓言化，在双重环形叙事结构和文本内外的互文里，完成了一部关于女性、国族与人类的寓言。

---

① 王蒙：《写小说是幸福的》，《小说评论》2023 年第 2 期。

② 许婉霓：《春天的旋律 生活的密码——"春天一堂课"侧记》，《文艺报》2023 年 3 月 22 日。

③ 舒晋瑜：《为文进载，意犹未尽——王蒙创作 70 周年对谈》，《中华读书报》2023 年 1 月 18 日。

④ 王蒙：《霞满天》，花城出版社 2023 年版，第 33-34 页。

⑤ 刘琼：《王蒙中篇小说〈霞满天〉：向汪洋恣肆的才华和不绝的创造力致敬》，《文艺报》2022 年 8 月 26 日。

首先，《霞满天》是一部女性寓言，它是一部女性的赞歌。王蒙是一位善于书写女性的男性作家，但《霞满天》中的蔡霞不同于王蒙以往小说中的女性，"她"不是"我"的配角，更不是"他"的陪衬，"她"作为霞满天中的塔尖院士，本身就构成了对"活着"与"生命力"的最高阐释。

　　其次，《霞满天》还是一部国族寓言，它是一部国家与民族的赞歌。纵观王蒙70年的文学创作，王蒙总是能够在充分表达作家个体生命经验的同时，将国家史、民族史与个人史同步融合，在个体的生命记录中折射半个多世纪以来的中国发展史。与蔡霞困难重重、艰难非常的人生经历相似，中国与中华民族也在历史发展与民族复兴中经历了种种磨难、重重困难。因此，蔡霞性格并不是一种简单的典型性格，"而是我们经历的历史沧桑在民族性格中的集体沉淀"①。《霞满天》以蔡霞隐喻国族，以蔡霞的个人史隐喻国家史、民族史，对中国和中华民族的伟大奋斗精神给予了崇高的赞美。

　　最后，《霞满天》更是一部人类寓言，它是人类精神的赞歌。霞满天的塔尖人瑞蔡霞显然已经不仅仅是女性的代表，在极光中看到"坚强"，在南极反思人类该怎样做人的蔡霞已经成为人、人性、人类的代表，"蔡霞是精神性的，王蒙标出了一种人格的高度"②，"王蒙先生的《霞满天》所写，何尝不是关于人类的故事！"③王蒙的《霞满天》立足当下、着眼全球，在宏阔的人类视野下，对以蔡霞的坚毅良善、顽强勇敢、正直光明为代表的人类精神给予了纯粹的赞美与深情的歌颂。

　　综合来看，《霞满天》典型地体现了王蒙小说创作的新时代文学

---

① 郭悦、郭珊：《王蒙：写小说时，每一个细胞都在跳跃》，《南方日报》2023年4月2日。

② 吴俊：《好一部短篇红楼梦》，《小说选刊》2022年第10期。

③ 何向阳：《女性知识分子形象及人格心理的文学探究——王蒙新作〈霞满天〉读后》，《北京文学》2022年第9期。

品格，也展现了新时代中国文学对"时代性、历史性和文学性"①的有机融合。王蒙近年来的小说创作具有鲜明的"中华性的本位立场"与"人民性的价值指向"②，在《生死恋》《笑的风》《猴儿与少年》《霞满天》等作品中，王蒙根植于中国本土经验，以自觉的文化自信与民族自信来建构新时代的"'中国'的总体性"③，他从坚定的人民立场与强烈的家国情怀出发，在人类视野下，完成了对"中国故事"的文学讲述。这既是《霞满天》"回旋曲"中的王蒙"密码"，也是王蒙新时代小说创作的共性特征。

原刊于《中国现代文学研究丛刊》2024 年第 1 期

① 吴义勤：《现实书写的新篇章——读关仁山的长篇小说〈白洋淀上〉》，《粤港澳大湾区文学评论》2023 年第 3 期。
② 白烨：《文艺新时代的行动新指南——习近平文艺论述的总体性特征探悉》，《中国当代文学研究》2019 年第 5 期。
③ 李敬泽、李蔚超：《历史之维中的文学，及现实的历史内涵——对话李敬泽》，《小说评论》2018 年第 3 期。

——·驻校、讲座名家论·——

重寻9—99岁儿童失掉的美好生活

——评张炜的《橘颂》

徐　妍

　　张炜是一位具有多重身份的中国当代作家，但在张炜所有的身份中，我以为，最切近他生命本义的应是诗人哲学家。姑且不说他创作的成人小说《古船》《九月寓言》《柏慧》《能不忆蜀葵》《刺猬歌》《外省书》《你在高原》《毒药师》《艾约堡秘史》《河湾》等的写作根脉皆深植于中国诗性文学传统的本源，单说他的儿童文学作品——20世纪70年代张炜初入文坛所创作的《木头车》《狮子崖》《他的琴》与近年来所创作的《半岛哈里哈气》《少年与海》《寻找鱼王》《海边童话》《我的原野盛宴》等，亦如托尔斯泰、马克·吐温、雨果、巴尔扎克等大作家们所写的儿童文学那般源自"丰沛的童心与诗心"，直指"文学的核心"①，即都以诗人哲学家的目光，如实描写人们应有的美好生活。只不过，人们对美好生活的记忆日渐遗忘，且无论作家如何尽力地如实描写，都很难彻底地提供一个确定性的美好生活的图景，"这是因为生活是汲取不尽的深邃和无穷无尽的多样：不管您如何描写它，始终还是留下足以继续描写的生活；不管您如何尽力，始终

---

① 《作家张炜谈儿童文学创作：没有童心和诗心，就没有文学》，《人民政协报》2019年6月1日。

只能描写生活中的几小页，永远不可能把它的全书写出来……我们一向就是这样认为的"①；但是，在读到张炜的最新作品《橘颂》时，这样的信念却很难不发生动摇。

《橘颂》开篇从老文公和他的名叫颂的橘猫乘一辆旧货车去山里讲起。而以往张炜儿童文学作品的标识——海边风景与海边少年则貌似远去了。但读者在感到新奇的同时，也易于滑落至一个惯常的思维圈套里，误以为《橘颂》是一部讲述拥有古典情怀的现代文人逃离喧嚣都市、追寻乌托邦之梦的浪漫之作。而浪漫，在百年中国文学史和百年中国人看来，几乎相当于知识者"不接地气"的同义词。而况，老文公与橘颂去山里的一个缘由是："那里的春天比这里大。"那还不是一个与现实生活相违和的乌托邦之梦吗？然而，《橘颂》的真义果真如此吗？

二章过去了，读者借助于《橘颂》中的"上帝视角"——成熟作家多半使用的另一种第三人称——的叙述，获知了老文公和橘颂在山里的生活场景和生活细节："坡上有一座孤零零的石屋，与南岸那片石屋隔河相望。"②"它坐落在隆起的崖顶，看上去并不高大。东西南北各有两间相连，向阳的是起居室，面西的是灶屋和堆房。他的印象中，通向灶屋的过道旁总有码得整整齐齐的劈柴，穿过它往前，有一个小厅，出门就是台阶，由它下到一个曲曲折折、宽窄不一的回廊。它连接起复杂的地下空间。"③"这里真静。有的角落闪着微光，更多的是一片漆黑。"④"马上要做的，是扫去炕上灰尘，把窗户擦亮，摆上卧具。蓬松的被子，被面是木槿花图案。荞麦皮枕头。""米饭和炒白菜，还蒸了山药。劈柴在灶里噼啪响：一共三个石砌的大炉灶，

---

① 〔俄〕别林斯基著，辛未艾译：《别林斯基选集》（第五卷），上海译文出版社2005年12月版，第393页。

② 张炜：《橘颂》，新蕾出版社2022年版，第4页。

③ 同②第6-7页。

④ 同②第8页。

现在只用两个。"①"要找一张书桌。没有。堆房里有个老式卷边木桌，大概是用来给神灵摆放供品的，看上去像个大号元宝。他把它拖到了起居室。""有一个破损的柜子，摘掉几扇歪斜的柜门，也算不错的书架。一摞书摆上去，一切全变了。'我有了一间书房。'"②"橘颂的尾巴弄痒了他的脸。'颂，我们真该庆祝一下了。……'"③不管这些生活场景和生活细节是否亲历过，这种对场景和细节大繁若简的如实描写足以将读者带入老文公和橘颂的山里生活中。同时，这些生活场景和生活细节似曾相识，分明带有鲁迅小说《在酒楼上》的魏晋风度和反抗绝望的微光、废名小说《菱荡》的节奏和禅意、沈从文《边城》的静气、汪曾祺小说的旧气。到第三章时，"五六十岁、头发有些花白""声音很轻"的李转莲出场了，石屋内外的魏晋气、禅意、静气和旧气被李转莲所散发出来的民间自然生命的"青生气"所激活。李转莲这一人物形象，在这部小说中，不仅起到了"穿针引线"的叙事功用，而且寄予了作家张炜对未来中国女性的理想化想象。

进一步说，从这部小说的第四章起，至这部小说的篇末第三十三章，尽管李转莲对老文公的石屋到访时断时续（九章、十一章、十二章、第十七章、第二十章、第二十四章、第二十七章、三十三章），与老文公的对话相当经济，但李转莲总能在小说情节发展的关键处出场于石屋，急人之所急，却又毫不费力，想人之所想，却又自然而然，深具穿越传统与现代边界的传奇感。于是，在第四章以后的小说情节发展中，读者获知：李转莲为老文公适时带来了山里生活的必需品，买来了能让老文公和山外的老友、国外的家人通上话的"充电宝"，送来了能让老文公旧疾早日康复的营养品，引荐了山村里另外留守的两个人——老棘拐和少年水根，烹饪了山药鱼汤等鲜美好菜，还逮到过九十六厘米长、二十四厘米宽的大鱼，尤其能按照橘树的图

---

① 张炜:《橘颂》,新蕾出版社 2022 年版,第 8 页。

② 同①第 12 页。

③ 同①第 13 页。

谱活画出老文公内心所期望的橘树:"大伞一样的树冠,墨绿的叶子;累累硕果缀满枝头,而且是上下左右对称生出。"①可以说,李转莲这个人物对于这部小说来说,既有推动这部小说的情节发展进程的叙述功能,又有结构这部小说的古典诗化结构的隐喻功能。不仅如此,在李转莲这个人物身上,呈现出了百年中国文学中少见的令人神往的女性的神性灵魂之光芒:她并不一定拥有现代人所愈发依赖的知识,却拥有现代人所日渐遗忘的最素朴的生命常识,知晓"水啊,比什么都好"②,也拥有现代人所普遍缺失的最爽直的表达方式,尤其,拥有对困境中的人出手相助的行动力量。可见,李转莲这一形象融合了作家张炜所倾心的传统美德与民间智慧,深具自然的生命力、天然的鉴赏力和热诚的行动力,借用老文公的话说,"能文能武,样样都不含糊!"③。其实,早在李转莲之前,张炜就在小说中塑造过数量众多、性格独特的女性形象,如《古船》中茴子似的传统母亲和妻子、《外省书》中肖紫薇似的传统的现代知识女性和《柏慧》中柏慧、师辉似的新型现代女性、《古船》中的小葵等女儿形象。近年来,张炜小说中履历丰富的民间奇女子格外引人注目,如《艾约堡秘史》中的"老政委"具有耀眼的光芒。《橘颂》中的李转莲犹如"老政委"的姊妹,但其形象更具象,其灵魂更丰盈,其价值更有未来性,因为"惟有民魂是值得宝贵的,惟有他发扬起来,中国才有真进步"④。特别是,这一人物对于困境中的人们如何活这个迫切的追问,更有启示性:无论今生做人或转世为莲,都要自己动手创造自己的美好生活,都要葆有中国人的美好品性。

不过,这部小说中的主体故事情节固然是由李转莲的自然又传奇的行动所推动,其小说结构固然是因李转莲的写真又写意的魂灵而成

---

① 张炜:《橘颂》,新蕾出版社2022年版,第191页。

② 同①第55页。

③ 同①第132页。

④ 鲁迅:《学界的三魂》,《华盖集续编》,人民文学出版社1958年版,第18页。

为古典诗化的世界，但它的主体故事情节的更深层推动力则是老文公的情感流动，其小说结构在涌动着古典诗化韵律的同时又内置了老文公充满了心理挣扎的现代意蕴。同样，这部小说所讲述的主体故事内容固然是老文公在山里的现实生活，但更是沉潜、中断、弥合于老文公记忆深处的心理生活。心理生活和现实生活相互渗延、参差、对照，使得这部小说的主题的繁复性颇似"最富鲁迅气氛的小说"（钱理群语）《在酒楼上》，也使得其故事结构的复杂性颇似内含了鲁迅在短篇小说《故乡》中所确立的"离去—归来—再离去"这一现代经典小说故事模式。

那么，老文公是谁？老文公是个难以归类的人物，但老文公的形象塑造关涉了这部小说的主题、结构、故事内容、故事模式等。与此相关联，老文公为何与橘颂一道从城里来到山里？山里"石屋"的含义作何理解？老文公与橘颂如何相处？这些问题的谜底虽然都藏匿于老文公的内心深处，但老文公自己也没有答案。在这部小说中，老文公一出场就八十六岁了。通过老文公与"老家伙"的电话对聊，以及老文公的纷繁思绪，我们知晓：老文公曾经在奶奶所讲述的冰娃故事里度过童年，从此在幼小的心灵里深植下小海豹的悲情的英雄主义情愫；也曾经在五十多年前的青壮年时期经历过身心的劫难，被小海豹的影像所拯救，从此"不时袭来的剧痛、整夜的憋闷和喘息，断断续续几十年"[1]；还曾经在泰斗面前将"夷"字认作"一只海豹"，从此获得了"老海豹"的绰号。[2]通过这些追忆的断片，老文公的形象被如是塑造：老文公是一位回返祖居地、重寻祖父辈精神遗迹的中国当代知识者，更是一位亲历了半个多世纪中国当代社会变迁的"遍体鳞伤的老海豹"[3]，还是一位9—99岁的儿童。但这些面向还不够，因为老文公的断片追忆并不是为了沉湎于祖父辈的历史功勋或个人的

① 张炜：《橘颂》，新蕾出版社2022年版，第158页。

② 同①第159页。

③ 同①第115页。

过往记忆，而是为了迎向未来的日子。要知道真正的悲情的英雄主义者都是朝向未来的现实主义者，其所有的追忆都具有未来性。在这个意义上，老文公与王蒙的《猴儿与少年》中八十六岁的小说家王蒙和九十高龄的外国文学专家施炳炎颇为同路：皆是朝向未来的立言者。

也只有在未来的意义上，老文公与橘颂一道来到山里，居住在铭记着祖父辈的祖居地上的石屋里，在接通了他与"筑路"的父亲、"栽树"的爷爷、"盖大屋"的老爷爷的血缘记忆时，也便接通了他与中国传统文化根脉的生命联系——他们都属于"创造了比黄河流域更先进的文明"的"东夷"族[①]，进而成为他自身——"老海豹"的样子：慈悲、顽强，有尊严，有自省，有愿景……总之，老文公回到祖居地上的"石屋"，即回到他生命的血脉之所在、根系之所在。所以，老文公并未在百年知识分子常见的感伤的怀旧情绪中难以自拔，而是在铭记历史之时重寻人们失掉的美好生活：人如橘、水如泉、星空有味道、夜晚槐花开、日子如盛典……而这部小说所寄予的作家张炜对于人们失掉的美好生活的想象，最终隐喻在这部小说的最后一章里：老文公精心准备的宴请整个乡村的"迟到的宴会"[②]，是他生命历程中的盛大仪式。在这个仪式上，人们失掉的橘树斑斓、槐花盛开的美好生活，重新归来。

在美好生活的意义上，老文公与橘颂的相处方式感人至深，且富有启示性。老文公对橘颂，不似一位主人对待一个宠物，而似一个人对另一个人，平等、理解和尊重。常常，老文公对橘颂，如同一颗心对另一颗心，相遇相知、默契相伴。这样的相处方式并不奇异，如果人们能够超越以人类为中心的优胜心理，就会感知到一切性灵生命与人类生命一样拥有上天赐予的生存的权益、被理解和被尊重的权益、渴望关爱和享受孤独的权益。不仅如此，橘颂之于老文公而言，具有一种精神引领作用，因为在老文公眼里，橘颂是一个倔强、独立、专

---

① 张炜：《橘颂》，新蕾出版社 2022 年版，第 92 页。

② 同①第 189 页。

注的思考者，一个顽韧的、自由的精灵，一个他生命中的仰望者。可以说，橘颂是老文公所期许的"很了不起"①的理想化生命："瞧它，多么自在的生灵，只做自己的事情，谁想强迫它、逼迫它，绝不依从。"②老文公正是借助于橘颂来反思自身、反观生命；橘颂也正是借助于老文公的反思与反观，得以享有生命的独立和自由。联想到今日的现实世界，橘颂大概不只是老文公所期望的理想化生命形式吧？在9—99岁儿童中，有谁会不向往与橘颂相知、相爱、相守、相处？在此意义上，一切爱橘颂者，都不是梦幻者，而是实践者。论及至此，一个问题自然浮现出来：谁是这部小说的主人公？读者不必为此纠结。事实上，老文公与橘颂之间的相处方式已经表明：他中有它，它中有他，他与它属于连体关系、身心关系、形神关系。由此，读者不必硬生生去分离老文公的颂和颂的老文公。

解读至此，该称赞这部小说名字的绝妙了！它的名字叫《橘颂》，确有艺术上的讲究，更有意蕴上的考量。橘颂，是橘猫的名字，同时也让人不禁联想到屈原所作的堪称中国诗歌史上第一首咏物诗《橘颂》。在诗歌《橘颂》中，屈原精准地感知到橘树的生态和习性，运用诗人的想象力，将橘树人格化。在小说《橘颂》中，作家张炜借助超人称视角反复描写老文公对橘颂的生态和习性的谙熟，除了传递一位中国当代作家对两千五百多年前中国"诗魂"屈原的崇高致敬之情，更内含了一位诗人哲学家气质的中国当代作家在今日百年未有之大变局的背景上对现实世界之忧患、对自我再生之期望。

当然，客观地说，对于这部看似语句写实、语词简洁，实则意蕴丰富的《橘颂》，儿童读者未必一定全然懂得。但倘若儿童读者感兴趣于其中一个故事的讲述、一个篇章的味道、一个段落的色彩、一个句子的素朴之美、一个语词的妙用，都将是受益无穷的。例如：奶奶讲述的"冰娃"的故事为什么激励了老文公的一生？老文公为什么

---

① 张炜：《橘颂》，新蕾出版社2022年版，第147页。

② 同①第173-174页。

要将冰娃的故事一点一点地讲给橘颂？老文公为什么心心念念橘树的图画？再如："我是个不服输的老海豹，只要别停，总要爬到海边的！""自己是怎么迷上海豹，最后也变成了一只老海豹？是因为奶奶'冰娃'的故事。"为什么这样的耐人寻味的语句可以从9岁一直读到99岁？只要那个儿童的童心尚在。有一句话说得好：一日长于百年。有光有景、有生有活的语句，哪怕只读上断片，也胜过阅读某些全书。简言之，这部小说称得上一部儿童的应读备用之书。

而对于成人读者而言，《橘颂》的阅读门槛不可轻视。为什么这样说？《橘颂》是作家张炜徒步攀登"文学高原"后折返归途时的自在写作。但以往攀登"文学高原"时的多种美学风格和创作方法并未搁置，而是被不露痕迹地融入这部小说的文本世界中。在美学风格上，这部小说融合了中国古典主义美学、现实主义美学、浪漫主义美学、现代主义美学；在叙事手法上，这部小说内置了历史叙事、乡土叙事、家族叙事、心理叙事、梦幻叙事、动物叙事、植物叙事……而所有的叙事都被放置在对未来人类命运深思的总体性叙事之下。此外，这部小说的艺术表现力着实令人赞叹："一百多年过去了，这条通向大海的铁路至今完好。"[1]一个句子便略过百年，从容得如但丁的诗行；"卷边"似的闲笔，看起来漫不经心，实则大有讲究；"退开""隔开"等动词替代了传递人物情感心理的形容词，颇得鲁迅小说的真传。毫不夸张地说，《橘颂》是奇妙之书、自然之书、生命之书、心灵之书、家族之书、自省之书、灵魂之书……但归根结底，是21世纪中国传统文化的复兴之书，是9—99岁儿童迎向未来的诗与思之书。

总而言之，这部小说是以一位深具诗人哲学家气质的中国当代作家通过回到祖居地的故事模式、以山里为背景来讲述个人与祖父辈、与他人、与万物的隐秘情感联系，尤其溯源了生命的根系。全书以追忆的方式铭记逝去的个人记忆、家族记忆、历史记忆，以及人类的童

青岛现当代作家研究 中国海大百年校庆纪念专号

---

[1]　张炜：《橘颂》，新蕾出版社2022年版，第56页。

年记忆，由此在现代社会深陷困境的背景上，以9—99岁儿童的童心和诗心回溯现代时间，再造现代空间，最终以超人称的总体性叙述视角来重寻9—99岁儿童所失掉的美好生活。

原刊于《文艺报》2023 年 1 月 17 日，有删改

"大童年"观与张炜的儿童文学创作

段晓琳

　　张炜是中国当代著名作家，其多卷本长篇小说《你在高原》曾获得第八届茅盾文学奖。同时，张炜还是重要的儿童文学作家，他将创作符合时代需要的儿童文学作品作为自己的使命。纵观张炜的全部创作，儿童文学在其文学世界中占据了重要位置，其成人文学写作与儿童文学创作之间呈现交叉互文、同步并行的状态。在推出《独药师》《艾约堡秘史》《河湾》等纯文学长篇力作的同时，张炜又在《半岛哈里哈气》《少年与海》《寻找鱼王》《兔子作家》《橘颂》等儿童小说和绘本故事《海边童话》，以及散文集《描花的日子》和非虚构长篇小说《我的原野盛宴》等作品中，展现了其儿童文学创作的力度与深度。其中，《寻找鱼王》曾获得全国优秀儿童文学奖、陈伯吹国际儿童文学奖。

　　张炜多次明确表示他创作儿童文学不是"转向"或"跨界"，他的文学道路就始于儿童文学创作，并且在其五十年的写作生涯中从未间断书写儿童与童年。如果说张炜的文学创作是一部不断加厚的精神自传，那么其童年经验则奠定了这部"自传"的基础。他在不同题材、不同文体的写作中一再重述、追忆和重写童年记忆，形成了其儿童文学作品与纯文学作品之间的互文性。而且，因纯文学写作与儿童文学创作同步进行，张炜的儿童文学的叙事模式与文体风格也在入侵和影响着其纯文学写作，推动着他的文学创作整体发生新变。

非类型化的儿童文学写作

张炜的童年观是一种"大童年"观："迄今为止我一直在写自己的童年，直接或间接地写。有多种呈现童年的方法，可以记录回忆，即平常说的'非虚构'；再就是虚构了，那要自由得多。""这是一种'大童年'：'可能的童年''过去的童年'和'未来的童年'。"[①]"童年不仅是无边无际的，而且是永恒的，需要我们维护和看守。"[②]在这种"大童年"观的理念下，张炜认为儿童文学创作不能过分地类型化，即不能刻意地写给儿童，而是要尽量打开自我、真实自由地去抒写最本真的童年生活与感受，在这个过程中创作出的作品，其中适合儿童阅读的就成为儿童文学。

"大童年"观影响下的儿童文学创作意味着有意识地拒绝类型化写作，这种非类型化的儿童文学创作具有边界模糊的特征，像《半岛哈里哈气》《寻找鱼王》《爱的川流不息》《我的原野盛宴》《橘颂》等作品，既可以作为儿童文学来阅读，同时因其思想深度、艺术追求和厚重品格，又可以作为纯文学精品来阅读。这些非类型化的儿童文学作品虽然故事各异、文体不同，却共同言说着相似的主题。从"童年"角度来看，张炜的儿童文学创作是对其童年的一种回应和疗愈："童年是用来回应的，童年自身也接受回应。作家写作时罗列大量细节，构造情节和人物，用讲故事的方式不断做出各种回应。这种回应严格讲就是一种反抗，而且非常剧烈。"[③]

张炜在儿童文学作品中对个体生命经验的表达，以不同方式呈现了多样的创作风格。但不论是光明温暖、纯真欢乐的讲述，还是阴暗

---

① 张炜:《文学:八个关键词》,广西师范大学出版社 2021 年版,第 32 页。

② 同①第 47 页。

③ 同①第 32 页。

冷峻、悲伤沉郁的言说，其形态各异的表达都是在反抗和抵挡作者自幼累积起的不幸与创伤。因此，在张炜这里，一部"反抗之书"也可能呈现为一部"挚爱之书"，虽然其表层的故事、人物、文体或有不同，但内里的共性与本质都是"不屈和反抗"。无论是讲述野地顽童生命故事的《半岛哈里哈气》，还是探索少年成长哲学的《寻找鱼王》，不管是以非虚构方式记录童年经验的《我的原野盛宴》，还是以类非虚构小说言说童年创伤的《爱的川流不息》，在彼此互文中共同构成了他对于"大童年"的叙述与表达。

儿童文学创作对纯文学写作的影响

自《半岛哈里哈气》以来，张炜越来越重视儿童文学写作，其创作儿童文学的状态就像初涉原野的顽童一样，满目新鲜，其儿童文学作品的文体风格、叙事模式也在入侵和影响着他的纯文学写作。比如，在非虚构长篇小说《我的原野盛宴》中，儿童文学与常规纯文学间的界限完全消失了，这是一部具备了优质儿童文学品格的非虚构纯文学作品。张炜在谈论它的特质时，强调的是"非虚构"性，而非"儿童文学"性。

《我的原野盛宴》与《半岛哈里哈气》《少年与海》《寻找鱼王》等儿童小说采取了相似的儿童叙事视角与儿童化语言文体，依靠细节表达了真实的儿童经验。比如，第一次见壮壮时，"我"发现他的脸上长了一层密密的"桃绒"。再比如，"我"刚学习认字时会把字写在瓦片、树叶、镰刀，甚至外祖母做饭的铲子上。这些细节鲜明地体现了张炜的儿童本位立场，其对儿童视角、儿童逻辑、儿童情感与儿童体验的细节还原使《我的原野盛宴》具备了格外动人的感染力。在这部作品中，细节成为真实的明证，"对细节耿耿于怀，这是一种能力。这可能源于一种深情：越是动情的事物，也就越是能记住细部"①。对童年细节的追溯、择选与重现，使《我的原野盛宴》具备了非同一般的儿童文学品格，它在主题、人物、叙事视角、语言上接近张炜的儿童小说。

《独药师》《艾约堡秘史》和《河湾》是张炜翻越"高原"后尤为重要的纯文学作品。其中，《艾约堡秘史》和《河湾》非常典型地体现了儿童文学写作对张炜长篇小说创作的影响。《艾约堡秘史》正文和附录对淳于宝册的童年经历与少年流浪史的叙事，将少年所遭遇的饥饿与屈辱、温柔与良善，在充满苦难的个体成长史中予以呈现。小说中对受难的父亲、孤苦的童年、迷人的海边民俗以及少年成长的悲欢痛楚的描写都与张炜的儿童小说相似。而《河湾》则是其儿童文学风格渗透影响长篇小说最为明显的作品。《河湾》中傅亦衔回忆童年、叙述故地往事与记录河湾生活的部分，其中很多章节都可以作为儿童文学来阅读。比如，傅亦衔回忆童年的文字就与张炜的儿童小说别无二致："屋子前后的树木结出果子时，我就出生了。从此小茅屋里有了四口人。我是吃着甘甜的果子、听着各种故事长大的。""小茅屋里的人有一个共同的心事，就是等待日夜敲击大山的父亲。我常常爬到最高的树上，看远处的山影。"《河湾》中的莽林传说与精怪故事，也与张炜的儿童小说极为相似，其中傅亦衔为苏步慧讲述的"大鸟"故事，就是《少年与海》中《小爱物》的翻版。

儿童文学创作的诗性追求

在张炜看来，童心和诗心才是文学的核心，童年的纯真中蕴藏着生命的质地与人性的本色，书写儿童与表达童心就此步入了文学的核心地带。因此，张炜将儿童文学看作"了不起的大事业"，并进行了严肃的诗性探索："真正的儿童文学总是具备应有的诗性、并非浅薄

---

① 张炜、舒晋瑜:《"悲伤孤绝的故事，掩在大自然的盛宴中"》,《上海文学》2020年第 8 期。

的思想，并为所有人所拥有"，"儿童文学和成人文学是一样的，在难度的把握上基本一样，也同样是深入人性的内部和底层"①。这里的"诗性"不仅指儿童文学创作所特有的诗性思维，更指向对一种高品质纯文学的"文学性"追求。他将儿童文学与儿童读物、儿童通俗出版物予以区别，认为其差别根本在于"诗性"，即儿童文学需要"诗性支撑""较高难度的语言艺术"与"作家本身的强烈个人性"②。这种诗性追求在《半岛哈里哈气》《寻找鱼王》《描花的日子》《我的原野盛宴》等小说、散文、非虚构作品中均有呈现，尤以最新出版的《橘颂》最为典型。

　　《橘颂》是一部在纯澈中书写深刻的作品。与张炜以往的儿童文学作品不同，《橘颂》是一部以老人视角讲述生命质地的"长诗"。"橘颂"取自屈原的《九章》，张炜曾在《楚辞笔记》中称赞《橘颂》是屈原诗章中最完美的一首。诗中独立不迁的橘树以其高洁自尊、清醒自立、谨慎自持的品格深深打动了张炜。在小说《橘颂》中，"橘颂"既是一只猫，也是一种家族图腾与精神力量。在以老文公为中心的个人史、家族史、村庄史与民族史叙事中，老文公家族四代人与留守空村的老棘拐、李转莲等人的共性是葆有一种坚守自持、顽韧刚强、始终如一的"橘颂"品格，他们有着"倔强的心灵"。《橘颂》以纯粹澄澈的诗性、大巧不工的叙事、深邃圆融的故事尽显作者诗人兼哲学家的精神本色。

　　自《半岛哈里哈气》重拾童心之后，儿童文学在张炜的文学世界中占据越来越重要的位置。他重新发现了儿童文学在其创作中的基础性、核心性与本源性地位，并形成了自己的创作风格。多重对话与融入野地的诉求彰显了张炜儿童文学的思想深度，引入历史与呈现苦难形成了其儿童文学的厚重品格。他的儿童文学创作正处于新作不断的

---

① 张炜：《诗心和童心——关于儿童文学及〈半岛哈里哈气〉》，《文艺争鸣》2012年第6期。

② 张炜：《没有童心和诗心，就没有文学》，《人民政协报》2019年6月1日。

旺盛期，面对新时代的儿童，张炜将"讲述真正具有原生性的大地故事"（张炜：《〈寻找鱼王〉答编辑问》）作为自己必须完成的时代使命。

原刊于《中国社会科学报》2023 年 4 月 24 日

"水"之子与曹文轩的"水域文学"

徐　妍

中国首位"国际安徒生奖"获得者曹文轩，作为著名的国际性儿童文学作家，并非典型意义的儿童文学作家，也始终游离于中国现实主义与西方现代主义两大主流之外，但他以成长小说、幻想小说、童话、随笔等多种文体接续并拓展了如潜流一般边缘化存在的中国古典主义文学流脉，进而建立了独属于他自己的"水域文学"。

一

曹文轩1954年出生并成长在江苏盐城的水乡。父亲是做了几十年的村小学校长，不仅为他积攒了一橱的文学书籍，还担任了他文学与人生的启蒙老师。他就是在父亲的引导下阅读鲁迅的《肥皂》等小说的。"再饿，想吃也要自己抱柴去"的哲理也是父亲教导的。与父亲以理育人不同，勤劳、善良的母亲以事暖人。祖父、祖母对他更是疼爱有加。四位妹妹纯美如花，对唯一的哥哥情深意长。他还幸运地接受了优质的中小学教育——在那个特殊的时代，因各种原因下放到乡下的知识分子成了他的中小学老师。这种种独特的童年经历，都内化为曹文轩的文学世界。

尤其，"水"构成了他永远难以忘怀的童年记忆。家，居住在水边；邻人，也居住在水边；童年和少年的温暖记忆，都发生在水边。

"我家住在家门前一条大河的河边上。庄上人家也都沿着河边住。"①
在这看似波澜不惊的淡然语调里，充溢着一位"水"之子在多年以后
回望"水"之乡时欲说还休的深厚情感。仔细体味，其中有感恩的意
味，也有宿命的成分。这种缠绕在一起的对水的隐秘情感，可能正是
了解曹文轩其人、其文的精神语码。真可谓：对于曹文轩而言，一切
尽在"水"之中。

　　与许多寻常孩童一样，儿时曹文轩的最初记忆影像是从母亲那里
听来的。"听母亲说，我小时长得很体面，不哭，爱笑，爱整天转着
眼珠打量人，揣摩人，很招人喜欢。……我一两岁时，常被人家抱去
玩，然后就沿着这条大河一家传至另一家，有时竟能传出一二里地
去。母亲奶水旺，憋不住了就找我，可总要花很大工夫才能将我找会
回。重新回到她怀抱时，我也不肯再喝她的奶了。因为，那些也正在
奶孩子的母亲已经用她们的奶喂饱了我。"②在这段无比重要的可以被
视为曹文轩所有作品内核、基调、人物原型的回忆性文字中，我见到
了一位初来世界就用闪亮的大眼睛观察一切的孩童，还见到了沿着大
河边居住的一家又一家的纯良母亲。渐渐地，这个大眼睛的孩童记事
了。他记得：三岁起，有点变"坏"，会陷害爷爷了；九岁时，不可抑
制地展现出男孩儿的天性——贪玩，想入非非，自我约束力不强；还
记得靠自学成为村里文化人的父亲在教育儿子的问题上俨然是一位哲
人。少年以后，他当然还永远记得家乡的贫穷、饥饿和苦难。1974年
他二十岁时，这个大眼睛的男孩儿离开了水乡，进到京城，成为中国
最高学府的大学生。从此，他以文学的方式上溯到那橹声、渔人一同
轻歌，河畔、苇塘一道静默的水乡。在记忆无限往返的过程中，"水
之子"的作家曹文轩诞生了。可作家曹文轩无论走到哪里、居于何
处，都会记得长养他的水乡。

　　曹文轩就是这样一位注定与"水"结下终生不解之缘的人。他的

----

① 曹文轩：《童年》，《追随永恒》，北京大学出版社 1998 年版，第 60 页。

② 同①。

童年、他的个性、他的文字、他的作品、他的审美趣味、他的文学理想、他的孤独寂寞、他的执拗坚韧无不因"水"而生，伴"水"同行。特别是，他对现实主义过于拘泥于现实的警惕，对现代主义所主张的"恶"与"脏"的美学的拒绝，都源自"水"的哲学。想想：一个吃过百家奶、听过水边歌声的男孩儿，长大后背叛自己的童年记忆，有多难？而况，无论他长多大、在哪儿，"水"之于他，乃庇护之乡；他之于水，乃蒙恩之子。他生命中流淌出来的一切文字，都可以被视为一位"水"之子对日渐消逝的"水"之乡的永恒铭记。反过来说，他文字中坐落的一切生命——风景、动物和人物，都源自"水"之乡的无限灵光。"水"与曹文轩交融、共生，终汇聚成一方属于他自己，也属于每一位人类家庭中梦想者的波光粼粼的水域。

二

也正是由于"水"的滋养，曹文轩获得了恒久的生命依托，并成为别样的作家。

何谓"别样"？与众不同者。不被"潮流"裹挟的人。沿"水"边逆流而上的人。在此，我需要追踪曹文轩的文学创作历程。

1977年9月曹文轩留于北大中文系任教，恰逢中国文学进入"新时期"，曹文轩也开始了别样的创作历程。

20世纪80年代初期，曹文轩开始了他的"水域文学"创作。那个如萌蕾般粘连而苦涩又芳香的水乡，因他的追忆而重新复活。从1983年到1989年，曹文轩发表和出版了一系列儿童视角的"成长小说"：中篇小说《没有角的牛》（少年儿童出版社1983年版）、长篇小说《古老的围墙》（江苏人民出版社1985年版）、短篇小说集《云雾中的古堡》（重庆出版社1986年版）、短篇小说集《哑牛》（少年儿童出版社1986年版）、短篇小说集《暮色笼罩的祠堂》（中国少年儿童出版社1988年版）、短篇小说集《忧郁的田园》（北京十月文艺出版社1989年版）。"成长小说"作为西方现代主义小说的重要一脉，被著名的西方现代主义作家不断探索。亨利·菲尔丁、马克·吐温、海明威、塞林格、杰克·凯鲁亚克等西方作家都创作了不同文化背景下的经典性的"成长小说"。但如果仔细阅读80年代曹文轩的成长小说，不难发现：曹文轩并没有沿用西方成长小说所隶属的现代主义的人物塑造原则和美学精神，也没有遵循中国当代儿童文学所隶属的现实主义的典型论，而是将"成长小说"的根茎深植在废名、沈从文、汪曾祺等所一路探索的中国古典主义文学流脉中。然而，在80年代，中国当代文学的主潮是由现实主义与现代主义交替领衔的"伤痕文学""反思文学""改革文学""知情文学""寻根文学""先锋文学""新写实主义"，这一拨又一拨的文学潮流被中国当代文学界认为正宗，而曹文轩的"成长小说"显然游离于"主潮"之外。当80年代中国当代文学集体地讲述时代激变时，曹文轩却开始清逸地讲述独属于他自己的那一方"水域文学"的恒定记忆。

20世纪90年代以后，中国当代文学界更加变幻莫测。"家族小说""现实主义冲击波"、女性"私人写作"、王朔现象、王小波现象、二月河式的历史题材写作等令人眩晕的小说潮流，尽管局部开花，但都归属于现实主义或现代主义的旗帜下。然而，水乡的根性记忆却给予了曹文轩坚韧、安静的个性。他照例一面研究小说，一面继续致力于"水域文学"的建立。从1991年到1993年，他出版和发表了如下代表作品：长篇小说《山羊不吃天堂草》（江苏少年儿童出版社1991年版；台湾民生报社1994年版）；短篇小说集《绿色的栅栏》（教育科学出版社1992年版）；短篇小说集《红帆》（安徽教育出版社1993年版）。这些作品表明：曹文轩在创作短篇体裁的成长小说之时，已经向长篇成长小说进发了。1993年，思想界发起了"人文主义精神"大讨论，很快溃散，随后，文学的市场化、大众化在中国当代文学界的论争中兴起。值此之时，曹文轩自1993年10月起赴东京大学任教十八个月。这十八个月，对于曹文轩的文学创作至关重要。即：曹文轩因旅日生活而重新诞生。那么，他将诞生出怎样的一个新我？这不是一个能够说得清楚的事情。因为这诞生的过程，充满了太多令他意想不到的生命奇迹。比如：他的目光从中国当代文学以往的"直视"与"横扫"改变为"凝视"和"余光"。特别是，经由旅日的十八个月，那一径发源于苏北水乡的"水域文学"不再仅仅流淌在中国古典主义的河道内，还汇入了日本作家川端康成、清少纳言、安房直子等人的作品中日本文学唯美主义的水流。此后，作家曹文轩的语言风格更为细腻、静谧、优雅、唯美。特别是，古典美感，作为对抗现代主义"恶"与"脏"的审美思想在旅日时期就萌生了。这样，待曹文轩于1995春夏之交回国后，没有如许多中国当代作家那样从传统现实主义的过往主潮中挣脱出来，或奋不顾身地投入各种现实主义的潮流中去，或纵身一跃加入消解雅俗沟壑的后现代主义旗帜下，而是仍然立足于、仍然坚持中国古典美学精神。从1994年到1999年，曹文轩出版的作品有：短篇小说集《红葫芦》（台湾民生报社1994年版）；中短篇小说集《埋在雪下的小屋》（台北国际少年村1994年版）；短篇小说集《蔷薇谷》（福建少年儿童出版社1996年版）；短篇小说集《三角地》（台湾民生报社1997年版）；短篇小说集《大水》（河北教育出版社1998年版）；长篇小说《草房子》（江苏少年儿童出版社1997年版；台湾联经出版公司1998年版）；长篇小说《红瓦》（十月文艺出版社1998年版）；长篇小说《根鸟》（春风文艺出版社1999年版）。上述作品，准确无误地传达出：曹文轩抵达了他"水域文学"创作的一个大成期。其标志有三：其一，在文学的深处，诞生了少年的天堂、人类的故乡——水边的"油麻地"这一极具古典主义美学精神的核心意象；其二，不仅成果丰硕，代表作云集，而且创造了深具古典主义美学风格的大成之作——《草房子》和《红瓦》。其中，《草房子》创造了中国新时期文学畅销书与畅销书品格兼具的神话——迄今为止，它已经超过了160刷。其三，小说的影响力已经发展到我国台湾省和韩国，其中《红瓦》中的《染坊之子》一章已成为韩国中学教科书读本内容。

新世纪以后，曹文轩已然成为具有世界影响的当代著名的学者型作家。其作品在国外的影响力由日韩扩大到欧美，在国内的影响力更是如日中天。2003年初，作家出版社以"学者型作家"之"品牌"推出了他的九卷本文集。2010年秋，人民文学出版社同样以著名"学者型作家"之"品牌"出版了他的十四卷本文集。可以说，一位如此年轻的作家，获得如此多的成就，可喜可贺。他却很可能在大成期陷入了空前的困惑。如果说20世纪80年代由一元到多元的文化环境生成了他的"水域文学"，90年代旅日经历壮大了他的"水域文学"，那么新世纪之后文化环境的失序难免不让一位信奉古典主义秩序论者产生焦虑。这方源自故乡油麻地的"水域文学"将流向哪里？如何流动？新世纪最初的几年，他如一位"宅男"一样照例过着安静如水的日子。读书之余，继续写下心得，便有了学术随笔集《一根燃烧尽了的绳子》；教书之时，继续研究小说，便有了小说研究的理论著作《小说门》和学术著作《二十世纪末中国文学现象研究》；写书之中，继续回望水乡，便有了长篇小说《细米》（上海文艺出版社2003年版）。他似乎全然不顾书斋之外、课堂之外、水乡之外新世纪中国文化环境的巨大变迁。当中国文坛的名家们在致力于"后启蒙""后革命"语境的现代主义叙事时，当中国文坛兴起"底层文学""打工文学""历史题材"的新现实主义或新历史主义热潮时，他依旧故我。然而，到了2004年，这方"水域"的平静被打破了，一位古典主义者所信守的美与真相互平衡的信念也遭到了空前的考验。其实，曹文轩在坚持古典主义美学精神的同时，也与现代主义美学原则朝夕相处。他倒要看看，如果两种美学混合在一起，会产生什么样的气味？是如榴莲一样浓烈的现代主义气味，还是如柠檬一样清新的古典主义气味？2005年，长篇小说《青铜葵花》（江苏少年儿童出版社）与长篇小说《天瓢》（长江文艺出版社）出版，既满足了他如孩童一样的好奇心，也让他实现了小说创作的又一次转型。如果说《青铜葵花》是一部一如既往以古典主义美学精神为内核的典型的成长小说，《天瓢》

则是一部难以归类的小说。这是一部存有太多解读空间的作品。比如：古典主义与现代主义是否兼容？那一场场美轮美奂的雨水是否就是作者的精神困境的隐喻？《天瓢》是否意味着他的小说创作至此已经一无依傍？总之，至《天瓢》，曹文轩的"水域文学"不光在少年纯真的古典世界中回溯，也在成人复杂的现代世界中透视。《天瓢》之后，曹文轩或可以沿着《天瓢》进入一个与儿童古典世界隔岸相望的成人现代世界。要知道，曹文轩对现代主义小说的观念、手法是太熟悉不过了。而况，一部透视现代中国知识分子的长篇小说已经孕育好久了。然而，就在这个深度转型的关键当口，图书市场上儿童文学繁华中的危机凸显出来。商业性的浅阅读严重地破坏了中国儿童的阅读生态。而在所有的读者群体中，还有谁会比儿童读者更需要曹文轩呢？何况，曹文轩的儿童文学观始终放置在现代性的视域下，他将儿童文学视为民族精神良性发展的一个组成部分[1]。为此，他转而再度将精力更集中地放置在儿童读者群上。他借助长篇系列幻想小说《大王书》（第一部《黄琉璃》接力出版社2007年版；第二部《红纱灯》接力出版社2008年版）实现了他期待好久的"大幻想文学"[2]，也实现了与另一位西方经典文学作家托尔金的《魔戒》进行隔空对话和致敬。此后，他还创作了系列小说《我的儿子皮卡》《叮叮当当》以及优秀的具有经典品质的童话书。最近，曹文轩又创作了《麦子的嚎叫》《小尾巴》等多个最新短篇，再度证明了他的创作理念：优秀的文学作品，既是儿童的，也是成人的。

三

熟悉曹文轩的读者，闭上眼睛，都能够感知得到曹文轩作品中的

---

① 曹文轩：《中国八十年代文学现象研究》，北京大学出版社1988年版。

② 梅子涵、方卫平、朱自强、彭懿、曹文轩：《中国儿童文学5人谈》，新蕾出版社2001年版，第95页。

语词、意象、句子、故事、人物所散发出的薄荷般的清凉气味。原因固然有很多，但一个最主要的原因在于：曹文轩是在用水边的文字建立着独属于他自己的"水域文学"，用他自己的话来说就是："我是一个在水边长大的人，我的屋子是建在水边上的。"①当然，在中国现当代文学史上，并不缺乏以"水"为核心意象的著名作家。中国现代作家第一人鲁迅的小说《故乡》和《社戏》便以儿童视角下浙东的水乡风景想象为"人国"的未来世界。只是鲁迅小说基于启蒙使命的承担常常往返于"水""陆"之间。而中国现当代古典形态的一脉作家废名、沈从文、汪曾祺更是溯水而来，以"水"为源。但非常遗憾的是，由于特定历史语境的限制，他们或在最好的年龄"封笔"于大成期，或复出时已非最好的年龄。曹文轩接续了鲁迅《故乡》和《社戏》所开创的"水域文学"流脉，又以自己的方式提供了独属于他的"水域文学"的诗学。即：在曹文轩的"水域文学"中，投放着他对历史、时代、未来的独特理解。

　　20世纪80年代，曹文轩的"水域文学"虽然没有直接切入80年代文学的潮流，但又无不透露出80年代所特有的真诚，纯净、明亮、饱满的时代气息。不过，曹文轩的80年代作品并没有如"伤痕文学""反思文学""寻根文学"那样将历史生活、现实生活径直"带入"作品，也未如"先锋文学""新写实小说""新历史小说"那样直接将西方现代主义美学观念植入作品。曹文轩选取的是中国古典主义流脉作家的处理方法：以小儿女的视角对历史、对时代进行婉曲的诗性观照。这样，曹文轩80年代的作品在美学风格上既没有投身于80年代主流文学的伤痛与狂欢的现实主义美学风格，也没有认同于80年代中后期主流文学的酷虐的现代主义美学风格。无论80年代的文学潮流如何变化，曹文轩80年代小说中的"水域"都依循他所心仪的中国古典主义美学风格的节奏、韵律、气韵、境界而奏响自己的"江南小调"。

① 曹文轩:《水边的文字屋》,《一根燃烧尽了的绳子》,作家出版社2003年版。

所以，在曹文轩80年代以短篇小说为主体的文学"水域"中，白栅栏、芦苇荡等许多作品常出现的意象，池塘、大水、白帆、细茶、阿雏、哑牛、海牛、香菱等景物和人物淡雅、清新。先看人物：作为成长小说，其主人公大多为俊逸的少男、轻灵的少女。特别是少女，洁净、美丽，充满古典主义的柔美、高贵之气。《忧郁的田园》中的少女主人公细茶"穿一件人家姑娘出门做客才穿的白布褂，袖口轻轻往上只挽一道，然而一天活做下来，白布褂上都不沾一星污点"。再看风景："密密匝匝的芦苇，像满地长出的一根根金条，一望无际。这里的水绿得发蓝，天空格外高阔。"①真可谓：人物如风景，风景即人。就连动物，也遍及古典主义美感。例如："鸭们很干净，洁白如雪，如云，如羊脂。一只只都是金红色的蹼、淡黄色的嘴，眼睛黑得像一团墨点。"②特别是，曹文轩80年代的"水域文学"还回响着"江南小调"的忧伤的旋律，即曹文轩80年代作品所表现的是中国古典主义的悲剧精神。进一步说，这些作品的悲剧因素延续了废名、沈从文、汪曾祺作品中的宿命论，而没有沿用现实主义文学的社会、历史因素。正因如此，当社会、历史等因素成为过往云烟后，曹文轩80年代的小说，至今读来依旧具有挥之不去的韵味。如：《弓》讲述的是天才小提琴家"我"因欲将收养的平庸少年黑豆培养为天才而遭遇的毁灭自身的宿命悲剧；《蓝花》讲述的是以哭丧为职业的银桥奶奶的悲剧一生；《水下有座城》讲述的是槐子哥在对梦想寻找过程中的宿命消失。这种对宿命的描写方式，堪称中西方悲剧的共通之处，故此也逾越了时间和国别，进而具有了经典的可能性。不过，曹文轩80年代文学作品并不是祛除历史和社会的要素，而是选取了他特有的处理方式。即：在曹文轩80年代文学作品中，成长小说犹如一脉渐行渐宽的河流，"历史"则如伫立在河流两岸的"远山"，

---

① 曹文轩：《白栅栏》，《曹文轩金色童年系列》，新蕾出版社2019年版。

② 曹文轩：《泥鳅》，《曹文轩儿童文学获奖作品》，安徽少年儿童出版社2014年版，第174页。

"现实"则如构筑河流沿岸的"土地"，现实主义美学精神则如铺垫河流的底色，古典主义美学精神如灌注河流的魂灵。这种种独特的处理方式使得曹文轩80年代的"水域文学"反复回荡着清幽的江南小调。

90年代以后，曹文轩的"水域文学"虽然还保留着其80年代作品中令人感动的纯净美感，但日渐增加了复杂的现代意蕴，其叙述美学由单纯转向浑厚。究其原因，主要在于：90年代以后，曹文轩"水域文学"中那一脉安静地向前流淌的古典主义水流遭遇了湍急地包抄过来的现代主义激流。双方在曹文轩"水域文学"的纵深处迎面相遇、相互博弈。结果是，曹文轩的90年代作品非但不认同当时中国主流文坛所青睐的现代主义的"审丑"主义文学观念，反而更加确信中国古典主义所蕴藏的对文学、对人心的救赎力量，进而与中国主流文坛的文学观念、文学行动形成了一种由差异到对抗的关系。不过，现代主义文学观念对于曹文轩90年代小说而言，并非没有影响，而是构成了他90年代作品的另一种参照。打个比方说，现代主义文学观念如隔岸灯火，映衬着此岸曹文轩90年代作品"水域"中充溢着古典主义美学精神的静水沉鱼。正是基于古典主义与现代主义之间相互参照的对比美学，曹文轩90年代的"水域文学"才不断加宽、加深。所以，90年代以后，曹文轩除了一如既往地表现他"水域文学"中人性的高贵的一面，也开始凝视"人性的暗河"[①]了。这种微细的变化，在90年代初期的短篇《泥鳅》与《田螺》中就有明显表现。两篇小说在展现人性良善一面的同时，也不掩饰人性的欲念。比如：十斤子和何九这两个人物形象都增加了人性欲念的比重。而曹文轩90年代初期的长篇小说《山羊不吃天堂草》则可以理解为人性的本原——童真如何对抗人性的欲念的悲剧性过程。特别是，90年代末期曹文轩完成的最有代表性的长篇小说《草房子》《红瓦》和《根鸟》，可谓全面拓宽了他

---

① 陈香:《曹文轩:写作〈草房子〉的前前后后》,《中华读书报》2010年1月29日。

的"水域文学"的现代意蕴，实现了对古典主义的高贵美学与"人性的暗河"的双向探索。《草房子》除了正面讲述主人公桑桑从"小人儿"变成"人"的成长过程，还进入秃鹤的人性"暗河"中。秃鹤是个秃子，时常遭到同学的嘲弄，被人践踏尊严，故此他采用了报复的手段。同样，《红瓦》除了讲述林冰的高贵美感，还讲述了林冰等少年不可预知的命运及隐秘的孤独感。而《根鸟》中的少年根鸟，之所以踏上寻梦的漫漫旅途，是因为"无梦的黑夜，是极其令人恐惧的"。寻梦途中的一切磨难正是为了战胜那个笼罩"人性的暗河"中的孤独感。那么，人因何要命定遍尝孤独？一个根本原因在于：在现代社会中，"人性的暗河"使得人时刻缺少"一种坚实可靠的自主性身份感"①，而生命中最尴尬的事情就是在各种联系中个体将丧失自己的身份。由此而产生的恐惧就是所谓吞没的恐惧。特别是，90年代以后，中国知识分子再度"被抛"在没有皈依的时代中，"人性的暗河"再度被现代主义文学缺少节制地释放出来。但秃鹤、林冰、根鸟以及曹文轩小说中的诸多人物却与现代主义小说中的人物非常不同：他们固然皆陷入无法自拔的"人性的暗河"之中，可同时也在竭力依凭古典主义精神而自救。在此精神厮杀的过程中，曹文轩的作品既展现了人性的高贵尊严，也隐含了他对90年代中国人的精神困境的思考。

　　21世纪以后，曹文轩的"水域文学"由浑厚的气韵升华为一种壮阔的气象。置身于新世纪中国文学的各种"乱象"之中，曹文轩不仅探索了多样化的古典主义文学形式——长篇小说、中短篇小说、童话、系列长篇幻想小说、图画书，而且以古典主义的唯美风格对新世纪文学的粗鄙化、商业化的流俗进行抵抗。当然，曹文轩的抵抗行动不是瞬间发生的，而是经历了一个由温和到激烈的渐变过程。新世纪初期出版的长篇小说《细米》照例风平浪静，照例自觉接续古典主义

---

① 〔英〕R. D. 莱恩著，林和生译：《分裂的自我》，贵州人民出版社1994年版，第34页。

的自足的美学精神。甚至，在2005年出版的长篇小说《青铜葵花》中，曹文轩似乎也没有改变他以往"水域文学"中的水质与流向，以及他对"文革"历史记忆的淡远的处理方式。但到了同是2005年出版的长篇小说《天瓢》，他的"水域文学"看起来似乎陡然遭遇了逆向而流的漩涡。他以往小说中特有的纯情的少男少女、芦苇荡、大河、鸽子等古典主义核心意象"被抛"在一场场无尽无休的雨水之中；曾经被自然、友谊、亲情庇护的少男少女成了一场场灾变的苦人儿；曾经构成小说核心要素的古典主义意象固然存在，同时也伴随着三角恋、性、欲望、死亡、权力、阴谋、嫉妒、仇恨、政治、革命、狂欢等现代政治小说与现代情色小说的要素。而这一切变化的背后，都传递出这样的信息：曹文轩一向视为准宗教的中国古典主义审美精神与现代主义审美趣味的变体在新世纪中国的特定背景上狭路相逢了。这样，无论曹文轩是否意识得到，《天瓢》与新世纪中国文学的各种流俗性写作的对决不可避免了。不仅如此，曹文轩的小说从"油麻地"的古典家园一路走来，至《天瓢》，已然独自步入了一条没有庇护的路。即：《天瓢》不再完全接续废名、沈从文等古典主义的美学原则，将小说当成驿站、港湾与锚地；也没有转向现代主义的美学范畴，将深刻的审丑作为人性深度的探索。《天瓢》在承继中国古典主义美学精神的同时转换了中国古典主义美学精神，在拒绝西方现代主义美学原则的同时对抗了西方现代主义美学原则。可以说，《天瓢》是新世纪背景下曹文轩"一个人在战斗"的悲催写作，或者说《天瓢》意味着曹文轩已经在他自己的"水域文学"中重新出发，并试图建立独属于他自己的思想与美感同行的新古典主义。《天瓢》之后，曹文轩本可以在他的"水域文学"中向更深处漫溯，以探勘那涌动的"人性的暗河"，但曹文轩在2007年和2008年出版的长篇幻想小说《大王书》中另辟新路。《大王书》中的少年主人公茫不再是以往那个傍水而居的"水之子"，而是一位听凭天命且负有驱恶降魔神圣使命的"神之子"。但也正是在通向新路的路途上，曹文轩折返回来，再度回返到中国古典主义美学精神之源。其实，经由《天瓢》的古典主义与现代主义的对决，曹文轩已然将现代主义的负能量转换为古典主义的正能量，并再次激发了他生命深处的想象力。所以，《大王书》除了再次如《天瓢》一样重现善恶、美丑角逐的演练场，还演练为文学想象力无限飞翔的地方。在《大王书》中，曹文轩任想象力狂放无羁地从人间坠入地狱，又从地狱回到人间，再从人间飞到金色的圣殿。幻想的天空时而黑云密布、狂风大作，时而光亮耀眼、婉转低回，时而雄壮沉重、刀光剑影、危机四伏，时而轻盈曼妙、柳暗花明、绝处逢生。特别是，在这次回返古典主义之途，《大王书》承担了新世纪中国文学演变过程中无法回避的天命：对新世纪幻想小说的混杂和悬浮状态进行改变，对重写实、轻想象的中国现当代文学格局进行反拨，对现代社会、现代人的诸多哲学问题进行追问，其中有"关于这个世界的哲学、生存哲学、生命哲学"。在《大王书》之外，曹文轩还创作了《罗圈腿的小猎狗》《菊花娃娃》《天空的呼唤》等童话，其想象力的神奇、意蕴的丰富、语言的精致，与宗璞的童话颇为神似，是其"水域文学"中又一径从古典主义源头流入的"活水"。而长篇系列小说《我的儿子皮卡》《丁丁当当》等也为他的"水域文学"提供了幽默的古典主义新质；近作《小尾巴》《麦子的嚎叫》等短篇，接通天、地、人之气，使得"水域文学"中的自然、动物和人物都获得了同等的灵性和神性。

总而言之，曹文轩的"水域文学"从中国古典主义的源头诞生，在20世纪80年代以单纯、静美之"水"复活了沉睡于我们心中的童年原型意象。然后，这方"水域文学"在90年代宿命般地遭遇了中国现实主义和西方现代主义文学潮流的双向冲击，几经弯曲，进入新世纪古典主义与现代主义这两大水系汇合处，进而形成一个无限开阔的"中流"地带。

原刊于《南方文坛》2015 年第 4 期，有删改

论何向阳诗集《刹那》的"灵觉诗学"

徐　妍　卞文馨

　　新世纪以来，"多栖作家"的文学创作已被当代文学批评界视为一个重要的文学现象。2021年迄今，《小说评论》推出了学者、评论家吴俊所主持的"三栖专栏"。"三栖专栏"即"三栖评论"，选取学者、批评家的多文体写作现象为评论对象。"三栖专栏"之设立，其目的"就在针对创作领域自成一家的学者批评家现象，专题探讨其学术批评以外的多文体创作贡献，或就其学术批评与创作进行贯通研究"①。不仅如此，"三栖专栏""借此也想倡导一种风气，文学本是最有生命活力气象的领域，多栖写作本是文学题中固有之义。不要把文学狭隘化，把文学写小了。文学小了，文学家就成了侏儒"②。归根结底，"三栖专栏"之设立的根本价值在于：破除专业禁锢，逾越专业领域，发现新的文脉源头，引发新的文学革命。"三栖专栏"迄今所关注的多栖写作身份的学者批评家，按照关注的时间顺序有南帆（2021年第1期）、张柠（2021年第2期）、张新颖（2021年第3期）、何向阳（2021年第4期）、孙郁（2021年第5期）、毛尖（2021年第6期）、张清华（2022年第1期）、李敬泽（2022年第2期）……新世

---

① 吴俊：《"三栖评论"专栏致辞——代首期主持人语》，《小说评论》2021年第1期。
② 同①。

纪的"多栖作家"身份的评论家当然不止于"三栖专栏"已经评论的名单——"三栖专栏"的评论尚在进行中，因为文学评论家陈福民、王尧，包括"三栖专栏"主持人吴俊等也是"多栖作家"身份的评论家，或可以统称为"多栖作家"。"多栖作家"在从事文学创作时，虽然选取了适宜于自身的不同文体，但大多不约而同地对既定的文学观念、文体边界、写作资源有所改变，由此以新的文学观念、文体样式和写作资源来回应新世纪以来中国乃至世界所发生的诸多变局。其中，"多栖作家"何向阳的诗集《刹那》堪称是新世纪"多栖作家"所创作的一个典型文本。该文本无论是对新世纪以来的"无常现实"的应对，还是以诗画互文的形式对新世纪以来的个体生命的精神心理的探勘，或是以诗歌的样式在新世纪语境下对现代哲学原问题的新解，以及以"断句"的诗歌体式对中国古典诗歌传统的当代性转换，对于新世纪中国文学的发展走向而言，皆具有有待深思的多重意义。

《刹那》的真义：应对"无常现实"

在《刹那》的后记，一向谨慎论及自己作品的何向阳，却对《刹那》作出了如此了然的断语："可以确定地讲，这是我迄今为止最重要的一部作品，而不是之一。"[1]这，为什么？

要知道，何向阳自1980年创作诗歌迄今，并不是一位以巨型史诗的体量或丰硕诗歌的数量来赢得诗界声誉的诗人。或许，多而重一直都不是何向阳的诗歌写作目标。相反，精而灵，才是何向阳的诗歌写作之道。而何向阳之所以选取这种让心魂与诗魂一道随缘而安的写作方式，在我看来，并非"多栖作家"的身份让诗人何向阳分神，而更可能是因为何向阳的写作源自心灵和天命。或许，正因如此，继诗集《青衿》（上海人民出版社2015年版）、《锦瑟》（中国青年出

---

[1] 何向阳：《刹那》，浙江文艺出版社 2021 年版，第 215 页。

版社2017年版）之后，何向阳的第三部诗集《刹那》忠于心灵、听从天命，于2021年8月问世了。它一问世，就获得了当代评论家们的关注和好评。的确，除了上述三部诗集，还创作过散文集《思远道》和《梦与马》、长篇散文《自巴颜喀拉》和《镜中水未逝》、理论集《朝圣的故事或在路上》《彼黍》《夏娃备案》《立虹为记》《似你所见》、专著《人格论》等，获得过鲁迅文学奖、冯牧文学奖、庄重文文学奖的何向阳，在文学世界中，一向以个人化的言说方式安身立命，并在变动不居的外部环境中葆有一种理想主义精神，坚守爱与美的生命信念，的确是少有的以不变应万变的具有"多栖作家"身份的沉思者。那么，在《刹那》中，何向阳又将创造出怎样的意义世界和形式世界？《刹那》为何被创造？其真义何在？这些问题是我论及《刹那》时的重点所在。

关于《刹那》，多位当代文学评论家已同步地作出了多角度的富有见地的解读，无需我一一复述。我试图让自己心无挂碍地进入《刹那》的诗歌世界，因为面对一个澄澈的灵魂和敞开的诗歌世界，我以为背负知识之累不如索性行囊空空地徒手前行。

如果仅从视觉来看《刹那》，读者很容易获知：它收录了108首诗歌，同时配以35幅摄影图画。诗歌，创作于2016年5月至7月末的夏日；图画，创作于2016年末至2021年的五年之间。诗画构成一种互文关系。但无论是不足三个月之短的诗歌时间，还是约五年之长的图画时间，都无法等同于何向阳在这段"无常现实"中的心理时间，更无法换算为"无常现实"与诗人"我"在诗歌世界中相伴相生后的至暗至明的神奇行程。只有人们调动起全部的感知觉来尽可能地感同诗人"我"在《刹那》中所记录的遭际种种，或许才有可能体悟出《刹那》的真义。

概言之，《刹那》的真义不是为了续写中国诗歌史上的"史诗"或抒情诗或叙事诗或哲理诗等已有诗歌类型，而是在多变的新世纪背景下记取生命的本相和生活的真相。新世纪以来，特别是近年来，一切愈发不确定。"不确定性",已成为近年来人们对新世纪人类境遇的普遍认知。而这种"不确定性",在中国传统文化观念中,往往被称为"无常"。因此,在本文中,新世纪以来充满了"不确定性"的人类境遇被称为"无常现实"。不过,在中国传统文化观念中,"无常"虽与"不确定性"有相近之处,但是以"恒常"作为依托的。那么,人,如何应对"无常现实"?《刹那》如是认为:人,若想活成人的样子,唯有以理想的光芒和爱的信念应对"无常现实",别无他路。在这个意义上,《刹那》的真义有二:其一,以诗歌世界铭记个体生命所必得面对的"无常现实";其二,以诗歌世界信守个体生命的理想信念,并由此获得重生。

诗画互文中的心迹与神迹

从诗歌文本的内容来看,《刹那》是以诗画互文的形式来铭记个体生命在"无常现实"中的寂寞心迹。虽然《刹那》中的诗画皆是隐喻世界,但并不影响诗人对一段晦暗时光的记取。在《刹那》中,诗仰仗的是诗人的精神力量和诗歌的神性力量,画依靠的是个人的隐秘心语和万物的静谧物语;诗试图通过诗人与诗的相遇来重解个人与"无常现实"的关系;画试图通过自我与世界的相知来重探个人与世界万物的同源。这样说来,《刹那》意在以诗画互文的形式来铭记个人在"无常现实"中的一个个瞬间里的生命体验,并邀请有机缘的读者朋友们一道深思:人,在"无常现实"中,如何救助自身?如果联想到诗人创作这部诗集时的写作动因,就更容易理解诗人的真正诉求。在这部诗集的后记,诗人这样自述道:"2016年5月6日,我和哥哥赴青岛将母亲的骸骨安葬大海,完成了母亲一直以来的海葬的遗愿。24日我确诊乳腺结节并做局切,30日出院。当天父亲体检结果不好,6月24日父亲确诊胰腺占位早期,当天我手持电话,一边嘱托友人应对困难,一边应对自身病痛,心绪已然跌入人生的最谷底。父亲月底来京,多方论证后于7月12日手术并于25日顺利出院。两个月来的心身磨折，或是成就这部诗集的关键。"①如此大段地引用诗人自述，有一种"赘述"之感。但这段诗人自述，在我看来，是进入《刹那》的必经之路。这段诗人自述，看似语调平缓，语词轻柔，实则内含滔滔巨浪、滚滚巨石。而且，它不止表明了诗人创作这部诗集的心理动因，还隐含了诗人潜在的秘密情感：当"无常"接踵而至时，人，如何应对？或许，个人有个人的应对方式，但何向阳选取的是以诗歌的形式来应对"无常现实"。究其原因，或许在于："诗歌是向阳有可能从容安顿全部自我的一种最适宜的方式——在写作文体中，诗歌是向阳最适宜的文体。"②

初入《刹那》，读者尽可以自由地去阅读，随便你翻阅到哪一页，都会真切地感知到诗人"我"作为个体生命在一段晦暗时光里的心身遭际。不过，仔细体味，读者不难发现，这些诗歌并非随机排列，而是依时、依心、依诗、依天意地自然、有序地构成一体。更确切地说，《刹那》中的诗歌排序既忠实于诗人在晦暗时光里的种种经历和斑驳心迹，又依循了诗歌的创作要义和上天的神性意旨。可以说，这部诗集中的诗句看似独立，其实存在着一种隐匿的内在联系，皆铭记了诗人"我"在"无常现实"中的重生之历程：袒露为心迹，静默为神迹。

立虹为记，作为这部诗集的"题辞"，与似冰河、似雪山、似乱云的首幅图画一道，确立了这部诗集的哀而不伤的总基调，内含了诗人"我"所持有的悲情的乐观主义精神。第一、二首："一个叛徒／一个圣徒"③"一个圣徒／一个叛徒"④以灵魂拷问的方式开启了诗人"我"的自我探寻。然而，探寻无果。第三首和一片灰黑的世界（2016.12.27摄影）袒露出"无常现实"的真面目："暮色渐暗／

---

① 何向阳：《刹那》，浙江文艺出版社 2021 年版，第 217 页。

② 吴俊：《为内心自由赋形：何向阳的诗歌和多栖之义》，《小说评论》2021 年第 4 期。

③ 同①第 7 页。

④ 同①第 8 页。

夜已露出它狰狞的面容。"①但诗人"我"非但没有退下阵来，反而意欲应对到底。从第四首开始，诗人求助于诗歌，并引入第二人称"你"。"你"作为第二人称，在现代主义文学中常常被引入，通常被处理为与"我"互审和互杀的关系。然而，在《刹那》中，"你"则是"我"的援手和心灵中最亲密的人，"你"被幻化为"诗中之你"和"心中之你"。由于"你"的相知相助，诗人"我"经过几番摇摆和探寻，至第十四首"一心不乱"②而获得了一种暂时的宁静。从第十五首始，诗人"我"一面应对"无常现实"，一面信守生命的自由精神，进入"花园"，汲取"树"的血液，踏上了一条向光伸展的"天路"（2017.02.18摄影），追随"神迹"，步入心灵的"宫殿"，一幅颇似冰河开化的图景适时出现（2017.02.23摄影），诗人"我"的内心抵达了"光明如初"③之境。不过，"光明如初"之境并不为诗人"我"提供应对"无常现实"的答案，相反使得诗人"我"进入了灵魂中更为激烈的自我厮杀，只是诗人"我"在诗歌中的神性力量的庇护下，从"病患者"和"无助者"转换为"修行者"和自我的"救赎者"。而诗人"我"在诗句陪伴左右的自我探寻中，虽承继了现代主义诗歌的自我省思传统，但更追忆起中国古典诗歌的崇尚人情物理之传统——"那时的人心真实柔软/那时我们从未为自然的消弭而发出喟叹"④。随着诗人"我"对中国古典诗歌传统的追忆，这部诗集中的图画由灰黑转向浅蓝灰蓝。可以说，正是基于诗人"我"在中国古典诗歌传统中汲取了稳靠的情感力量，诗歌中的"病患者"——在现代主义诗歌中被隐喻为分裂的个人，重生为一个站在山顶之上的"觉者"——"风的力量不能将她移动"⑤。

---

① 何向阳:《刹那》,浙江文艺出版社 2021 年版,第 9 页。

② 同①第 32 页。

③ 同①第 49 页。

④ 同①第 61 页。

⑤ 同①第 7 页。

何谓"觉者"？在"山顶"这一灵地之上，"觉者"不祛除"肉身"，但更趋近于"灵魂"。"觉者"即"灵觉者"。"觉者"是诗人"我"在回返中国古典诗歌传统之途对"个人"的重新发现。这一发现在新世纪背景下别有意义，为置身于"无常现实"中的"个人"提供了一条突围之路：灵觉的"个人"，在面对"无常现实"时，不必如理性的人那样直面"无常现实"，而应如灵性的人那样体悟"无常现实"；也不必纠结于是否能够如理性的人那样成为勇者或智者，而完全可以顺应本心地成为仁者或慈悲者。"觉者"亦是"坚信者"，如诗人"我"体悟的"唯有坚信者能够获得永生"①，而"觉者"或"坚信者"的信念是爱——与心身共存、与日月同体之爱。这样，当诗人"我"修行为"觉者"，且以信奉爱意、顺应本心的方式应对"无常现实"时，个人生命反而积蓄了始料未及的神奇力量：在烟熏黑雾缭绕的鬼影绰绰（2021.03.16摄影）中，"我站在地狱的入口"②，"不喜不虑不忧不惧"③，超越宽恕与复仇，坦然"邀请死神偶尔来喝喝下午茶／席间再乐此不疲地与之讨价还价"，尽管此后诗人"我"面对"锋刃上的冷"依旧灵魂战栗，但"火焰""大海""星光"等，作为"爱"的信念的化身，一路坚定地庇护着诗人"我"生而还乡，并重新发现身体与灵魂的栖居地："嗯，这一切安详宁馨／带皮的土豆／紫色的洋葱／西红柿和牛尾在炉上沸腾／昨夜的诗稿散落于／乡间庭院里的／长凳。"④这部诗集中的最后一首诗歌初读上去颇有些晚祷诗的风格，但一读再读之后更多地感受到一位"觉者"的新古典主义活法——"无常现实"的劫难过后，一种诗性的日常生活已经开启。诗人的心身就在这一刻重生，或微笑死生。

---

① 何向阳：《刹那》，浙江文艺出版社 2021 年版，第 97 页。

② 同①第 151 页。

③ 同①第 153 页。

④ 同①第 213 页。

"我"与"你"的灵觉对话

　　解读诗集至此，自然迎面相遇《刹那》中的核心问题：诗人"我"是谁？这是现代哲学的原问题。由这一现代哲学的原问题，《刹那》又衍生了如下问题：诗中的"我"是诗人何向阳吗？诗人何向阳与"多栖作家"何向阳是何种关系？"何向阳"是谁？谁是"我"？"你"是谁？……

　　概要说来，诗人"我"是诗人何向阳，但不全是。诗人"我"与诗人何向阳有诸多重叠之处，但又始终保持对话的间距，互为主体。而且，诗人何向阳只是"多栖作家"何向阳的身份之一，但这是上天所赐、最适宜于何向阳的最重要的身份。反过来说，何向阳也必将担负诗人这一身份应该担负的神圣使命。为何这么说？一方面，诗人何向阳"生长"于"多栖作家"何向阳的心身之中，"多栖作家"何向阳因诗人何向阳而获得了融通多重身份的可能性；另一方面，诗人何向阳的诗歌想象力生发于"多栖作家"何向阳对新时期至新世纪中国社会生活的观察、理解和体验。那么，问题又都回来了：诗人"我"、诗人何向阳、"多栖作家"何向阳皆归结于个体生命意义上的何向阳。那么，何向阳是谁？

　　我的理解是：不同时期、不同人视角下的何向阳是不同的。我所认知的何向阳是一个有着丰富色彩的自然生命，还是一个以不变的心性应对万变的世界的个体生命。我第一次见到何向阳是在2006年5月27日第二届中国小说学会颁奖典礼现场——青岛香格里拉大饭店的大会厅。那时，我虽略读过何向阳的文字，但并不知晓何向阳出生并成长于信奉爱、追求美的文学艺术世家，有一种与生俱来的文学鉴赏力和艺术感知力。当时，我只从女性的直觉感知到何向阳是一位沐浴着天光的美好的人儿。后来，我得知她的父亲是南丁——一位有口皆碑的新时期以来的河南文学界的杰出领导人，具有"清澈的精神品格"①；母亲是画家左春，毕生热爱美好的事物，崇尚自由的灵魂。何向阳在儿时虽曾随父母"下放"，但她在少年成长阶段和青春期阶段幸运地与中国当代社会的"新时期"相遇，铺垫了理想主义和英雄主义的精神底色。在何向阳的文字世界中，可以大致寻觅到何向阳在青少年时期的阅读谱系：居里夫人、夏洛蒂·勃朗特、孔子、文天祥、鲁迅、秋瑾、林徽因、张承志、曾卓、路大荒以及塞林格、昆德拉、凯鲁亚克、曼殊斐尔、悉达多、西蒙·薇依……血缘和书缘涵养了何向阳的如湖水一样的诗美气质和内敛的静思品格：静美、涵容，笑意如和风细细拂面的池塘的波光；做人做事的原则却如湖底的岩石般坚硬，沉淀着冷凝多思的光焰。这种静美又坚硬的精神特质正如一位学者的评价："向阳是个理想主义者。对于这个世界，她有自己的温情想象，也有尖锐的进入，有时她需要沉默和静思。"②血缘和书缘还形塑了何向阳的精神心理，即何向阳是一位始终"在路上"的带有朝圣情结的一个人，如何向阳的硕士生导师、文艺理论家鲁枢元所说："'在路上'，是何向阳文学思维中一个潜在的、柔韧的、挥之不去的意象。何向阳的第一本论文集就取名为《朝圣的故事或在路上》；第二本文集《肩上是风》，其实还是'在路上'；其它一些文章的篇目，如《远方谁在赶路》《穿过》《梦游者永在旅途》，也都是'在路上'；在尚未结集的《三代人》一文中，她又用近万字的篇幅满怀热诚地分析了凯鲁亚克的长篇小说《在路上》。"③而《刹那》则是"在路上"的极致体验或极致救赎，或者说，是"在路上"的绝处逢生。当然，作为"朝圣者"的何向阳，"在路上"，并非时刻一往无前，而是不断犹疑和彷徨，既接受宿命，又执意独行。而这种执意独行的

---

① 墨白：《南丁先生的真实与真诚》，《时代报告》2016年第12期。

② 吴俊：《为内心自由赋形：何向阳的诗歌和多栖之义》，《小说评论》2021年第4期。

③ 鲁枢元：《苍茫朝圣路——我所了解的何向阳》，《南方文坛》2001年第4期。

顽韧精神，分明带有鲁迅散文诗集《野草》的"笼罩性影响"①，也分明带有她所处的时代的反向推动。当何向阳于20世纪90年代从自由阅读者转向专业创作者和专业研究者时，她所钟情的理想主义和英雄主义被放逐了。彼情彼景，如鲁枢元所说："何向阳其实正是在诸神已经祛魅、诸圣已经逊位、神殿与圣山已经颓圮的时刻，踏上她的'朝圣'之路的。"②那，怎么办？20世纪90年代初，何向阳就在一篇解读张承志的文章中寄寓了她的精神高格："难道果真不是产生英雄的时代吗？张承志不甘于此，于泥潭中始终高举那面满目疮痍但不褪颜色的理想之旗，他要重铸一种毁灭了的价值，重铸置死不顾的硬汉精神，他要重铸骑士，甚至，造一个上帝。"③虽然何向阳也曾为20世纪八九十年代之交的文学后撤现象寻找合理性解释："从另一角度看，后退并不绝对是坏事"④，但她同时对此充满警惕，指出"后撤的初衷与后果的悖论同样存在于文学当中"⑤。而在文学的基本要义上，她更是一步不让。整个90年代，"灵魂""路""生命"等被放逐的语词一直存活在何向阳的文学世界中。新世纪第一个十年，何向阳主张用一个"心肠"⑥去理解另一个"心肠"，同时也在探寻未来的思想文化之路和文学之路。文化随笔《思远道》传递出何向阳在新世纪语境下探寻未来思想文化道路的心迹：回到中国传统文化的原点——儒、道、释、墨侠中，重解中国传统知识分子的思想文化性格，重探中国知识分子的人格与文格的关系，以期探究新世纪中国知识分子的

---

① 罗岗、潘世圣、倪文尖、薛羽：《鲁迅与我们的时代——围绕丸尾常喜〈明暗之间：鲁迅传〉展开的讨论》，《文艺争鸣》2021年第11期。

② 鲁枢元：《苍茫朝圣路——我所了解的何向阳》，《南方文坛》2001年第4期。

③ 何向阳：《英雄主义的重铸——张承志创作精神管窥》，《文学评论》1990年第3期。

④ 何向阳：《后撤：后新时期文学整体策略》，《当代文坛》1994年第6期。

⑤ 同④。

⑥ 何向阳：《我的批评观》，《南方文坛》2001年第4期。

重生之路。^①《刹那》更是表明了何向阳作为理想主义和英雄主义的"朝圣"者，在"无常现实"中，血管里的血液非但没有冷却，反而愈加灼热。只是此时血液的灼热是省思之后的涌动，且是以中国古典诗歌传统构成她血液的"血细胞"的。总之，我所理解的何向阳最初是新时期理想主义和英雄主义的坚信者，继而是后新时期解构主义思潮的省思者，如今是新世纪的理想主义和英雄主义的重建者。

至此，究竟谁是"我"？"你"是谁？在《刹那》中，由"我"统摄的诗句随处可见："我日夜躺在这里／看月亮如何从圆满变成了一半"^②"我一直在独语与合唱间踟蹰／但现在我有了选择"^③"我忽略了喂养我的身体／我也忽略了供养我的灵魂了吗"^④"我该怎样告诉你／许多年只是一年／许多首只是一首"……这些诗句中的"我"是一个在情感世界中独自成长的人，一个在"无常现实"中独自辨识自身身体和灵魂的人，最终独自成为海水的女儿和自然的女儿。但更多的时候，"我"由"你"引出、引导，与"你"如形影一般地一同走在路上，形成对话关系。即便"我"或"你"在诗句中被隐匿，也还是以隐匿的方式形成对照性质的灵魂对话。"多年前穿过你身体的风／如今仍能将我轻轻／撼动"^⑤"茶在炉上／你在纸上"^⑥"我已写了那么多／但还没有写出／你"^⑦"想说给你的话愈多／就愈是沉默"^⑧"我在人间使命尚在／原谅暂不能赴你的天堂"^⑨"事隔多年／

① 何向阳：《思远道》，中国社会科学出版社 2002 年版。

② 何向阳：《刹那》，浙江文艺出版社 2021 年版，第 56 页。

③ 同①第 91 页。

④ 同①第 201 页。

⑤ 同①第 2 页。

⑥ 同①第 3 页。

⑦ 同①第 13 页。

⑧ 同①第 14 页。

⑨ 同①第 152 页。

你雨中奔跑的样子／我仍能看见"①"原谅我不能身随你去／只把这一行行文字／沉入海底／陪你长眠""你在我耳边说的那些温柔的话／一如原野上盛开的轻盈的花"②……在这些诗句中，"你"的存在使得"我"壮大了情感力量，并对"我"进行纠正。在这个过程中，情感与理性、肉身与灵魂、死亡与永生、历史与现实、过去与未来这些充满悖论性的概念，被逾越边界，对重新理解个体生命提供了有着启示性的作用。在此，"我"和"你"并非只是现代主义诗学中的一种具有灵魂拷问性质的悖论性的"镜像孪生"关系——"'你'的形象，在相当一部分诗境中看作临镜者'我'的一种镜像"③，更是中国传统诗学中的天、地、人之间的相互依托关系。"我"是一个自己，也是无数个自己；"你"不只是另一个"我"，还是"我"的灵魂伴侣、"不存在的爱人"④"在此岸与彼岸间奋力泅渡的人"⑤、永远的父母亲、造就出"水""银河""星星""大海"等一切自然界性灵生命的造物主和上天的神灵……

　　总之，"我"与"你"，与诗人何向阳、"多栖作家"何向阳，都与何向阳一道属于同一个精神族类，但又有所差异："我"是独行于《刹那》的诗歌主人公，"你"则是《刹那》中的诗性和神性的救赎性力量，"我"与"你"一并超越了诗人何向阳和"多栖作家"何向阳的经验世界，且将何向阳的个体生命空间提升至哲学空间，由此构成了"我"应对"无常现实"的精神性力量。也正是在《刹那》的哲学空间中，"我"与"你"具有个人的属性，也具有人类的共性。进一步说，《刹那》中的"我"在应对"无常现实"时，并未走向个体生命的封闭性，而是走向了个体生命的敞开性。例如，"我什么都不

（左侧竖排）青岛现当代作家研究　中国海大百年校庆纪念专号

216

---

① 同①第 69 页。

② 何向阳:《刹那》，浙江文艺出版社 2021 年版，第 177 页。

③ 同①第 189 页。

④ 同①第 109 页。

⑤ 同①第 68 页。

想／只想着／同苦与共甘的人类"①。这首诗很容易让人联想起海子的诗歌《回忆》："今夜我只有美丽的戈壁空空／姐姐，今夜我不关心人类，我只想你。"两首诗虽创作于不同的语境和心境，但都情感真切，内心澄澈，且通向超度生命之路。不同的是，《刹那》中的这首诗将超度生命的力量投向"人类"，而海子的《回忆》将超度生命的力量转向"姐姐"。两种不同的处理方式没有高下之分，只是寄寓了两位诗人在不同文化语境下对生命敞开性的不同理解：如果说海子的《回忆》寄寓了海子对他所追寻的80年代理想主义的"放下"，那么《刹那》中的这首诗则寄寓了何向阳对她所坚持的80年代理想主义的"重拾"，或者说，《刹那》试图通过诗歌重建个人与人类的关联性，并始终确信"致力于表达无情的力量之上还有一种有信仰的抵抗"②。

"断句"：对中国古典诗歌传统的当代性转换

格外值得注意的是，《刹那》是以"断句"③的体式对诗人"我"作为个体生命在"无常现实"中如何获得重生进行探寻。因此，解读《刹那》中的"断句"之义，至关重要。因为"断句"的体式构成了《刹那》中"我"的重生之所在，可以说，"断句"于"我"是心灵之居所；"我"于"断句"是"断句"的发现者，因此，"断句"与"我"，既构成了相互依附的关系，也构成了相互催生的关系。

"断句"作为《刹那》的诗歌体式，很容易让熟悉现代诗的读者联想到现代诗人卞之琳所创作的《断章》。"断章"作为现代诗歌的一种体式，意指通过对"风景"的瞬间感悟来表现偶然性、相对性、复杂性等现代哲学命题。不过，《刹那》中的"断句"即便在某种程

---

① 同①第31页。

② 何向阳：《我为什么写作？》，《小说评论》2021年第4期。

③ 何向阳：《刹那》，浙江文艺出版社2021年版，第217页。

度上承继了"断章"的体式，也是诗人何向阳在某种特定情境下对"断章"的重写，即在忠实于个人生命体验的前提下，接受偶然性、相对性、复杂性等现代哲学命题，但又试图重建恒常性、本根性、顺应性等关涉新世纪中国人乃至新世纪人类如何选取新的生命形式的现代哲学新命题。比较而言，卞之琳写于1935年的诗歌《断章》与卞之琳的20世纪30年代诗歌虽然在某种程度上接受了中国道家经典著作《庄子》的哲学思想的影响，也汲取了中国古典诗歌传统的养分，但在更大程度上则"与通常被称为象征派的法国诗人有明显的亲缘关系"①，而创作于新世纪第二个十年的何向阳的诗集《刹那》则在某种程度上接受了现代主义诗歌的影响：《刹那》中充溢着对身体、灵魂、命运、心灵、生存、死亡的沉思，颇具有葡萄牙诗人费尔南多·佩索阿（1888—1935）、俄罗斯诗人玛琳娜·伊万诺夫娜·茨维塔耶娃（1892—1941）、芬兰的瑞典语诗人伊迪特·伊蕾内·索德格朗（1892—1923）、美籍波兰诗人切斯瓦夫·米沃什（1911—2004）、波兰诗人维斯瓦娃·辛波丝卡（1923—2012）等国外现代主义诗人诗作的哲学气息，但在更大程度上则首先是在冥冥之中与"断句"这一诗歌体式的不期而遇：《刹那》中的"断句"并非何向阳所预设的诗歌体式，而是何向阳在"无常现实"中的虚弱体能、特定心境，以及心身一呼一吸时的疼痛使得何向阳与一语一默的"断句"相遇，即《刹那》中的"断句"与《刹那》的创作动因一样更多的是遵循上天意旨，而不是诗歌史上任何既定的体式或任何已有的理念。而对于写作者之所以遵从天意和写作本身的缘由，何向阳深有体会："你觉得一切细致入微、丝丝入扣的情节、细节、背景、道具……都是它本身所具有的，你不过是如实地予以描摹和记录罢了；你觉得一切安排，一切结构，开头和结尾、波澜和反复，一切惊人之笔、感人之笔，都是本来就注定如此的；你觉得一切语言，一切精辟的、幽微

---

① 〔荷兰〕汉乐逸著，陈圣生摘译：《卞之琳——中国现代诗研究》，《中国现代文学研究》1986年第4期。

的、动人心弦而又别出心裁的句子，都不过是那个原有的世界的人与物自身所具有的特征，是那个世界自己提示出来的，或是那些人物自己说出来的，你不过是个忠实的速记员罢了。"①可见，在何向阳看来，写作世界中的一切安排非写作者的人力之所及，而是天意之安排与写作之本来。在此意义上，何向阳创作《刹那》中的"断句"与其说是为了以"断句"的体式来承继并重写中国现代诗歌史上的"断章"体式，不如说首先是为了忠实于自己的心灵自身。为此，她在《刹那》中遵从上天的意旨，进而探寻了一种将"断句"作为应对"无常现实"的"诗歌疗法"。其实，患病期间的何向阳也会如普通人一样被纷至沓来的各种意绪所裹挟，只是她选取了独属于她个人的用"断句"的体式来处理各种意绪。但也就在这种说不清、道不明的各种意绪的支配下，写作"断句"的欲望油然升起，不可抑制。也基于此，何向阳通过"断句"来接续并重写"断章"的体式是命定之事。

不过，何向阳选取"断句"作为《刹那》的诗歌体式，虽是命定之事，难以阐释，但在某种程度上还是自有来由——"断句"中的文学血脉和思想精气多源自长养何向阳的中国古典诗歌传统。即便未必有人能够精确地描摹出来《刹那》中的"断句"在多大程度上承继了中国古典诗歌传统，即便何向阳自己也未必能够对此作出度量，但《刹那》与中国古典诗歌传统之间的关联有章可循。进一步说，《刹那》中的"断句"固然接续了卞之琳《断章》中的"我"对"你"独语的叙述方式，但更流淌着中国古典诗歌传统的血脉。《刹那》中的首个"断句""群山如黛／暮色苍茫"不仅采用了中国古典诗歌传统的源头、中国最早的诗歌总集——《诗经》的四言体，而且选取了《诗经》中《蒹葭》的首句"蒹葭苍苍／白露为霜"的诗画手法——以景物暗寓诗人主人公"我"此时的心境。换言之，"我"的心境，

---

① 何向阳：《我为什么写作？》，《小说评论》2021年第4期。

也正是借助于《诗经》的四言体和《蒹葭》的寓情于景的手法才得以形象地表现。《刹那》中的一些"断句"文辞俊伟、幻美，有须眉之英气，在"我是谁"的追问层面上回响着屈原《离骚》的"逸响伟辞"①；其思绪悲而不颓、自由飞扬，犹如《离骚》的"驰神纵意"②。《刹那》中的一些"断句"语言精简、劲健，情感赤诚，直抒胸臆，颇有《汉乐府》的古风。尤其，《刹那》中相当多的"断句"让人联想起中国绝句诗：姑且不说中国绝句诗的名称之一就是"断句"，单说《刹那》中的情境描写、风景描写、心志描写都与绝句诗中的山水诗、咏物诗、言志诗相暗合，且在瞬间里借助外物发现本心。可以说，《刹那》中的"断句"汇合了中国古典诗歌的多种体式。与此同时，"断句"还配合以"摄影"图画，如果说"秦观是用王维的画来医病的，这叫做精神治疗法"③，那么《刹那》中的何向阳的摄影也是用来"医病"的，这亦是一种精神治疗法。总之，《刹那》中的"断句"颇具有废名所说的"雷声而渊默"④的力量，倘若没有中国古典诗歌传统的"暗中"支撑，则很难产生这种神异的诗歌力量。

　　《刹那》中的"断句"不仅承继了中国古典诗歌传统，而且以"断句"的体式在新世纪背景上对中国古典诗歌传统进行了当代性转换。何谓"当代性"？这是一个被近年来的当代文学界所关注、说法不一的概念。从时间的维度而言，我个人认为，"当代性"不止是以"当下性"时间为反映对象，而且以"非当下性"的时间为反映对象，比较而言，对"非当下性"时间的反映往往比对"当下性"时间

---

① 鲁迅：《汉文学史纲要》，《鲁迅全集》第9卷，人民文学出版社1981年版，第370页。

② 同①第371-372页。

③ 丰今：《秦观和陆游怎样欣赏王维的作品？》，《文学评论》1959年第5期。

④ 废名：《关于我自己的一章》，王风编：《废名集》第四卷，北京大学出版社2009年版，第1824页。

的反映更具有坚实的当代性，因为从潮流中退后往往是一种前瞻。这一点，如陈晓明所说："'当代性'在通常的意义上，当然是对当下的深刻意识，那些深刻反映了当下的社会现实的作品，更具有'当代性'。……但是，也有一部分作品体现出更长时效的'当代性'，可能具有一种'非当下性'特点，这显然是矛盾的。也就是说，它未必是迎合当时的潮流，或者并不在意识形态的总体性圈定的范围内。因为其'前瞻性'，'前沿性'，它并不属于当下性的时间范畴；或者相反，它的'落后性'使之无法与当下合拍。但是，随着时间的推移，它显现出一种坚实的当代性。……"①从空间的维度而言，我个人认为，"当代性"意指正在成长的对现代性的延展和修正。如丁帆所说：如果说概念混杂的现代性在西方哲学词典中意指"未完成的现代性"（亦即"开始死亡的现代性"），那么"当代性"则意指"正在成长的当代性"②，"'当代性'正是在对'现代性'的延展与修正中不断完善自身理论体系与模式的，它是走进历史现场的语词结构"③。客观地说，何向阳并未直接对"当代性"这一概念进行正面阐释，但她的文学创作和文学批评皆为"当代性"这一概念提供了一种内省的理想主义者的个人化理解。仅以《刹那》来说，《刹那》对中国古典诗歌传统的转换亦是对"当代性"概念的个人化理解。其一，在时间维度上，《刹那》中的"断句"是以对"当下性"时间和"非当下性"时间的交替、重叠、对照来理解"当代性"的概念，诗集中的"断句"虽将诗歌中的现实时间设定为诗歌主人公"我"在至暗时期的"当下性"时间，但同时又将诗歌中"我"的心理时间与诗人主人公"我"的记忆时间相交织，尤其将上述时间植根于中国古典诗歌传统的历史时间的纵深处，进而重建了新世纪中国诗歌的现实时间、心

---

① 陈晓明：《论文学的"当代性"》，《中国现代文学研究丛刊》2017年第6期。

② 丁帆：《现代性的延展与中国文论的"当代性"建构》，《中国社会科学》2020年第7期。

③ 同②。

理时间、记忆时间和历史时间的多重合一的"当代性"时间。其二，在空间维度上，《刹那》中的"断句"是对"现代性"的延展和修正。概言之，《刹那》中的"断句"所追寻的"我"的自由生命理想始料未及地作别了现代人所推崇的两种生命样式——理性的人和感官的人，而重生为中国古典诗歌传统的源头之人——灵觉的人。更确切地说，《刹那》是以"断句"的体式、听凭个人生命的灵觉和新世纪的诗人天命对中国古典诗歌传统的回返与转换。如果说现代主义诗歌曾经以"封闭性和自我指涉性"①为20世纪中国诗歌作出了功不可没的历史贡献，那么，对于新世纪中国诗歌而言，现代主义诗歌普遍偏重于对自我世界与幽暗现实的咄咄逼视固然创造了一个格外内省、深刻的诗歌世界，但这样的诗歌世界在新世纪背景上则愈发显得理性和逼仄了。如果新世纪中国现代诗歌必得应对新世纪的"无常现实"，就要在承继现代主义诗歌传统的同时，回返中国古典诗歌传统并由此获取诗歌的觉性和空阔性。或者说，新世纪中国诗歌只有对中国古典诗歌传统进行当代性转换，才有可能探索出符合新世纪中国人应对"无常现实"的新路径。因此，《刹那》中的"断句"固然是由"梦魇""影子""暗夜""独语""灵魂""病痛""死亡"等现代主义诗歌意象所构成，但更是由"虹""臂膀""光明""伴侣""对岸""永生"等被当代性转换的古典意象所支撑。甚至可以说，在《刹那》中，在"我"身处"无常现实"时，"我"心灵的潮汐和情感的性状即是"断句"的现代形式；在"我"应对"无常现实"时，"我"的心灵的归属之地就是"断句"的古典诗歌传统。正因如此，在"我"的至暗时刻，是流淌着古典诗歌传统血脉的现代诗句如一只只温暖、有力的援手，托举起"我"的心身，至灵魂的救赎之地，给"我"带来重生——很多个"我"在新世纪背景下的古典诗歌传统中重生。

当然，如果依据《刹那》中的"断句"对中国古典诗歌传统的当

---

① 吴晓东：《临水的纳蕤思：中国现代派诗歌的艺术母题》，北京大学出版社2015年版，第144页。

代性转换，就说《刹那》带来了一场新世纪的诗界革命，那有些言过其实了。前文已述，《刹那》是为了忠实于心灵自身并遵从天意而写，并不是为了听命于任何观念而写。但《刹那》中的“断句”体式，在表达方式上，采用的是一种源自中国古典诗歌传统的写作方式——灵觉性写作，而不是中国当代诗歌的抒情性写作和20世纪90年代以来的中国当代诗歌的叙述性写作，确与开篇已述的当代文学评论界对“多栖作家”的“三栖评论”所呼之欲出的“新‘文学革命’”①和当代文学界已然破土而出的“新‘小说革命’”②同气相求。新世纪第一个十年，姑且不说经历了20世纪90年代的先锋转向的小说家们已开始逾越虚构和非虚构的边界，单说新世纪具有学者、批评家、诗人、小说家、散文家、杂文家等多重身份的“多栖作家”愈发开始反思现代以来纯文学观念的渐趋精细化的问题，也开始以各自不同的方式逾越纯文学文体的边界，且通过对中国古典文学传统的当代性转换来获得新的写作资源，进而尝试着探索出既适宜于“多栖作家”的个人气质，又符合于新世纪中国人和新世纪人类的精神心

---

① “新‘文学革命’”这一概念，并未有学者明确提出，但新世纪文学写作、特别是“多栖作家”的文学写作先行于这一概念，并构成了新世纪文学创作的一个值得关注的写作现象。在“文学革命”之前冠以“新”，是因为百年前的1917年初至1919年的五四运动后一段时期里发生了“反对旧文学、提倡新文学”的文学变革。百年后的新世纪中国文学在置身于中国社会文化结构由“被现代化”到“中国化”的变化时，其对中国古典文学文化传统的当代性转换，已经构成了新世纪中国文学发展的内驱力。

② “新‘小说革命’”的概念由王尧在2020年8月第六届郁达夫小说奖审读委员会议和2020年9月《文学报》发表的《新“小说革命”的必要与可能》一文中提出，被这样界定：在“小说革命”之前冠以“新”，是因为1985年前后的小说与相关思潮的巨大变化被称为“小说革命”。“小说革命”的概念并没有被广泛使用，参与其中的作家甚至也逐渐遗忘了这一富有重要意义的表述。倡导新的“小说革命”，是基于这样一个基本事实：在社会文化结构发生变化时，文学的内部运动总是文学发展的动力。然而，在相当长时间以来，小说创作在整体上处于停滞状态。倡导新的“小说革命”，即反对用一种或几种定义限制小说发展，反对用一种或几种经典文本规范小说创作。所以，倡导新的“小说革命”恰恰表达的是解放小说的渴望。

理的新文学观念和新文学文体。这样说，是因为我们可以通过"多栖作家"在新世纪中国文学的写作获得非常重要的新文学革命的"新'文学革命'"和"新'小说革命'"的观念变革的思想踪迹。2010年4月，新星出版社出版了李敬泽的杂文集《小春秋》。初看上去，《小春秋》不过是一本短制的专栏体随笔，曾于新世纪第一个十年期间发表于《南方周末》的"经典中国"栏目和《散文》的"经典重读"栏目。在内容上，《小春秋》通常被看作对《诗经》《左传》《论语》《孟子》《吕氏春秋》等的阅读心得，但倘若将《小春秋》放置在新世纪第一个十年文化失序的背景下进行体察，或许会发现：《小春秋》不仅隐微地叙写了一个人的大寂寞，而且创造了一种借《春秋》说当下的"新杂文体"，开启了回到中国传统文化典籍那里去的"新'文学革命'"。《小春秋》之后，李敬泽继续创作"新杂文体"，将目光投放到鲁迅那里，2017年由中信出版社出版的杂文集《咏而归》承继了"回到'子部'那里去"的一个与众不同的鲁迅杂文传统，以及鲁迅的《故事新编》的历史叙事传统。不过，李敬泽选取"子部"作为杂文传统的写作使得《小春秋》和《咏而归》虽被高度赞誉，但难以被归类，更难以被解读。通过一些访谈，会心者或许能够发现李敬泽创作《小春秋》和《咏而归》的写作动因，以及其中所隐含的文学观念、自身定位和文学目标。下面三段话语来自李敬泽的访谈和自述："我有一个根深蒂固的定见，现代以来，我们一大问题是文体该分的没有分清，不该分的分得太清。"①"当然，就个人的气质禀赋而言，我这个人什么'家'也不算，但如果你说我是个杂家，我倒是夷然受之。我对越界的、跨界的、中间态的、文本间性的、非驴非马的、似是而非的、亦此亦彼的、混杂的，始终怀有知识上和审美上的极大兴趣，这种兴趣放到文体上，也就并不以逾矩而惶恐，这

①　李敬泽、李蔚超:《杂的文学，及向现在与未来敞开的文学史》,《小说评论》2018年第4期。

种逾矩会甚至成为写作时的重要推动力。"①"我想探讨的是这种碎片化的经验的内在性，看看有没有可能在这一地鸡毛漫天雪中找到某种线条、某种形式、某种律动，或者说，我们如何在日常经验的层面建立起与历史、与社会和精神的总体运动的联系，一种整体性或拟整体性的自我意识，一种细微与宏大兼而有之的叙事。这其实也是这个时代生存和文学的一个关键性问题。"②这三段话语不仅表明了李敬泽所倾心的跨越"纯文学"文体边界的"杂文学"观念、所心仪的"杂文学家"的自我定位、所承担的重建新世纪文学总体性叙事的目标，而且构成了新世纪"新'文学革命'"的一种愿景和一种行动。如果说"新'文学革命'"尚处于呼之欲出的态势，那么"新'小说革命'"则颇有些公开化了。2015年，《文学报》原社长、原总编陈歆耕在《人民日报》发表评论《小说"革命"的必要和可能》，直指"当下纯文学小说存在的缺陷"，主张重新来看"中国古代诗学中的重要理念"，认为新世纪文学的出路在于："需要通过一场现代的'文体革命'重树自身的精神高度，重获蓬勃生机。"③2020年8月，"多栖作家"王尧在第六届郁达夫小说奖审读委会议上直言，以他的阅读和观察，当前小说总体上并不让他感到满意，小说界需要进行一场"革命"。在为《新批评》专刊撰写的文章中，王尧提出，小说发展的艺术规律反对用一种或几种定义限制小说发展，反对用一种或几种经典文本规范小说创作。倡导"新'小说革命'"恰恰表达的是解放小说的渴望。④在此，王尧所提倡的"新'小说革命'"所说的"革命"，不是"断裂"，是"延续"中的发展，是探索新世纪小说

① 李敬泽、李蔚超：《杂的文学，及向现在与未来敞开的文学史》，《小说评论》2018年第4期。

② 李敬泽：《很多个可能的"我"》，《当代作家评论》2019年第1期。

③ 陈歆耕：《小说"革命"的必要和可能》，《人民日报》2015年8月4日。

④ 王尧：《新"小说革命"的必要与可能》，《文学报》2020年9月25日。

新的可能性。①而且，王尧不止是在观念上倡导"新'小说革命'"，而且在实践上——通过长篇小说《民谣》②的创作提供了"新'小说革命'"的一种路径：越过现代主义小说，回到中国传统文学典籍《庄子》的"结构力"那里去。如果说上述两位作家的杂文写作和小说创作传递出了新世纪"新'文学革命'"和"新'小说革命'"的可能性样式，"多栖作家"孙郁在《鲁迅与俄国》等学术著作中，少有地将论文当成大文化散文写作，这固然意味着他心仪于鲁迅的"暗功夫"，更意味着他对"文体家"鲁迅的承继。文体之于孙郁不只是写作风格，更是思想方式，因为"写作者找到了一种思想方式的时候，文体就随之诞生了。同样的结果是，一种文体规定了一种思想的颜色"③。而这一观点与中国古代的文章观很是相似。同样是大文化散文，陈福民创作的《北纬四十度》④打通文史界限，通过回到中国第一部纪传体通史《史记》那里去的方式，反思了中国现代知识分子一代代赖以相信的现代文明论中的"误解、无知或者以讹传讹"，认为"不同类型的文明在两千年的冲突共进中一直是在彼此砥砺互相学习的，他们共同构成了华夏文明共同体"⑤。"多栖作家"在新世纪所创作的带有"革命"性质的文学作品不再继续举例了，已足以说明："多栖作家"的文学创作是与新世纪中国社会文化的变化和新世界人类社会的变化应运而生的。在此意义上，何向阳的《刹那》中的"断句"体式不是一个人在写作，而是与新世纪的"多栖作家"的文学创作同步而行。可以说，《刹那》中的"断句"通过对"断章"的重写，尤其通过对中国古典诗歌传统的当代性转换，传递出一种讯息：

---

① 王尧、舒晋瑜：《当代小说需要"革命"》，《中华读书报》2021年8月2日。

② 王尧：《民谣》，初刊于《收获》2020年第6期，后由译林出版社2021年4月出版。

③ 孙郁：《"思"与"诗"的互渗何以可能》，《小说评论》2021年第5期。

④ 陈福民：《北纬四十度》，初刊于《收获》2018年第2期至2021年第4期，后由上海文艺出版社2021年8月出版。

⑤ 陈福民：《分明心事书中论——关于北纬四十度的前前后后》，《上海文化》2022年第1期。

当新世纪人类不由自主地处于一个非同以往的"无常现实"中，是否到了告别"九十年代延长线"的时候了？是否到了走出"二十世纪中国文学"的时候了？一个新时代的"文学革命"是否已然发生？

由上观之，何向阳的《刹那》首先是对个人生命中的一段晦暗时光的记取。但《刹那》并没有因此而失去光芒：不论"我"的伤口是否愈合，这部诗集的重点是通过"我"与"你"的相互加持而不是相互辩难的对话，悟觉出个人如何依靠诗性和神性的召唤应对"无常现实"的幽渊，并重生为中国古典诗歌文化传统的源头之人——灵觉的人，而不是现代文化所推崇的理性的人或后现代文化所纵容的感官的人。而且，《刹那》中带有某种个人精神史性质的诗歌写作，在忠实于诗人的心灵感受、遵从天意的前提下，采用了"断句"的诗歌体式。"断句"固然是对现代诗人卞之琳"断章"体式的重写，更承继了中国古典诗歌中的多种体式。这一方面意味着《刹那》接续了现代诗歌中的偶然性、相对性、复杂性等现代哲学命题，但更意味着《刹那》意欲重建恒常性、本根性、顺应性等现代哲学新命题，进而建立一种植根于中国古典诗歌传统的流脉、有助于治愈现代人心身创伤并使其重生为"灵觉的人"的"灵觉诗学"。进一步说，《刹那》所意欲建立的"灵觉诗学"这一哲学问题是诗与活的问题，这是中国古典诗歌传统所安身立命的本根性问题。《刹那》对此在新世纪背景上作了个人化的当代性理解：何谓诗人？以诗为生的人。何谓诗？诗就是活。这样的当代性诗人，其内在意义不只是时间的，更是空间的，即"刹那"是永恒，更是"永在"。

原刊于《中国现代文学研究丛刊》2022 年第 7 期

———·新青潮·———

新时代浪漫主义文学的体裁、写法与旨归

——评杨志军的长篇小说《雪山大地》

徐　妍　刘　妍

　　自20世纪80年代后期以来，由于"统一的文坛实际上已是一种虚构"①，作为一种文学思潮或一种未来诗学性质的浪漫主义已然退却。例如：20世纪80年代的浪漫主义作家已然成了"散兵游勇"。浪漫主义文学的精神构成——崇高、自然、神性、殉道等同样被遗弃。在此情形下，新时代文学若要复现浪漫主义的伟力，就得证明浪漫主义与理性是调和的。杨志军近年来的长篇小说创作《最后的农民工》《你是我的狂想曲》《巴彦克拉山的孩子》等就是这样的证明。特别是，作为"新山乡巨变"头一批面世的新作之一，第十一届茅盾文学奖的榜首作品《雪山大地》就已证明：雪山大地上有关神迹的浪漫主义说法与新时代中国社会，乃至21世纪人类社会的理性世界非但并不相悖，反而是理性世界的另一种显现。那么，《雪山大地》中的浪漫主义在新时代背景下归类于何种文学体裁？《雪山大地》中的浪漫主义在新时代背景下怎么写？为何写？这是本文意欲探讨的问题。

---

① 洪子诚：《中国当代文学概说》，北京大学出版社2010年版，第165页。

是史诗的，也是诗史的，还是诗史化史诗

如果从这部小说的时空设置和题材类型来说，《雪山大地》讲述了以青藏高原地区为中心、西宁和兰州为延长线的汉藏民族在数十年中国当代社会变迁中的心路历程，堪称一部新时代庄严的"史诗性"小说。而且，《雪山大地》不是一般意义上的"史诗性"小说，还是一部充溢着新时代浪漫主义理想的"诗史"。

单从"史诗性"小说而言，《雪山大地》的故事内容可以被概述为：借助于"我"——一位从童年起就开始融合汉藏文化的"子辈"汉族人江洋——的第一人称叙述视角，讲述了青藏高原上桑杰等藏族人民在国家政府的支持下，在汉族官员、父辈强巴的带领下，如何同步于"公社化"[①]"粉碎'四人帮'"[②]"恢复高考"[③]"市场化经济""信息化时代"[④]等中国当代社会发展变迁中的历史大事件，通过"部落改成公社"、办学校、建医院、成立"沁多贸易"[⑤]公司、创城镇、"迁都"等青藏高原大事件而同行于中国式现代化的路途上。与此同时，"我"还讲述了藏族人民在数十年里如何始终如一地敬畏高原、守护高原、建设中国最美草原，进而呈现了青藏高原在中国式现代化进程中的观念变迁史。然而，这部小说中的青藏高原上所发生的这些历史事件和所塑造的人物形象、描写的环境风景又都是带有隐喻性的。可以说，这部小说中的历史世界、现实世界和隐喻世界形成同构关系，即"我"的视角所讲述的是历史上和现实中青藏高原的汉藏人民如何结为未来理想世界中的兄弟、一家人的美好故事，也是未来理想世界中的人类美好生态。经由"史诗性"叙事和"诗史"叙事的

---

① 杨志军:《雪山大地》，作家出版社 2023 年版，第 31 页。

② 同①第 275 页。

③ 同①第 305 页。

④ 同①第 516 页。

⑤ 同①第 371 页。

联姻，《雪山大地》如史如诗地反映了青藏高原上的汉藏民族在中国当代社会中相互交融的时代精神和历史演进的内在规律，历史地、现实地而又诗美地讲述了中国当代社会历史进程中的变化风貌，塑造出了雪山大地上的杰出的时代人物，坚持了崇高的美学风格，即这部小说中在思、史、诗三方面达到了整体性的契合。概言之，这部小说是深邃之思、深广之史、深厚之诗三方面有机融合的结晶体。换言之，这部小说是史诗性的写实世界，同时又是浪漫主义的诗美世界，进而展现出了一位思想者型的中国当代作家所参与建构的新时代中华民族共同体的新图景。

当然，就这部小说的文学体裁而言，无论是史诗的，还是诗史的，还是诗史化的史诗，都不只是文学体裁本身的事情，而是与作家所承继的文学经典、所置身的社会风尚、所经历的时代演变等多个因素密切相关。尤其是任何文学体裁都内含了经典文学传统的血脉。事实也是如此：杨志军善于从传统经典、历史深处获取营养，熔铸进当下，锻炼出非凡卓越的鉴赏眼光和写作水准，这使得这部小说在史诗写作与诗史写作的过程中，深有来路和经典底蕴。进一步说，出生于1957年的杨志军与他的同时代的中国当代作家一道，在特殊的历史境遇下尽其所能地汲取中外经典文学的养分。诸多中外经典文学对杨志军其他文学作品的影响暂且不提，单看这部小说就明显地接受了19世纪俄罗斯文学的深厚影响。杨志军曾在一次访谈中这样评价他所一向推崇的俄罗斯文学："它们对大自然的诗意描写，对人类生活的温情叙述，对善良和拯救的深切焦虑，以及对精神信仰的坚定捍卫，正是文学的价值所在。"①而这种19世纪俄罗斯经典文学世界中的精神品格也正是杨志军在创作《雪山大地》时所致力于追寻的精神方向。在这部小说中，俄罗斯19世纪作家托尔斯泰、肖洛霍夫、契诃夫、屠格涅夫、蒲宁等的精神影响无所不在，而这种精神追寻

---

① 李巍:《雪山大地的呼唤，绵延流长》，《青岛日报》2023年2月20日。

正是杨志军文学的形式对这个日趋精神沙漠化的现代社会的批判与建设。

怎么写：创造独属于作者自己的浪漫主义比喻句

那么，《雪山大地》如何建构一个诗史化的史诗世界？概言之，《雪山大地》的史诗性世界是由杨志军所创造的独属于他自己的比喻句所构建起来的文学世界，而不是由立场和概念搭建起来的观念世界。只是，《雪山大地》不是一般意义上的仅由真实的历史细节所构成的"史诗性"小说，同时还是一部由独属于杨志军的浪漫主义诗句所叙写的"诗史"。

何谓独属于杨志军自己的浪漫主义比喻句？如果说比喻句的主要功能是通过对抽象的事物具象化和形象化的方式来实现文学的审美功能，那么《雪山大地》的比喻句功能则是通过对抽象事物的具体化和形象化来寄寓杨志军独特的审美理想。杨志军是一位以"不变"的理想主义来应对千变万化的现实世界的理想主义者。因此，在去抒情化的当下小说创作态势中，杨志军却在《雪山大地》中比喻句的本体和喻体里寄寓他抒情诗人的心志与情志，突出其自然性，尤其是喻体的选择。特别是，在这部小说中，这样的带有杨志军精神气质的浪漫主义比喻句随处可见："康巴基就是一间房。用石片垒砌的'一间房'孤零零地伫立在沁多草原上，远看就像牧人戴旧了的黄氆氇羔皮帽。"[1] "角巴熟悉沁多就像鼹鼠熟悉自己的洞"[2]；"梅朵不是花里的人，梅朵她是人里的花"[3]；"日尕的枣红色在蓝绿的背景下就像一堆燃烧的牛粪"[4]……据笔者统计，在这部小说中，作者大约创

---

① 杨志军：《雪山大地》，作家出版社 2023 年版，第 3 页。

② 同①第 47 页。

③ 同①第 47 页。

④ 同①第 403 页。

造了148个比喻句，这些比喻句的本体和喻体大多呈现为表1-1中的类别。

表1-1　《雪山大地》中比喻句的本体与喻体统计表

本体事物	喻体事物	比喻数目	所占比例
自然事物	溪河、河床、星星、雾、流水、土地、草原、疾云、快风、月亮、春风、云、风、水、清溪、冰、山、雷鸣、冰山、石头、云朵、积雪	42	28.4%
自然植物	黑牡丹、草原的牧草、花絮、草叶、臭牡丹花、莲花、花朵、红雪莲、草原、春草、马先蒿、格桑花、草	24	16.2%
生活事物	稀泥、牛粪火、羊粪蛋、奶水、旗幡、木头、锅烟、皮袍、磁盘、白糌粑、酸奶、酥油、奶酪、奶皮、曲拉、牛粪、大陶锅、鞭子、哈达	24	16.2%
动物	马、牛羊、雄鹰、小羊、大铁马、大哈熊、黑马、瞎老鼠、蚊蝇的翅鸣、母马、瞎眼属兔、苍蝇、野牦牛、凤凰、飞鸟	18	12.2%
建筑	古旧而安静的城、宫殿、古老的堡垒、账房	5	3.4%
服饰	黄氆氇羔皮帽、花地毯、衣裙、飘带、丝绸	5	3.4%
其他	荒丘、精灵、梦、仙音、巨剑、菩萨、石头	30	20.2%
总计		148	

由此可见，杨志军在这部小说中设置比喻句的本体和喻体时，首选取最多的是自然事物，其次是自然植物和生活事物，再次是动物，最后是建筑、服饰和其他。而无论是这些比喻句的本体还是喻体，都源自杨志军所深描的青藏高原上人与自然之间的同一关系：人，敬畏自然的神性；自然，赋予人以神性的来源。自然的自然性与人所向往

的神性具有同构关系。这一隐秘话语是这部小说中浪漫主义比喻句的核心所在。作者正是通过比喻句的本体向人们传递自然的神性声音，这是青藏高原古老的神秘信仰。然而，随着现代化进程的加速，青藏高原上自然的自然性与神性声音不可避免地被喧闹的轰鸣声所覆盖。如何复现青藏高原原初的自然性与神性？为此，杨志军在这部小说中借助于比喻句的喻体做了进一步引申，以此为青藏高原的雪山大地及其一切静默的净洁事物发出神圣的声响。

按照一般性的比喻句的设置方式，作者通过明喻、暗喻、隐喻的方式，将本体转换为喻体，通常是为了实现修辞学目的：使一个不易理解的道理更加浅显易懂，让人们易于接受；使一个不易把握的抽象的事物更加具象，可触可感，让人们易于感知；使一个熟知的观念陌生化，给人的心灵带来一种冲击感，让人们留下深刻的印象；使事物形象、生动，渲染氛围，起到增强文学性的作用……《雪山大地》中的比喻句虽然具备比喻句的上述基础功用，但显然不止步于这些基础功能，而是将本体和喻体进行了新时代背景下多风格的浪漫主义转换。由此，这部小说有对于"'积极的能动的、富于想象力的自我'的赞颂"的"奔放的浪漫主义"[1]比喻句，如"它的亢奋和爆发就像从主人心中腾起的风……"[2]；也有感伤的浪漫主义比喻句，如"她的幽怨就像等待浇灌的花草，带着开放的空茫和无助的惆怅，带着对昙花一现的担忧和枯萎前的伤感"[3]。这样的比喻句在这部小说中触目所及，它们其实超越了文学的修辞学的效果，而抵达了文学的哲学。何谓文学的哲学？"文学的哲学应该表明：支配和区分着种族、时代和文化，并使它们可以为人理解的价值观，是如何也指向它们的

---

① 〔英〕以赛亚·伯林著，亨利·哈代编，吕梁等译：《浪漫主义的根源》，译林出版社2011年版，第96页。

② 杨志军：《雪山大地》，作家出版社2023年版，第315页。

③ 同②第307页。

想象，并在文字艺术里得到体现。"①这部小说中比喻句的创造目的亦在于此，即对新时代中国人的一种灵魂唤醒：灵魂本身是软弱而悲哀的阴影，雪山大地上生命的圣洁与美、强健与力量，唤醒了沉睡于人们灵魂深处的隐蔽的尊敬和爱。

格外值得称道的是，这部小说中比喻句的本体和喻体带有作为雪山大地人的杨志军所特有的源自浪漫主义的想象力。例如，从自然事物和自然植物中引申出去的"河""星星""雾""雷""流水""海""黑牡丹""草原的牧草""花絮""草叶""莲花""红雪莲"等喻体，固然取自青藏高原的现实世界，但同时源自雪山大地人杨志军的心灵世界，而雪山大地人杨志军的"心"因雪山大地的庇护而具有无可比拟的力量，雪山大地人杨志军的"灵"亦因雪山大地的滋养而获取无可言喻的天启。何以这样说？在雪山大地上，人的"心"是与雪山大地上的一切生命相互依存的精神整体，这颗"心"完全称得上神圣的"精神"；同样，在雪山大地上，人的"灵"是与雪山大地上的一切生灵相互感应的性灵，称得上自然生命的天性。如此"心灵"处处显示出雪山大地人的圣洁而奇妙的灵性，使得这部小说中的比喻句经由本体和喻体而呈现出浪漫主义的想象力，也使得这些比喻句的本体和喻体寄寓了雪山大地人杨志军所怀有的对人类理想世界的坚定追求。正因如此，这部小说中的比喻句不仅圣洁、唯美、深情、诗性，而且"自我""非我"、现实、理性。概言之，这些比喻句源自雪山大地人杨志军所持有的浪漫主义思想的"整个视景"②，他的这种浪漫主义思想随后主导了这部小说中的浪漫主义想象。即便是从生活事物中引申出去的喻体，也源自他的浪漫主义思想的"整个视景"下的浪漫主义想象，更不要说那些牛、羊、鹰、大哈熊、瞎老

① 〔美〕古斯塔夫•谬勒著，孙宜学、郭洪涛译：《文学的哲学》，广西师范大学出版社2001年版，第1页。

② 〔英〕以赛亚•伯林著，亨利•哈代编，吕梁等译：《浪漫主义的根源》，译林出版社2011年版，第98页。

鼠、苍蝇、野牦牛、飞鸟等动物形象就更是他的浪漫主义思想"整个视景"下浪漫主义想象的对象了。这一点，集中体现在这部小说中作者对"父亲"的马——日尕的浪漫主义想象上。作者借助于各式比喻句，将日尕想象为这样追求自由与自律、光明与理想、大爱与大美的神性生命："父亲拉着日尕在帐房面前的草地上走来走去，轻声细语地跟它说着话，好让它尽快熟悉自己。又把手插进鬃毛，摩挲着它弹性的肌肉，再次说'好马好马。'父亲后来说，好马的标准不仅看外貌品相，还要看马肉、马精、马神、马心。"[①]"它从来都是自由而放浪的，同时也严守着一匹乘马天生的纪律……"[②]"奔跑是日尕的生活，是它的命……"[③]

需要说明的是，上述浪漫主义的比喻句所表现出来的不只是一位作家的文学想象力，还考验一位作家对现实世界的观察力。作者在创造比喻句时绝不复制现实事物，也不拾人牙慧，而是深切、细致地观察、体察现实事物，发现其中的光芒、斑斓、丰盈、不可穷尽的多样性等属于浪漫主义的原始的、粗野的、崇高的要素，进而呈现出文学的创新精神。作者在这部小说中大量选用了新颖的具有青藏高原特色的现实事物，自然而然地创造各类比喻句，仿佛是信手拈来似的，不留人造的痕迹，但实际上源自作家丰厚的生活底蕴。作家在创作这部小说时，那些神奇的比喻句恰诞生在青藏高原的雪山大地生活的内里。对于现实生活与文学世界中的比喻的关系，老舍颇有心得，曾说："比喻是生活和知识精巧的联想。"只有具备了坚实生活的基础、丰富的生活知识，到写作的时候，才能把不相干的东西联想到一处，而创造出顶好的比喻。杨志军是一位注定了与青藏高原的雪山大地结下永远情缘的中国当代作家，因为他从童年起就扎根于青藏高原的雪山大地。杨志军出生于青海西宁，其父1949年响应国家号召来到青

① 杨志军:《雪山大地》，作家出版社2023年版，第21页。

② 同①第317页。

③ 同①第357页。

海，是《青海日报》的创办者之一；其母是青海省培养的第一代妇产科医生。他们一家人长期与藏民生活在一起，对藏民和青藏高原的雪山大地怀有深厚的情感。青藏高原的藏民和雪山大地也培养出了杨志军对周围事物敏锐的观察力和丰富的联想力，这是这部小说中的比喻句获得成功的重要基础。这部小说中的比喻句不仅数量多、意境新，而且深具雪山大地的生活底蕴。例如："梅朵红一身赤炭似的长毛，卧在那里就像堆了一大堆牛粪火。"[1]只有植根于青藏高原的雪山大地上的作家，才能将藏獒的"毛发"与"牛粪火"联系在一起。

为何写：寻找浪漫主义的真正"父亲"

《雪山大地》为何写？概言之，为了讲述中国当代青藏高原的"子辈"对"父辈"与"母辈"——"雪山之子"[2]和"雪山之女"的追忆和致敬。但因这部小说中的"母辈"与"父辈"有着精神同构的特质，"母辈"亦包含在"父辈"中，在此意义上，可以说，《雪山大地》的写作旨归是一位怀有浪漫主义理想的"子辈"寻找浪漫主义的真正"父亲"的精神之旅。

何谓浪漫主义的真正"父亲"？浪漫主义的真正"父亲"当然源自作者生命中的父辈的浪漫主义影响。杨志军毫不掩饰父辈对他和他这代人的浪漫主义影响，认为："正是有了父辈们的不断'扎根'，才有了我们，有了我们对青藏高原更加彻底的归属感。"[3]在杨志军看来，"父辈"身上珍贵的不仅是开疆拓土的勇气，还闪耀着当下社会非常需要的敬业心态和工匠精神。杨志军不会忘记，许多死于青藏高原的人是因为环境对生命的制约。但他感觉他们没有死去，"因为他们

---

[1] 杨志军：《雪山大地》，作家出版社 2023 年版，第 48 页。

[2] 同[1]第 658 页。

[3] 许旸、杨志军：《用写作感恩脚下大地》，《文汇报》2023 年 8 月 18 日。

是在人心里播撒种子的人，是雪山大地上几乎所有事业的拓荒者。他们和当地人一起创造了草原牧区的第一所学校、第一座医院、第一家商店、第一家公司、第一座城镇，他们培养起一代又一代的民族人才，让现代观念植根于人们的脑海，捧着好日子的模样和未来的景象，希望愿意前行的人追寻到底"①。杨志军借用比喻句来表达"父辈"留给"子辈"的恒久的浪漫主义记忆的光源——"'父辈们'这个词从来都是一种诗意的表达和故事的象征，它堪比经过磨砺就会发光的钻石，而非风吹即散的灰土。"②根据杨志军的自述，不难看出，"父辈"至少在三个方面为杨志军和他的同代人留下了珍贵的浪漫主义精神遗产：以创业者精神与西藏人民一道书写了中国当代青藏发展史；以敬业者精神为青藏高原建设了新青藏高原；以奉献者精神与青藏高原一道化为永恒的大爱与大美。而这三者合一，就化为青藏高原上可见的太阳、月亮、星星、天空和草原等浪漫主义的真正父亲的核心意象，也就有理由被"子辈"将浪漫主义理想视为自我救赎和人类救赎的力量。

但是，浪漫主义的真正"父亲"并非存储在作者的记忆中，而是重生在这部小说里，且被"子辈"的"我"追忆为一位我们这个时代久违了的浪漫主义英雄人物——"父亲"强巴。尽管子辈的"我"所追忆的"父亲"强巴与作家所记忆的"父辈"在经验层面上有诸多重叠之处，但这部小说中的"父亲"强巴并不是作家记忆中的父亲，而是作家在新时代背景下依凭记忆，以史诗、诗史、诗史化的史诗的样式，以文学的方式创造出来的中国现当代文学史上一个独特的浪漫主义的真正"父亲"形象。"父亲"强巴在这部小说中于1959年的青藏高原一出场，就带有自己的独特性。"父亲住进桑杰家的帐房纯属偶

---

① 杨志军：《向雪山大地父辈们致敬（创作谈）》，《人民日报》（海外版）2023 年 4 月 22 日。

② 同①。

然。"①这是这部近六十万字的长篇小说的首句。随着首句的讲述，"父亲"强巴的浪漫主义故事开始了。当代青藏高原数十年的中国式现代化进程的故事开始了。中国当代社会的历史故事开始了。而所有故事的讲述都"开始"于"偶然"，而不是人们以往常见的"公家人""蹲点"这类革命历史题材小说中的"必然"。这意味着这部小说中的"偶然"具有命运之谜一般的巨大威力，因为正是"偶然"在某种程度上影响甚至决定了"父亲"强巴的命运。基于"偶然"，"父亲"强巴科长结识了青藏高原沁多公社主任、原头人角巴一家，并与角巴一家结下了"过命"之交，却因忠实于内心而违背了"上面"的意图，导致了他命运中的一系列"偶然"的起伏跌宕——先由科长升为县长，继而由县长降至沁多小学校长，后来成为"强巴案"的主犯关至西宁监狱，直至1976年因粉碎"四人帮"而重获自由，随后爆发出浪漫主义的光与电，重办学校、创建医院、开公司、担任副州长……最后在雪山大地长眠。整部小说中的结构主线就是围绕着"父亲"强巴的命运的起伏与当代青藏高原发展史的曲折发展而展开的。"'起'和'伏'是语言的空间形象，而在现实世界则表明哲学倾向的一个变化。"②在此意义上，"父亲"强巴形象的塑造始于"偶然"，坠落于"偶然"，终又越过"偶然"，毕生攀登于青藏高原圣洁的精神天路，可谓具备了真正的浪漫主义的"父亲"的独特性：以雪山大地为爱的信念，不断以浪漫主义的理想和切实的行动为中国式现代化作出贡献，进而使人的天性与雪山大地的神性一道更高、更广、更深远、更自由、更自然。

更确切地说，"父亲"强巴是新时代浪漫主义创作方法在人物形象塑造上的独特表现。进一步说，"父亲"强巴的独特性固然在于强巴这一"父亲"形象代表了中国当代历史上汉藏文化的相互交融，但

---

① 杨志军：《雪山大地》，作家出版社2023年版，第2页。

② 〔美〕古斯塔夫·谬勒著，孙宜学、郭洪涛译：《文学的哲学》，广西师范大学出版社2001年版，第1页。

更在于强巴形象与中国现当代文学上被传统现实主义方法所塑造的或麻木或听天由命或带有复杂的小农意识的父亲形象——从中年闰土、二诸葛至盛佑亭、梁三老汉形象等——大不相同，也在于强巴形象与中国当代红色经典文学中被社会主义现实主义创作方法所塑造的革命父亲形象——高老忠等——很不一样，还在于强巴形象与新时期文学以来被现代主义文学创作方法所塑造的父亲形象——倪吾诚、许三观、福贵、宋凡平等——差异很大，更在于强巴形象与中国现当代文学史上在现代主义文学"弑父"主题下与后现代主义的"解构崇高"的潮流中被一代代"子辈"所反叛的父亲形象完全不同。事实上，强巴形象的独特性在于强巴是新时代浪漫主义创作方法的塑造对象，既葆有"公家人"的高尚品格，还带有雪山大地的天性，更带有新时代的光芒。这意味着强巴形象的塑造能够传递出新时代浪漫主义创作方法的如下特质：新时代浪漫主义创作方法是对今日人们日渐遗忘的中国当代文学中的浪漫主义传统的创造性承继，是对中国当代小说中富有浪漫主义理想的主人公的英雄主义传统的创造性承继，是对中国当代文学致力于建构理想的人和理想的社会形态的思想传统的创造性承继。此外，新时代浪漫主义创作方法旨在重新建立青藏高原与新时代中国社会及21世纪人类社会之间的千丝万缕的联系，即青藏高原不是世外之青藏高原，而是与中国式现代化一路同行的青藏高原。由此，强巴形象的塑造是作家从自身经验出发，通过对中国当代文学的浪漫主义传统的创造性承继，经史诗、诗史、诗史的史诗而探索的新时代浪漫主义的创作方法。

具体而言，强巴形象塑造是对中国当代文学史上两次浪漫主义高潮的创造性承继。强巴于1959年以"公家人"身份进入青藏高原，全心为工作、一心为藏民，在特殊的历史时期虽几多磨难，但理想不灭、信念不改，与青藏高原的藏族人甘苦与共几十年，直至最后将生命奉献于青藏高原，都始终葆有一位浪漫主义者的英雄品格，是一位光彩照人的"公家人"形象，可谓流淌着20世纪50年代中期社会主义现实主义与革命浪漫主义相融合的英雄人物形象的血液："社会主义现实主义所要求塑造的英雄人物既是抱有伟大理想的舍己为人的英雄，同时又是现实的人；他们不是个人主义的英雄而是集体主义的英雄；是从群众中间产生，而仍然是群众中一员的英雄，而不是从半空掉下来的超人式的英雄。他们不怕牺牲生命以求实现的伟大理想，也不是出之于幻想或空想，而是在马列主义思想指导之下，由社会主义国家的社会主义革命和社会主义建设的实践所证验的人类社会发展的最高阶段——共产主义社会。抱着这样的伟大理想的英雄人物就应当是丰采照人而又和易可亲，应当是随时随地都走在群众前面而又不脱离群众，应当是胸襟阔大、高瞻远瞩而又决不主观，没有空想。这样的英雄人物当然不同于积极浪漫主义的英雄人物，因为积极浪漫主义的英雄人物并不是现实的人，而社会主义现实主义的英雄人物却是生活在我们中间的现实的人；然而，从作家这边说来，这样的英雄人物之所以能够塑造成功，除现实主义而外，还要有革命浪漫主义的精神。用我们常用的一句话，就是：社会主义现实主义包含着革命浪漫主义。"[1]在改革开放后，强巴搁置创伤，充满锐气，重燃理想，敢想敢做、不怕冒险，富有担当，带领青藏高原的藏族人步入通向富足生活之路，分明带有20世纪80年代浪漫主义者的崇高品格：理想、追求、拯救、承担、激情、淳朴、使命、信仰。当然，强巴形象不可能一一对等于50年代中期社会主义现实主义与革命浪漫主义相融合的英雄人物形象的精神品质，也不可能一味重复80年代浪漫主义的理想化色彩的一面，而不警惕和反思80年代浪漫主义的另一方面——空泛、贫乏、无能、天真、宏大、浪漫、膨胀等问题。

而况，强巴形象被塑造于21世纪以来中国当代社会与全球人类社会不断急剧变化的当下语境。这使得塑造强巴形象的过程深具当代性，即强巴形象是思想者型小说家杨志军与当下世界环境进行对话

---

① 茅盾:《夜读偶记》,百花文艺出版社 1958 年版,第 96-97 页。

的过程。在塑造强巴形象的过程中，反复回响着浪漫主义者的共同心音："对于浪漫主义者而言，活着就是要有所为，而有所为就是表达自己的天性。表达人的天性就是表达人与世界的关系。虽然人与世界的关系是不可表达的，但必须尝试着去表达。这就是苦恼。这就是难题。"①这是典型的浪漫主义者的天性，也是一位思想者型小说家深陷不稳靠的现实世界中的精神苦痛，但违背天性是对浪漫主义者的不忠，回避苦痛也是对一位思想者型的小说家的背叛。因此，强巴形象是这部小说中"父辈"们中的真正的"父亲"。与此同时，强巴形象是在"子辈"的"我"的讲述过程中被叙述的，这意味着"我"、桑杰、才让、索南、央金、果果、素喜等"子辈"已经在当下现实世界中将"父辈"所信奉的浪漫主义理想视为未来世界的珍贵遗产，同时也将救助了无数个患有麻风病的藏族人的"我"的母亲、为救下"我"的父亲强巴而失去生命的角巴妻子赛毛等"母亲"视为与"父辈"同在的精神遗产。无论"父辈"们是否远行，强巴、角巴、王石、才让等"父辈"们的身影都一直启示着"子辈"们，让"子辈"们的生命生长出思想的根苗，在雪山大地上继续追问："是什么样的人能在人心里播撒种子？人应该怎样做才能称其为'人'？"②这样的追问源自现代中国之初鲁迅等一代人的"立人"思想，经过了百年中国式现代化社会的变迁，至新时代，传递出新时代浪漫主义创作方法的旨归：新时代浪漫主义创作方法致力于对新时代的理想的人与理想的世界进行建构；新时代浪漫主义创作方法有助于对雪山大地的"圣洁的灵魂"进行复现，进而有助于现代人类洗涤残留着污迹的心灵；新时代浪漫主义创作方法致力于讲述新时代的汉藏人民之间建立起"充满爱、理解和友谊"的关系，由此让新时代各民族的中国人都能够生活在绿水青山之中，都能够得到富足、温暖和平安。当然，作者

---

① 〔英〕以赛亚·伯林著，亨利·哈代编，吕梁等译：《浪漫主义的根源》，译林出版社2011年版，第107页。

② 杨志军：《雪山大地》，作家出版社2023年版，第672页。

并不讳言"子辈"与"父辈"的差异性："子辈"的"我"纵然也与"父亲"强巴一般信仰理想主义，但"我"所亲历的80年代理想主义正在远去。所以，"父亲"强巴在"我"的追忆过程中，尽管追寻崇高、坚守信念、充满大爱，但在通向理想的路途上，"父亲"的命运带有某种宿命感——"在高海拔的阿尼玛卿草原，人的心脏是多么脆弱啊，即便他是雪山之子"①。

至此，谁是浪漫主义的真正"父亲"？与"雪山大地"同在的"人"、"大写"的"人"、神圣的"人"，也是悲壮的"人"。

总而言之，杨志军《雪山大地》作为新时代"新山乡巨变"首批面世的长篇小说，是"史诗"，是"诗史"，还是诗史化的史诗。这部小说选取"子辈""我"的视角和第一人称叙述，在追忆世界中，通过塑造"父亲"强巴形象和讲述多位"父辈"起伏跌宕的命运故事，呈现了中国当代青藏高原上汉藏人民相互交融的深情厚谊，进而呈现了青藏高原在通向中国式现代化进程中的历史、现实与未来。这部小说由此探索了新时代浪漫主义文学的独特性，即以诗史化的史诗样式、选用独属于作家自己的浪漫主义比喻句的表现方式、通过寻找新时代真正"父亲"的写作旨归来探索新时代浪漫主义文学的创作路径。

原刊于《当代作家评论》2024 年第 1 期

---

① 杨志军:《雪山大地》,作家出版社 2023 年版,第 658 页。

遵从内心、探索新变

——评何敬君散文诗集《谛听：阳光走过大地》

徐　妍

　　当代散文诗人何敬君的最新散文诗集《谛听：阳光走过大地》是他的第四本散文诗集，也是国内首部以散文诗的形式书写中国重要传统节令——二十四节气的文学作品。径直看过去，"24节气/诗意之美"的推介语静立在素朴、典雅的精装本封面上，准确地彰显了这本散文诗集独特的艺术价值和文化价值。

一

　　2016年11月30日，二十四节气被联合国教科文组织正式列入人类非物质文化遗产代表作名录。此后，不少作家、学者通过不同的文体形式解读二十四节气。

　　2007年2月4日立春时节，何敬君创作了第一篇与二十四节气有关的散文诗《立春日意象》。"2007年'立春'那天早晨，我与往常一样在海滨道上散步。走着走着。突然就有了不一样的感受……哦，立春了！我的某种深层的意识似乎在那几分钟觉醒了。"①正是由于那个灵感降临的时刻，何敬君才开启了这本散文诗集的创作，并在十年里

---

　　① 何敬君：《谛听：阳光走过大地》，青岛出版社2017年版，第2页。

完成了这本散文集的五十章诗作。何敬君的故乡——山东即墨——这个乡土中国的一隅，留给他的生命记忆也是非常深刻的。或者说，二十四节气，对何敬君而言，不仅是上天赐予他的对一年中时令、气候、物候等变化规律的感知方式，更是上天赐予他的对故乡的根性记忆。由此，何敬君形成了对中国人的时间观、生命观和文化观的现代哲思方式，对二十四节气有了现代性的新解读。所以，在何敬君得知二十四节气"申遗"后，便开始着手完善这本散文诗集的诗稿，于2017年7月正式由青岛出版社出版。

但是，何敬君如何以散文诗的形式向自然致敬，或者说，作为一位散文诗人，何敬君如何与为何在新世纪背景下创作散文诗集《谛听：阳光走过大地》，这是散文诗集《谛听：阳光走过大地》的价值所在。

二

《谛听：阳光走过大地》最需要直面的难题是如何选取形式。事实上，形式选取的背后隐含了近百年来中国散文诗人的现代性焦虑。进一步说，自鲁迅以散文诗《自言自语》（1919年）和散文诗集《野草》（1924年至1926年所作散文诗23篇）的创作而确立了中国散文诗的经典样式且居于中国散文诗巅峰位置后，一代代中国散文诗人始终探索着中国散文诗形式的无限可能性，但也因此不断遭遇各种困境。其中，一代代中国散文诗人无法回避的困境之一是：中国散文诗作为一种由西方文学中援引的现代文体，如何实现形式的本土化与个人化？对于这一困境，新世纪中国散文诗人依然难以回避。何敬君自然也不会成为例外的存在。

显然，散文诗集《谛听：阳光走过大地》的形式选取相当考究。何敬君选取了二十四节气的自然时序作为这本散文诗集的整体结构，还选取了二十四节气为中心意象并生发出具有本土性、时代性的意象群落，更选取了不同于他以往散文诗集的繁复色调、节制语调和慢节奏作为总体色调、总体语调和总体节奏，同时又将他对二十四节气的一切生命体验放置在一位散文诗人的视角之下对个人性体验进行解读。

让我们结合这本散文诗集来解读何敬君如何选取散文诗的形式构成。

《谛听：阳光走过大地》的结构遵循了二十四节气的时序。它由立春起始，至大寒收束，中间经由立夏、芒种、立秋、秋分等节气，将各个单篇散文诗自然、有序地排列在一起，仿佛这本散文诗的结构无需依靠人工设计，只需师法自然本意。而如此听凭自然本意的散文诗结构可能恰恰是新世纪背景下的人所遗忘的，因为人们已经习惯于制作各种结构，包括文学作品的结构。读者尤其不可忽视每个表现节气的散文诗前还配以由篆体、传统民间谚语和先秦诸子的经典名言构成的独立页面。这种将二十四节气的自然时序与中国民间文化的智慧之语、中国传统哲学文学之源融合在一起的结构安排，使得这本散文诗集的结构，在浑然天成的气韵之外，又增加了深厚、阔大的气象。

《谛听：阳光走过大地》的结构只是这本散文集形式的硬件构成，意象才是这本散文集形式的软件构成。在这本散文诗集中，何敬君围绕二十四节气这个中心意象，生发出土地与都市、自然与人与生灵这两组意象群落，以此来呈现二十四节气在新世纪背景下乡土中国与都市中国的联系性与差异性，以及一位散文诗人在新世纪背景下的有限性与超越性。先看第一组土地与都市的意象群落：围绕"土地"这个核心意象展开的比较有代表性的意象有麦田、麦穗、麦芒、麦子、麦浪、村庄、河汉等；围绕"都市"这个核心意象展开的比较有代表性的意象有阳台、广场、玻璃建筑物、岸、火锅、陈酒、老黄酒、风筝等。以"土地"为核心的意象与以"都市"为核心的意象缠绕在一起，形成对照关系：乡村日渐成为远去的风景，都市日渐成为另一种现代风景。再看第二组意象群落：自然类意象随处可见，阳光、大海、柳烟、白昼、黑夜、玉兰、连翘、桃花等意象试图缝合乡村与都市之间的断裂性伤痛。人与生灵的意象有父亲、我、父辈、子侄、卖西瓜的兄弟、扎堆的女子、喜鹊、蟋蟀、流浪猫等，或具象、或抽象，但都隐喻了乡村中国人与都市中国人及这块土地上生灵的情感和命运，以散点的方式透视了新世纪中国人的生命样式和生存图景。

《谛听：阳光走过大地》的色调、语调和节奏，作为调控散文诗软、硬件的特殊形式要素，与何敬君以往的散文诗集中的色调、语调和节奏相比，有着不易察觉的细微变化。与何敬君的散文诗集《从五月到五月》[①]的明亮色调、抒情语调与明快节奏不同，这本散文诗集的色调有阳光的明亮，也有忧伤的晦暗；有明快的节奏，但慢行的节奏更多；有抒情的语调，但超然的语调更多。就连表现节气陡转与心情更换的诗句都在繁复的色调中节制语调的波动，保持节奏的悠然。例如："涉过黄河／越过海河／北上，北上……都说温暖击退了寒冷，都说白昼赢得了黑夜／我背一坛缄默了三千昼夜的老黄酒／来，与你对酌……"[②]这首散文诗的开篇表达了春分节气带给了散文诗人以巨大欣喜。但诗人越是难以抑制内心的欣喜，这首散文诗的色调就越是清冷，语调越是克制，节奏越是慢逸。当然，这本散文诗集在色调、语调和节奏上的种种变化在散文诗集《逝水年华》[③]《亦远亦近》[④]中就有了踪迹。但比较《逝水年华》《亦远亦近》，《谛听：阳光走过大地》中的繁复色调、节制语调和慢逸节奏，更为纯熟和自觉了。散文诗人的内心在这本散文诗集中沉静得就像一方海水，心事隐伏在海底深处，海面之上则只能见到细碎的波纹水影，有时竟然波平如镜。即便海底巨浪袭来、海面波涛涌动，散文诗句也只是在每一排如浪花起伏的间歇瞥见时隐时现的心灵踪影。甚至，在散文诗人的情

① 何敬君：《从五月到五月》，四川民族出版社 1994 年版。

② 何敬君：《谛听：阳光走过大地》，青岛出版社 2017 年版，第 21 页。

③ 何敬君：《逝水年华》，青岛出版社 2011 年版。

④ 何敬君：《亦远亦近》，河南文艺出版社 2016 年版。

感澎湃处，非但不铺排抒情语句，反而以一排排省略号欲言又止……

《谛听：阳光走过大地》上述所有形式选取都被放置在"我"的个人视角之下。可以说，这本散文诗集并非一位民俗学家重述二十四节气的民俗学意义，而是一位散文诗人重写二十四节气的个人体验。所以，这本散文诗集中的立春日"到海边去"、立夏日思绪在都市与老家的"穿越"、秋分日疼痛于视听觉的钝化"错过了一场宏伟的典礼"、立冬日"吃一碗羊肉炖萝卜"、小寒日"向小麦鞠躬"等民俗"故事"实质上传递了一位散文诗人隐秘的个人体验。而在所有的文学文体中，最具个人特质的文学文体，除了日记体，大概就是散文诗和散文了。例如，鲁迅的散文诗集《野草》就首先是属于鲁迅自己的"独语"，是"最个人化"[1]的写作，或者说是"个人的文学之尖端"[2]。何敬君的散文诗集《谛听：阳光走过大地》在个人体验这一点上同样可以说，他首先是写给自己的。所以，他始终忠实于自己的心理感受和生命节奏等隐秘的个人体验。但个人体验对于散文诗而言恰是一种隐秘的敞开。只是对于通向这一敞开的路径、打开这道隐秘的门扇，读者需要预先拥有心灵的感应和语言的密码。但抵达者和破译者应该就是散文诗人所期待的理想读者。

三

尽管何敬君在散文诗集《谛听：阳光走过大地》中借助于对二十四节气的个人化体验而探索了本土化与个人化相融合的散文诗形式，但并不意味着他是一个固守本土传统文化的人，也不意味着他是一位形式至上主义者，而是传递了他以反思的方式兼容现代文化的另一面，以及他对散文诗意义的自觉承担。可以说，何敬君对散

---

① 钱理群、温儒敏、吴福辉：《中国现代文学三十年》（修订本），北京大学出版社2016年版，第50页。

② 周作人：《看云集》，岳麓书社1988年版，第110页。

文诗集《谛听：阳光走过大地》的一切形式探索都是为了实现一位散文诗人在新世纪所命定必须直面的意义探寻。如果反复阅读《谛听：阳光走过大地》，读者将不难发现，这本散文诗集内含了复杂的现代性主题：归乡与漂泊、压迫与抵抗、疼痛与慰藉、变化与恒在、虚无与实有、古典与现代等。例如，《春分：背一坛陈酒北上》就内含了上述复杂的现代性主题，其中，"酒"的功用颇有在鲁迅的短篇小说《在酒楼上》中的意味——孤寂和迷离、暖意和抵抗。不同的是，鲁迅《在酒楼上》中的"酒"隐喻了一位归乡的现代漂泊者在返乡途中对自我孤寂的绝望反抗，而《春分：背一坛陈酒北上》中的"酒"则隐喻了一位"失乡"的新世纪漂泊者对自我孤寂的修复和治愈。再如，《"大雪"无雪》表达了希望与绝望、记忆与现实、乡村与城市等现代性主题。正是经由这些现代性主题，散文诗集《谛听：阳光走过大地》具备了思想文化层面的意义。因此，二十四节气在散文诗集《谛听：阳光走过大地》中，虽然被理解为中国传统文化的重要内容，但并不是中国农耕文化的原初内容，而是在新世纪背景下的现代性新解。特别是，何敬君在对二十四节气进行新解之时，始终意在思考：如何让二十四节气等传统文化成为新世纪中国人的思想文化资源？当然，对于这样的重大问题，没有人会得出一个一劳永逸的答案，何敬君同样在寻找，否则就不会创作这本散文诗集。但在寻找之途，何敬君确信，二十四节气所内含的中国传统文化思想对于新世纪的中国人依然是珍贵的思想文化资源，正如何敬君在这本散文集的小序中所说："贯穿于中国传统节气、节日及整个传统文化内涵的一个重要维度，是人要明白自己的渺小，要懂得敬畏和感恩。"①而况，如果读者足够耐心，还不难发现以二十四节气为中心的所有的意象——"父亲""我""村庄""大海"与"春""夏""秋""冬"等都归于一个意象——时间。时间，或者说对时间的遗忘和铭记，是

---

① 何敬君：《谛听：阳光走过大地》，青岛出版社2017年版，第3页。

何敬君散文诗始终如一的主题。这意味着二十四节气在散文诗集《谛听：阳光走过大地》中不仅被深化为中国人的生存哲学，而且升华为中国人的生命哲学。所以，表面看来，散文诗集《谛听：阳光走过大地》可以被概括为两个部分：对传统节气的体认和对传统节日的体认。但无论是对传统节气的体认，还是对传统节日的体认，何敬君都既遵循了节气的时序，又尊重了传统中国人的人情物理。于是，通过这本散文诗集，我们见到了乡土中国人的劳作和生活、都市中国人的工作和日常、中国人的欢乐和忧伤，也由此看到了中国人强健的生命力及其背后的生命哲学。这一生命哲学概括说来即：在天地前面谦卑，在苦难面前尊贵。因而，一切都将飘逝而去，一切也都将各自归位。对于那些植根于故乡深处、植根于传统文化源头的现代中国人而言，无论遭遇何种外来的冲击，都将在漂泊之旅将流逝的时间、过往的生命再生为永恒。

在这个快节奏的时代，何敬君并不是一位高产量的散文诗人。他从20世纪80年代发表作品迄今，相继著有散文诗集《从五月到五月》①《逝水年华》②《亦远亦近》③，诗集《沉默的帆》和散文集《我们改变了什么》④。其中，散文诗始终是何敬君不断探索的主打文体。他的散文诗多为短诗，偶有如《父亲》一样的长诗，但都是精致、变化之作。散文诗集《谛听：阳光走过大地》仍然不以长度和厚度见长，立意仍在突破自我。尤其，他是一位提倡现实关怀且敏锐体察人心微妙感觉的散文诗人。他善于用眼睛和耳朵感知这个每日变化超常的世界，然后听从天意，将个人的感知准确地表达出来。散文诗集《谛听：阳光走过大地》就是这样自然而然地以个人化的方式自觉地探索着中国散文诗的形式与意义，并以散文诗的形式进入新世纪中

① 何敬君：《从五月到五月》，四川民族出版社1994年版。

② 何敬君：《逝水年华》，青岛出版社2011年版。

③ 何敬君：《亦远亦近》，河南文艺出版社2016年版。

④ 何敬君：《我们改变了什么》，时代文艺出版社2005年版。

国的现实语境、回应新世纪中国人所要面对的现实问题，由此进入新世纪中国人的心灵世界。

原刊于《中华读书报》2017 年 11 月 1 日

"大人"和"赤子"的吟唱
——评高建刚的儿童诗集《我的秋天是蟋蟀做的》

朱自强

青岛现当代作家研究

中国海大百年校庆纪念专号

252

《我的秋天是蟋蟀做的》是高建刚为儿童创作的第一本诗集。捧读这部诗集，我的耳边不止一次回响起古代圣贤说过的话。

王阳明曾说："大人者，以天地万物为一体者也。"在高建刚的笔下，一声虫鸣、一片树叶、一个柿子，甚至一片瓦、一个生锈的骑马钉都与他的心灵产生巨大的共感，点燃了审美的热情。这是一位有敏锐的审美力、真挚的同情和广博爱心的诗人。

孟子曾说："大人者，不失其赤子之心者也。"高建刚有一颗孩子般善感的心。《两只公鸡》一诗写成年人"我"的邻居养了两只公鸡，面对两只公鸡的啼叫，别人是烦之又烦，可"我"的感受却是，这啼叫"加上早晨小区的犬吠／倒挺像我喜欢的乡村"。而当两只公鸡终于变成了"两碗鸡汤"，邻居端来"让我们尝尝"，"我"的感受则是"夜晚那样安静／我的心却不平静"。诗中的成年人"我"与韩少功的散文《我家养鸡》里的少年一样，有着一颗对弱小生命的不忍之心。

既"不失赤子之心"，又能"以天地万物为一体"，两者结合在一起，就是成为儿童诗人的最好资质。这样的诗人弥足珍贵，这样的诗人也应该属于儿童读者。品味、揣摩高建刚的童诗，有以下三个审美特质。

第一个特质是善于在平凡的事物里创造非凡之美。高建刚的童诗具有独特的审美触角。这种审美触角引领着诗人常常在平凡的事物里创造出非凡之美。这是一种有难度、有高度的诗歌美学，在当今的童诗创作中，可谓难能可贵。

在《洗碗》一诗中，诗人将水中的碗看作一面镜子，"能找出自己的笑容""甚至看成月亮"，"手指轻轻一敲"就能"发出月亮的回声"，而洗碗时手与碗的摩擦，让人"清晰地听见叽叽喳喳的鸟鸣"。就这样，高建刚将再普通不过的"洗碗"变得令人愉悦，变得十分浪漫。这是化腐朽为神奇的艺术功力，其本源来自诗人对生活无条件的热爱。

在日常生活里，风中的沙尘、塑料袋肯定是不够美的。但高建刚这样写道："北方的冷空气来了／在家里能听见／楼下的说话声结了冰／从窗外看到风／把人们和沙尘、塑料袋一起／刮往同一个方向"[1]。在冷空气里归家的人，内心会感到一种透彻的温暖，与这样的人一起，"刮往同一个方向"的沙尘和塑料袋也变成了审美的对象。

给我以深深触动的是《冬日新居》这首诗。搬入新居，"我"想的不是怎样装扮自己的新生活，而是"想起建筑这房屋的民工"："在这雪白空无一物的房里／我仿佛听见墙壁上／他们在危险的高度上说的话／看见他们在脚手架和工棚留下的嬉戏／那支曾使月夜泛起涟漪的竹笛／或许就是在这个房间收起余韵／他们走了／没留下一丝痕迹"[2]，然而真的没有留下一丝痕迹吗？诗的结尾是令人眼睛一热的印象主义的表现："窗外的雪／把许多东西覆盖／那片遗落的红瓦只

---

[1] 高建刚：《我的秋天是蟋蟀做的》，长江少年儿童出版社、长江出版传媒2022年版，第12页。

[2] 同[1]第45页。

露出一条边"①。诗人在最平凡的民工的人生里，发现不可湮灭的生命价值，在最不令人经意处，发现令人惊异的美，化作震撼人心的诗意。在世俗眼光里，民工或许就像被大雪掩埋的一片瓦，人们在忙碌的生活中，未必会留意雪下"只露出一条边"的那片"红瓦"。作为47年前建筑工地的一个力工，我将高建刚视为最平凡的民工的人生知音。我个人认为，《冬日新居》这样的诗非常适合收入教材，应该走进语文教学的课堂。因为这里面有着对劳动人民的深切关怀和真诚赞美，需要生活在物质生活极大丰富时代的孩子们来细心体会。

第二个审美特质是"翻转看世界的角度"。史蒂芬·平克在《风格感觉：21世纪写作指南》一书中说："好的写作能翻转看世界的角度……"对诗歌创作来说，"翻转看世界的角度"就会产生独特的审美意象。《树叶们飞回树上》就翻转了惯常的审美角度。本该"飞回树上""叽叽喳喳"说"春天来了"的不是"鸟儿"吗？可是，高建刚"翻转"了生活原本的面貌："春天来了／绿叶们都飞回树上／叽叽喳喳嚷着／告诉风和鸟儿／春天来了"。

有些童诗创作，一写到花草星月，就有一种甜腻的所谓"审美"趣味。但是，高建刚想象中的花草星月全然是另一种模样。比如"谁将月亮和星星／这些好看的首饰／叮叮当当，扛到／地球背面的街市兜售／等太阳赶来／他们便逃之夭夭"②。这是将大自然戏剧化的想象方法，其想象的奇绝，令人不禁联想起郭沫若的《天上的街市》、痖弦的《流星》。

此外，高建刚的童诗中还有着出人意料的意象："风累了／躺在树上／睡了／它在做梦／想去遥远的大草原／寻找牛羊"③。虽然诗歌的想象与北朝乐府民歌《敕勒歌》的"风吹草低见牛羊"可以建立

---

① 高建刚：《我的秋天是蟋蟀做的》，长江少年儿童出版社、长江出版传媒2022年版，第45页。

② 同①第83页。

③ 同①第17页。

联系，但思想却是独特而耐人寻味的。在《我的秋天是蟋蟀做的》这首诗中，秋天之美的创造者是"油漆工""老木匠""老伙夫"，这种笔法也是诗歌中难以见到的。蟋蟀与高铁，一个属于田园，一个属于现代，在日常生活中已经很难同处。但在《蟋蟀与高铁》中，诗人自然地让两者融合在一起，听了诗人笔下的蟋蟀那伴归的"歌唱"以后，当我"拖着行李箱／走在回家的路上"也会感受到，远方隐约闪烁的灯光，那是一双盼归的眼睛。

第三个审美特质是艺术表现的简洁性。儿童文学的审美特质之一，就是像数学公式一样具有简洁之美。这样的简洁不是简单，而是浓缩了巨大的丰富性，是举重若轻、以少少许胜多多许的简洁之美。

《家》就是这种具有简洁之美的作品："寒冷的冬天／穿什么都不管用／只有把家穿上／才感到温暖"①。《春夏秋冬》也是一首简洁的诗："春夏秋冬／走得多快啊／这些时装模特／变换各色衣裳／行走在大地的舞台上／孩子们也加入其中／在嬉闹的奔跑中长大"②。应试教育给孩子的生活是与大自然隔绝，也是与"生命"隔绝的"书本生活"，是无法让孩子们心智健全地成长的。高建刚的"在嬉闹的奔跑中长大"这一诗句，体现出凝练而透彻的对儿童成长的洞察力。

高建刚是心灵栖居于"家园"的诗人，《我的秋天是蟋蟀做的》这本诗集里有不少对"家"的吟咏，"归家"是一个经常出现的主题。在《柿子》一诗中，诗人将"归家"的情思全部浓缩在"一个柿子"里："冬天的庭院里／那棵望着我长大的柿子树／叶子都已落光／只剩一个柿子／留在枝头，摇摇欲坠／阳光中，像一盏忘了关的灯／／我把它捧在手中／才知道／它积蓄了所有的甜／等我从异

---

① 高建刚：《我的秋天是蟋蟀做的》，长江少年儿童出版社、长江出版传媒2022年版，第55页。

② 同①第15页。

国他乡回来"①。再看《西红柿》一诗："早晨的厨房 / 有一束柠檬色阳光 / 在黑色大理石窗台上 / 七个红彤彤的西红柿 / 透亮如一排灯笼 / 照亮旁边的黄瓜、胡萝卜和鸡蛋 / 还有我们有滋有味的生活"②。这首诗就如一幅塞尚的静物画，涤荡思想，留下生活真实可触的美。这样的诗歌写作，恰应了梅尧臣的两句诗："作诗无古今，唯造平淡难。"

阅读高建刚的《我的秋天是蟋蟀做的》这本童诗集，一种久违的审美愉悦渐渐升起并弥漫开来，就如从前读米尔恩、希尔弗斯坦、金子美铃，任溶溶、金波、高洪波、薛卫民等人的诗作，期待他继续创作出这样难得遇见的好童诗。

原刊于《文艺报》2023 年 5 月 14 日

---

① 高建刚:《我的秋天是蟋蟀做的》,长江少年儿童出版社、长江出版传媒 2022 年版,第 100 页。

② 同①第 25 页。

艾玛早期小说中的"故乡"

韩春艳　　徐　妍

"故乡"和"故乡"中生活着的人，一直是作家们乐此不疲书写的对象。"故乡"叙事支撑着20世纪中国文学的骨架，也支撑着20世纪中国知识分子的灵魂。从鲁迅到废名，从沈从文到萧红，从张承志到迟子建，再到年轻的"70后"作家徐则臣、魏微等，"故乡"在他们的创作实践中占据着重要的位置——既是他们叙述的起点，又是他们精神的原点。在"70后"作家艾玛的早期小说中，"故乡"也具有同样重要的意义。从2008年在《黄河文学》上发表第一篇小说《人面桃花》，到2010年的《小民还乡》，对"故乡"涔水镇的书写一直占据着艾玛主要的精力。涔水镇的故事也构成了艾玛目前所写小说中最为光彩夺目的部分。解读艾玛小说中的"故乡"叙事，有助于我们更进一步地探讨当下"70后"作家对"故乡"别具一格的理解，及其背后所隐含着的精神困境。

两幅笔墨：当"理想"照入"现实"

近代以来，城市和乡村之间剧烈的文明冲突引发了知识分子精神上的震荡。具体表现为由传统的"出世"与"入世"之间的矛盾转向了"城市"和"乡村"之间的彷徨，且产生了文学史上具有现代性意义的"故乡"，譬如鲁迅笔下的"鲁镇"、废名笔下的"黄梅"、沈从文笔下的"湘西"、萧红笔下的"呼兰城"。无论他们秉持着"启蒙"的理想还是拒斥现代文明，是作为一个"乡下人"而吟唱还是作为一个永远回不来家的"流浪歌者"，他们时而清醒，时而任性，无疑反映了拖着历史旧影的"新"知识分子在理念与经验上的分裂。但是在"乐观主义"一路凯歌的"50—70年代"文学里，"两幅笔墨"即使在赵树理、柳青这样深入生活、还葆有忧患意识的作家笔下也难得一见。直至商品浪潮蜂拥而至的新世纪，文学"整体性"的消失，也没有带来"故乡"景象的纷繁多姿。同时一部分对城乡冲突有着更直接体验的"70后"作家，却将他们的焦虑转向"向故乡致敬"的书写中，例如以"东坝"为原点的鲁敏、不断逃离又不断回归"故乡"的魏微以及将"故乡"作为退路的徐则臣。

在艾玛的笔下，"故乡"也闪烁着"理想主义"的光芒，并且在"城市"刺眼的霓虹灯的映照下显得格外美好。艾玛说："写童年，不仅仅是为了回忆"，"对童年的抒写，更多的是为了观照现在"[1]。因此艾玛的小说中存在着一系列关于"乡村/城市"的对比。"涔水镇"上的人自尊、自足、慈悲，城市却是如此丑陋：它是宝蓝街上那腻腻的香味和边边角角都暗藏着的肮脏（《菊花枕》），是揉进小民眼中的碱石灰的暴力（《小民还乡》），是霸道、拥挤、杂乱和毫无秩序的生活（《相书生》）。它允许有钱的煤老板用手中的钞票肆意践踏别人的尊严（《人面桃花》），它使社会漠视着一个下岗女工想要"一双筷子"、一种正常生活的要求（《路边的涔水镇》）。当"乡村/城市"的对比在艾玛小说中等同于"理想/现实"的对比时，艾玛的"故乡"所呈现出的感情内涵变得清晰：这"故乡"只是旅人的一种牵挂，而不是他们的目的地；只是一种虚妄的理想的寄托，而不是真实存在；只是对城市的一种抵触而不是对城市的反抗。然而这种清晰却使从鲁迅到萧红的用"两幅笔墨"书写"故乡"的传统被彻底地遗

---

① 范玮、艾玛：《努力倾听现实存在的声音》，《山东作家》2010年第4期。

弃。艾玛以逃避而不是面对的方式对待现实，字里行间自然缺乏一种力量。她继承了废名的悲哀和沈从文的唯美，却忘了废名的哲理和沈从文的担忧，更忘了鲁迅的精神拷问和萧红的批判精神。

"故乡"的困境：搁浅的"回望"与"同行"

艾玛在叙述故乡时有两种精神姿态，一是"回望"，一是"同行"。在《路上的涔水镇》中，艾玛以"回望"的姿态返回故乡。"我"和"我"的丈夫都是青年时代就离开故乡前往城市求学，在接受"规训""调教"之后，挤入中产阶层的成功人士。然而每当"我"手里拿着一份卷宗，总是会与故乡不期而遇。故乡那些"在未必达到真正法治的情况下，被羞辱的人们对尊严的艰辛追求"，唤起"我"内心的感动和记忆。"我"怀着对这个日益丧失真情、丧失尊严、在金钱面前日益萎缩的城市的不满，回到了三十年前的涔水镇。三十年前的涔水镇有人性的残忍和残酷，有命运的无奈和凄凉，可也有梁裁缝为了保全另一个人的名誉，带着爱情的尊严被枪决的悲壮。这里的"故乡"不仅是回忆，还是艾玛带着知识分子的理想，为在金钱面前不断沦陷的社会开的"处方"。在《相书生》里，艾玛继续着她的"回望"之旅，只是这次她去得更远。来自农村的何长江经过努力成为一名大学老师，然而在科研工作不再被重视的物质时代，面对十五平方米的小单间、拮据的生活，他逐渐失去了"书生"的骄傲。于是艾玛带着何长江回到"书生"的故里，它在更为遥远的过去，或者说是更为理想化的想象当中。在那里，"摇着纸扇，身后跟着书童，从翠柳飘曳的长堤上走过，顾盼生辉的，是书生。布衣粗食，两耳不闻窗外事，一心只读圣贤书的，是书生。满腹诗书，或混迹于勾栏酒肆，或种豆南山的，是书生。粗耿莽撞，动不动以死相搏的，还是书生"。

与在"回望"故乡时所表现出的沉重不同，当艾玛以与故乡"同行"的姿态重返"故乡"时，却从容、冷静和节制。艾玛像一个旁观者，静静地看着"涔水镇"上的人挣扎、困惑、坚持……同时她也明白，"记忆中的故乡不会停留在过去等待游子回顾，它也有一条属于它自己的道路要走，就像我一样"[①]。在这里，身负重责的知识分子不见了，她不过是一个"与故乡同行"的游子，这样的距离也使她在想象与现实之间游刃有余。故乡是一幅充满诗情画意的画卷：这儿有一树一树的野桃花，毛屠夫和打谷在野桃花下撮土盟誓；也有一间清洁的小院，每当晚风拂过枣树梢，月亮一点一点爬到小院上空，四婆婆，德生，咏立，兰馨就在月亮地里做着相同或不同的梦；还有家整天响着"嗒嗒嗒"踩缝纫机声的裁缝铺，裁缝铺的墙上贴着林黛玉和虞姬的画像……故乡又是一首令人扼腕的乡曲：莲花般娇嫩的瑶珠将在那满是血迹的房子里度过一生；有着干净面庞的春儿，因为怯懦感染破伤风死了；乡村少年梁小民，一步一步被社会逼到犯罪的墙角；而"涔水镇"也有了洗脚屋……

　　文学评论家张柠说："我们现在面对着三个不同意义的'故乡'。第一个是'现实的故乡'，第二个是'想象中的故乡'，第三个是'被叙述的故乡'。"[②]当艾玛以"回望"的姿态返回"故乡"时，"被叙述的故乡"是"想象中的故乡"；当艾玛以"同行"的姿态返回"故乡"时，"被叙述的故乡"是"现实的故乡"与"想象中的故乡"的互相补充。只是无论是前者还是后者，艾玛对"故乡"的介入仅仅停留在感情层面，并没有深入地探讨当"古老的信仰体系也已经崩溃，被一种'世俗的、同质的、空洞的现代性'所取代，'人'正在分离为'孤独的现代人'"[③]时，"故乡"与"故乡人"精神的走向。

①　艾玛：《〈路上的涔水镇〉创作谈：与故乡同行》，《中篇小说选刊》2010年增刊第1辑。

②　张柠：《奈保尔、作家和故乡》，《人民文学》2004年第4期。

③　同①。

结　语

　　略萨说作家抱负的起点源于"反抗精神"，"凡是刻苦创作与现实生活不同生活的人们，就用这种间接的方式表示对这一现实生活的拒绝和批评，表示用这样的拒绝和批评以及自己的想象和希望制造出来的世界替代现实世界的愿望"①。艾玛法律专业的背景使她更具有这种"反抗"冲动，因此艾玛的小说不仅仅是抒情的，它们更是艾玛对现实生活的思索。她怀着一颗"浪漫心"，期待着自己的文字有可能改变这个社会或有助于建造一个更加美好的社会。"浪漫心"永远都是可歌可泣的，但是如果仅仅把"故乡"作为在物欲面前迷失的人类的"拯救者"，那么艾玛对现实的思考是否有些简单。当艾玛和部分"70后"作家一道回到"故乡"的那一刻，她内心的"反抗精神"也是值得怀疑的。在这个被物质所扼制的时代，缺乏深思，缺乏道德自信的知识分子本身也是灵魂的游荡者。

---

① 〔秘鲁、西班牙〕马里奥·巴尔加斯·略萨著，赵德民译：《给青年小说家的信》，上海译文出版社 2004 年版，第 6 页。

—·访与谈·—

作为教育家型的中国大学校长

——中国海洋大学原校长于志刚专访

2024年，中国海洋大学将迎来百岁华诞。中国海洋大学青岛现当代研究中心策划了中国海大人专访栏目，邀请对学校第三次人文传统振兴有引领和推动作用的学校、学院的领导、学者进行专访。

2023年6月8日，青岛现当代作家研究中心主任徐妍教授邮件致函并邀请时任中国海洋大学校长于志刚教授作为专访嘉宾。2023年6月9日收到于校长的复信，说："我愿意作为访谈人，现场面对面吧；时间，估计得暑假了。"暑假期间，徐妍教授没有打扰于校长。2023年9月6日，徐妍教授通过邮件报告了拟专访时的提纲。2023年9月10日，收到于校长的邮件，回复道："看了你拟定的提纲，让我大吃一惊！你下了如此大的功夫，做了如此细致的准备，让我非常高兴，感到这件事有趣、有价值，但是也陡增压力！根据你拟定的提纲和我的工作实际（最近比较忙乱，除了日常工作，我在准备学校的本科教育教学审核评估，还正在参加北京理工的审核评估），我想采取'书面+面谈'的方式，肯定效率最高。我先准备书面素材，然后择时面谈，录像是可以的，届时做些剪辑就是了（我想自由地交流）。"2023年9月12日，收到于校长邮件："这两天极度繁忙，但是闹中取静，居然写出了6000字的'素材'。如此，我感觉不需要面对面了，您根据这些素材，再去加工吧。"下面刊发的专访便是极度繁忙的于校长自9月10日至9月12日完成的。

个人与海大

【徐妍】于校长好。在学校百年校庆之际，您能够在百忙中抽出时间接受我这个非专业记者的采访，我很荣幸。作为一位海大人，我想先从我对中国海洋大学的理解进入本次访谈。在我的理解中，中国海洋大学是由一代代海大人构成的，但它首先是由一个个海大人构成的。所以，我的第一个问题是想从您作为个人的海大人谈起。我翻阅有关介绍您的文字时，得知您是1988年6月到学校任教的。而在成为海大人之前，您曾在1980年9月至1985年7月于清华大学接受了大学本科教育，1985年7月至1988年6月在南京化工学院攻读硕士学位。本硕在北京与南京这样的历史文化名城读书，选择在青岛工作是基于怎样的考量呢？

【于志刚】主要是考虑父母退休生活。由于历史原因，我父母在青海工作。1988年我硕士毕业时，父亲已经快要退休了，要考虑他们退休后的居住地。我是长子，要考虑这件事，并且应当和父母居住在同一个地方。那时，毕业生既可以由国家包分配，也可以自行联系工作单位。我父母是山东人，要到青岛定居，所以我就到青岛联系了中国科学院海洋研究所和山东海洋学院等，最终选择到山东海洋学院工作。当我1988年6月到学校报到时，山东海洋学院已经更名为青岛海洋大学。

【徐妍】1988年您执教青岛海洋大学时，是26岁，正值青春年华，也正值理想主义的高涨期。迄今，时间已飞逝35年。在35年里，您一路担任过化学系助教、讲师、副教授、系副主任、常务副院长、教授、博导。其间于1993年9月至1999年9月在海大攻读博士学位；1997年9月至1998年4月赴德国汉堡大学海洋化学与生物地球化学研究所做访问学者。可否讲述一下对您影响最深的海大的先生？

【于志刚】对我影响比较大的海大的先生比较多。施正铿校长、管华诗校长、侯家龙副校长，化学系张正斌、王薇、陈德昌、赵鸣、李静、张经老师，海洋系冯士笮、孙文心老师，地质系杨作升老师，生物系张志南、钱树本、张耀红老师，研究生部顾郁翘老师，许许多多，他们给我各方面帮助。

我跟随张正斌老师攻读的博士学位，他要求严格，思想活跃，令我受益匪浅。

跟随从法国巴黎高等师范学院刚刚回国的张经老师做河口化学，他是我迈进海洋化学领域的引路人。

陈德昌老师把他的玻璃实验仪器给我，这是我开展科研工作的第一批"设备"。

我从冯士笮、孙文心、杨作升、张志南、钱树本等老师那里，学到了许多物理海洋学、海洋地质学、海洋生物学的知识，得到他们多方面的关心和帮助。

顾郁翘老师督促我抓紧完成博士学业。没有她的督促，我一度想放弃，只做好教学和科研工作。

【徐妍】据我所知，您是一位阅读面宽广、阅读量丰富的学者。有一次，您与文学与新闻传播学院教师交流时，曾提醒我们阅读面不要太窄。我本人特别认同。可否介绍一下您的阅读谱系与影响您最深远的书籍？

【于志刚】我是1980级大学生，那个年代，文理分科严重，我的文史知识匮乏，但似乎文笔尚好，也对文学有较大的兴趣。我中学时代的大学梦是北京大学中文系（我曾经给国台办马晓光说过，如果我去了，我们俩就是北大中文系同学了），但父辈不同意我学文科，不同意我上北大，要我学数理化，因为那时盛行"学好数理化，走遍天下都不怕"。在清华，我选修了文学概论、鲁迅论文学艺术等课程，订阅《文学报》。我曾经参加北京青年报社组织的寒假征文活动，记得《寒冬礼赞》还得过奖，好像还在山西的《作文周刊》刊出。

读研期间和刚刚到学校工作时，我基本只是读专业书籍。担任学校副校长后，我感到文史知识匮乏，便注意读书，2009年担任学校党委书记后至今，则养成了每天读书的习惯。

　　2015年4月世界读书日，应《中国新闻出版报》之约，我写了《阅读是促进人的精神世界健康成长的重要途径》一文，提出"读书是促进人的精神世界健康成长的重要途径"，"许多人说，读过的书有些在日后会记不得，读这么多书有什么用？我认为这就像是说'饭吃过之后都要化为乌有，有什么用？'是一样的。其实，读书和吃饭是一样的，都是汲取营养的过程，只不过一个是人的生理需求，是保障人的身体健康所必需，另一个则是人的精神需求，是促进人的精神世界健康成长所必需"。这样的比喻，许多人有共鸣。在这篇短文中，我建议受过高等教育的人，应当从古今、中西、文理三个维度选择书目，内容要至少涉及历史、文学和科学，时空要足够宽广，满足"登高望远、探幽入微"的需要。我认为选择书目时，最重要的是要读原典或者说原著，尽量不读励志类的"成功宝典""制胜秘技"。

　　我在中学和大学时期阅读文学作品较多，记忆深刻的有：鲁迅先生的杂文，他敢于直面现实的求真精神永不会忘怀；德国作家施托姆的《茵梦湖》，富有诗意、优美动人；英国作家简·奥斯汀的《傲慢与偏见》，轻松诙谐、刻画细腻；英国作家狄更斯的《匹克威克外传》，幽默风趣、情节生动；还有高尔基的《童年》《在人间》《我的大学》三部曲，奥斯特洛夫斯基的《钢铁是怎样炼成的》，伏尼契的《牛虻》，苏叔阳的《故土》，路遥的《人生》《平凡的世界》等。我最近几年（2015年前）读的书有《全球通史》（斯塔夫里阿诺斯）、《中国人史纲》（柏杨）、《中国文明史》（康拉德·希诺考尔等）、《中国共产党历史》（中共中央党史研究室）、《论美国的民主》（托克维尔）、《知人者智：〈人物志〉解读》（王晓毅）、《老子的帮助》（王蒙）、《中国文脉》（余秋雨）、《中国原生文明启示录》（孙皓晖）、《张居正》（熊召政）、《大清相国》（王跃文）、《南渡北归》（岳南）、《最后的大师》（邢军纪）、《邓小平时代》（傅高义）、《论中国海权》（张文木）等，都十分精彩，令人回味无穷。

校长与海大

【徐妍】除了作为个人意义上的学者，自2000年7月迄今，您一直担任着学校的重要或主要的领导职务。38岁，您就担任校长助理；此后担任了8年的副校长、5年的学校党委书记、2届校长。所以，我很想请您从学校领导的视角，特别是从校长的视角，谈谈您的治校理念。

【于志刚】还真没有想过"治校理念"。

对于中国海大，我倒是有很多自己的"想象"：我希望中国海大是一所自由开放、和谐向上的大学，希望中国海大既是一所以海洋为显著特色的大学，也是一所综合性、研究型大学。我心目中的"特色显著的世界一流大学"，是一所"各学科深深浸润着海洋特色"的综合性研究型大学，这可能会为大学发展增添一个独具特色和魅力的一流大学发展模式。

大学的底层逻辑，我认为是学科和文化，而师资队伍和创新平台是关键支撑，有了好的师资和创新平台，就会有一流的学术水准，就能形成学术声誉和社会影响力，就会吸引来好的学生，就会形成良性循环，不断进步。所以，教师和学生最重要，而师资尤其关键。大学要格外关心教师发展，支持教师成长，这就是梅贻琦校长"大学者，大师之谓也"的道理所在。

【徐妍】您对学校的"想象"，在我看来，也是海大精神的凝聚和海大发展的目标。而海大精神是中国海大区别于其他大学、成为中国海大自身的精神特质。您如何描述海大精神呢？

【于志刚】海大精神是有一个比较规范的表述的，即"海纳百川、兼容并包的博大胸怀，不畏艰险、探索不已的进取精神，勇于超越、敢为人先的雄浑气魄，严谨求实、取则行远的治学风范，崇尚学术、谋海济国的价值取向"。我认为很好。这也是得到全校师生员工和海内外校友高度认同的。

【徐妍】中国海大，无论是在中国的大学中，还是在世界的大学中，都是非常独特的，有其优长，也有其短板。中国海大在21世纪正置身于国家建设海洋强国的大时代和新时代，可谓生逢其时、重任在肩；但同时又要正视有过两度中断的人文历史，第三次人文传统的振兴正在路上，任重道远。正因如此，中国海大比以往任何时候都需要实现科学精神与人文精神的"联姻"，承续历史传统、创造新传统，这是今日和未来的海大人的神圣使命。您如何看待学校20世纪三四十年代的前身的大学传统与今日海大精神之间的关联？

【于志刚】在中国海大的历史上，在中国海大的鱼山校区，20世纪三四十年代的国立青岛大学、国立山东大学时期，出现过两次办学兴盛期，不管是生物学等自然科学，还是文学、历史学等人文学科，都产生了蜚声海内外的影响。后来因为院系调整，人文历史学科两度中断，但文化传统并未中断，人文精神留在了八关山下的海大园。也正因为此，21世纪初才会出现"重振人文辉煌"的呼声，才会迎来以王蒙先生为代表的一大批人文学者在海大园讲学论道、著书立说，才会有了更进一步的发展——我指的是2004年10月中国海大校庆八十周年之际，王蒙先生和管华诗校长联袂创办"科学·人文·未来"论坛，把科学精神与人文精神紧密地联系在一起，彰显了一所一流大学应有的精神气质。

【徐妍】说到中国海大的历史与现实，如果从人文精神来说，我想到了王蒙先生自2002年4月接受学校第三次人文振兴奠基人管华诗院士的聘请加盟中国海大这一重大事项。您如何评价王蒙先生加盟中国海大的重大意义？

【于志刚】王蒙先生加盟中国海大是一个传奇。我写了一篇短文，叫作《中国海大来了个"年轻人"》。我认为，学校建立"驻校作家"制度，"让作家们在海大创作，把身影留在海大，让同学们足不出户即可感受名家的风采，在潜移默化中提升校园的文化品位，营造浓郁的人文气息"，又建立"名家课程"体系，延聘海内外著名专家学者来中国海大开设"名家课程",不仅深受中国海大学子的欢迎,对学校人文学科发展和教育教学改革也起到了极大的推动作用。

王蒙先生加盟中国海洋大学已经是第二十二个年头了。二十多年来,先生和中国海大的师生结下了深厚的友谊,深深地融入了这所大学。先生为学校拟题"海纳百川 取则行远"的校训,深刻生动地揭示了中国海洋大学的文化内核和精神气质,得到学校师生和校友的高度认同,也凝结着先生对中国海大深沉的爱和殷殷期望。王蒙先生切实把自己当作中国海大的一员,把中国海大作为自己的家,而学校师生更是把王蒙先生作为自己引以为豪的中国海大人,一位带给他们智慧、力量、温馨和欢乐的前辈。我认为最最重要的,是他给这所办学历史悠久、人文传统深厚的著名学府带来了浓郁的人文气息,给校园注入了蓬勃的青春活力。

【徐妍】中国海大传统的承传与创造、海大精神的建立和发展,归根结底是由一代代海大人来实现的。所以,教师队伍建设尤为重要。我在参加过的学科建设会议上,感知到您特别重视学校教师队伍的建设。我记得2023年春季学期的一天,在文科处主办的长达一整天的学校重点团队汇报会议上,您始终关注团队负责人汇报的PPT内容,适时提出精准的问题。我以为,一位校长需要宽广的知识结构和自觉的校长岗位意识,才能做到这一点!在一位团队负责人汇报时,您因对该团队成员之一——一位"繁荣人才工程"第三层次教授的名字不熟悉而让该团队负责人回放了PPT页面,还边看回放边说:"学校引进的每一个'繁荣三'教授我应该都记得,这个名字怎么不记得了呢?"当时我想,只有将教师队伍建设视为头等大事的校长才会做到这一点!我还记得,您刚担任校长不久时,因负责联系文学与新闻传播学院而来到我们学院,交流过程中,您说道,有时想不起来或叫错了老师的名字特别不好意思。那时我正好也在场,心想:忘记名字对于一个人来说是常有的事,一位校长只有在内心里尊重教师,才会这样讲。还有在各种自上而下的评估中,教师常常高度紧张,您却云淡风轻地说中国海大要将评估落实到促建上来，不走形式主义，给教师一个安心丸。因此，在我看来，您在有意无意之间践行了您的母校清华大学校长梅贻琦先生在1931年就职国立清华大学校长演讲时所言："所谓大学者，非谓有大楼之谓也，有大师之谓也。"也自觉地铭记了于2022年3月20日远行的海大人文圣常院士对王蒙先生所题写的海大校训"海纳百川 取则行远"的至理解读："海大有容、纳贤礼士、百舸扬帆、川流不息；取经求法、则明理析、行云流水、远无不及"。您怎样定位教师与大学的关系？您所理解的优秀的中国海大教师应该具有哪些精神质地？

【于志刚】梅贻琦校长所言"所谓大学者，非谓有大楼之谓也，有大师之谓也"，我深以为然，并在办学治校各项事务中克服各种干扰，努力践行之。大学要格外关心教师的发展，支持教师的成长，这是学校发展的命脉。不管是学校传统的承传与创造，还是大学精神的建立和发展，不管是学术声誉的提升，还是一流人才的培养，归根结底都需要一代代、一个个教师来完成。所以我特别注意多读各方面著作，特别是我专业之外的书籍，以便和各学科的教师有共同语言；我努力去了解教师们的求学从教经历、学术研究兴趣，读他们的著作，以便能在研究教学科研规划和学科建设时和他们谈得来，甚至于产生共鸣。只有这样，才能服务好教师发展，而这是学校发展的最基础、最重要的工作之一。

我创造了一个词，叫作"管理者弱者思维"，就是希望制定和师生关系密切的规章制度时，尽可能把管理者置于"弱者"地位，设想如何面对师生的拷问和质疑，这样才会形成好的文化氛围。外国语学院杨连瑞教授说："在学院管理中坚持制度要硬，文化要软，营造风清气正的学术氛围。"我特别有共鸣。

优秀的中国海大教师，不应当千人一面，而应当多姿多彩。我认为，只要遵纪守法、热爱学生、钻研学术，就是好老师。我对老师们特别包容，我更多的是看到他们的优点。所以有些个性特别强的老师人缘比较差，但我喜欢，因为我更看重的是他们为学校发展做出了贡献，而不是八面玲珑，把精力用在其他地方。当然了，能够文理兼备、古今贯通、中西融汇，最理想了，不过那应当是我们追求的高远的目标，是一个永无止境的过程。文先生是我心目中的一个偶像，他已经达到了那样的境界，我称之为中国海大"永远的精神灯塔"。

【徐妍】中国海大传统的承继与创造、精神薪火的传递与播撒，同时也依靠于学生。学生才是大学的主体。我注意到，无论是您所主张的"通识为体，专业为用"的本科教育理念，还是您在"校长下午茶"、主题思政课上的交流，在开学典礼与毕业典礼上的寄语，都表明了您对学生的感情之深与期望之高。在2023年研究生毕业典礼上，您深情寄语毕业生："堪大用，担重任，做栋梁。"从中，我感受到20世纪80年代的理想主义光芒一直都深植在您的心里。然而，21世纪以来中国和世界发生了太大的变化。作为校长，您认为中国海大学子如何以不变的理想主义应对现实之变呢？

【于志刚】一所大学培养人才的成就，最终决定了这所大学的声誉，体现着大学的根本价值。因此，大学生是我们的希望，需要我们"以学生发展为中心"来开展学校的教育教学工作。但当今世界正在快速变化，青年学生的思维方式和价值观日益多样化。正因为如此，我们既不能放任不管，也不能简单地用我们的思维方式去说教。我通过"校长下午茶"、开学和毕业典礼，和同学们交流思想，倾听他们的心声，了解他们的所思所想，提出建议，给予他们最大的理解、鼓励与支持。我希望同学们一定要通过大学四年养成读书和运动的习惯，抓住培养理性思维和创新精神这一核心任务，学会做人和做事的方法。钱致榕先生曾经讲过一个很生动的比喻：应用学科就像人的四肢，它的价值是可以做事，而基础学科，包括文科和理科就像人的头脑、神经和内脏。如果头脑、神经和内脏不发展起来，只发展四肢没有用。我们没把一个人培育完整，却想把他培养成四肢发达的"千手观音"，做很多实用的事情，怎么可能？ 他提出了一个问题："我们的大学是培养'千手观音'，还是智慧的'人'?"我借用钱先生这个生动的比喻，提醒同学们千万不能做"千手观音"，而必须把自己培养成完整的"人"，做有智慧的"人"。我们提出"通识为体，专业为用"的本科教育教学理念，也正是基于这样的考虑。其核心目标就是帮助同学们拓宽人生视野，在能力提升和人格养成上打下基础，既有宏观见解，又有解决微观问题的能力，逐步迈向"既能登高望远、又会探幽入微"的境界。

我希望同学们从我做起，从现在做起，做新时代的创新者。从我做起，就是要把"天下兴亡、匹夫有责"转化为"天下兴亡、我有责任"；从现在做起，就是要把"家国情怀、爱国之志"转化为具体实在的努力，立刻行动，起而笃行。要从一件件具体的事情做起，脚踏实地地奋斗，做新时代的实干家、创新者。

【徐妍】中国海大学子的大学生活，除了专业学习，还有自主阅读。我在图书馆一楼大厅注意到了您为学生推荐的书单，其中第一个书目就是《鲁迅全集》。这是为什么呢?

【于志刚】阅读极为重要，特别是阅读经典。培养理性思维和创新能力，拥有活跃的智慧和审美能力，这是一种很高的境界。追求这种境界的方法，除了一丝不苟地学习、积极开展学术研究和创新实践之外，一种持久有效的方法就是阅读经典，因为这是与古今中外具有大智慧的杰出人物的对话，是获取知识、启迪智慧的最根本的途径。养成每天读书的好习惯，精心选择书目、潜心研读，持之以恒，必有所获。

2010年，党委研究生工作部和海洋环境学院党总支组织了"学术人生·书籍共享"活动，让我推荐书目。我认为这个活动非常好，便推荐了钱理群先生编选的《鲁迅杂文选》。我在推荐信中写道："说实话，这本书我不但没有读过，而且没有这本书。我是自上世纪80年代开始阅读了大多数鲁迅作品，但是要我们的研究生去阅读这么多很不现实，因为仅鲁迅杂文就有17卷之多。钱理群先生是鲁迅研究专家，我相信他编选的书目应当就是鲁迅杂文的精华。"为什么要推荐阅读鲁迅的杂文？我认为，其一，当今世界形势正发生深刻而复杂的变化，此前已经出现了虚无主义的思潮，理想与信仰的缺失是一个全球性问题。鲁迅以其彻底的怀疑精神和否定批判精神没有成为虚无主义者，靠的是敢于直面现实的求真精神，从而成为真正的具有科学理性的信仰者。鲁迅"反抗绝望的韧性的战斗精神"，反虚伪、反虚假的"求真精神"，是鲁迅式的信仰的基本特点，这正是当代中国人，特别是中国的年轻一代所需要的。青年人阅读鲁迅作品，会对树立信仰、建构理想有很大的启发乃至帮助。其二，鲁迅号召知识分子要做"真的知识阶级"，强调知识分子应当是永远的批判者，应当永远站在平民一边。这两点，为知识分子提供了一个基本的价值立场。这集中体现在毛泽东所盛赞的鲁迅的"硬骨头"精神，其实质就是思想与精神的独立性与主体性，这在当今全球化的时代，其重要性不言而喻。青年人阅读鲁迅作品，会对确立正确的价值立场有很大的启发乃至帮助。其三，改革开放以来，特别是最近二十年来，中国思想界和学术界盛行着两种思潮："回归儒家"和"全盘西化"。前者认为我们丢弃了中华传统文化，并将五四运动视为罪魁祸首；后者则主张中国对西方经验、特别是对美国经验学习不够，五四运动并不彻底。而实际上，真正立足于中国本土现实的变革，以解决现代中国问题为思考的出发点与归宿的思想家和政治家反而被排斥。"诺贝尔奖情结"、SCI崇拜、忘记了服务人民根本目标的"国际接轨、建设世界一流"等"失去灵魂的卓越"，这正是中国的悲剧性现实。青年人阅读鲁迅作品，会对分析现实、寻找道路有很大的启发乃至帮助。

第一次荐书之后，我每年都根据当年度的主题选择推荐书目，又陆续推荐了一些书，如张维为的《中国震撼》、傅高义的《邓小平时代》、朱云汉的《高思在云》、陈晋的《毛泽东阅读史》、岳南的《南渡北归》、涂子沛的《数据之巅：大数据革命，历史、现实与未来》、金冲及的《二十世纪中国史纲》（增订版）等。

校长与文新学院的学科发展

【徐妍】接下来，我想将话题转换到您对文学与新闻传播学院的支持与期许上面来。您担任学校领导以后，特别是担任校长之后，始终关怀、支持文学与新闻传播学院的学科建设。2019年中文一级学科博士点的获批固然源自学院领导、学科负责人和学科老师们的共同努力，但得力于您的人文情怀和教育家型校长的高远目光。从此，中文学科和整个学院获得了绝境逢生的新起点。在坚实学科和薄弱学科的差距有目共睹的大学，一位校长能够懂得并持久地支持慢功夫的人文基础学科，在这个超速发展的时代，并不是一件容易的事情。您为何能够多年不遗余力地、坚定地支持中文学科和整个学院？

【于志刚】文新学院承担着中文一级学科的建设任务，以及建设历史学、新闻学两个学科的任务。学校的资源有限，只能首先支持基础相对更好的中文率先发展起来，但这也不容易，需要学校资源的倾斜。在相当长的一段时间，我联系文新学院，对学院的干部教师有了很多了解，所以在推动中文一级学科建设发展上很容易形成共识，形成合力。这些年，文新学院的同事们越来越团结，越来越富有活力，特别是还有越来越多的优秀师资加盟，加之我们的学科发展顾问给予了精心指导和鼎力支持，使得学院的面貌焕然一新。我和大家一样，非常欣慰，并对文新学院更快、更好的发展充满期待。

我为什么特别重视中文学科？因为它不但是学校人文学科发展的载体，而且是开展通识教育的核心力量，是弘扬人文精神的大本营，是历史学科发展的孵化器。依托文新学院，王蒙先生的作用得到了很好的发挥；依托文新学院，我们创办了行远书院，开展通识教育再起航计划，历尽艰辛，但颇有收获。在我的眼中，文新学院是学校弘扬人文精神的引领者、文化建设的生力军……而这些，是一所世界一流大学所必不可少的。

原刊于《阅读与成才》2023年第10期

海大中文学科建设的领航人
——中国海洋大学讲席教授、行远书院院长朱自强专访

在中国海洋大学即将迎来百岁华诞的前夕，2024年3月3日，中国海洋大学讲席教授、中文学科负责人、行远书院院长朱自强教授接受了中国海洋大学青岛现当代研究中心主任徐妍教授的专访。

选定海大担重任

【徐妍】朱老师好。非常感谢您能够在繁忙的工作中抽出宝贵的时间接受我的访谈。

您是在2003年来到中国海大工作的，正逢学校开启第三次人文振兴的历史新时期。据我所知，当时您已经深耕儿童文学研究二十年，在中国儿童文学界大有影响。除了中国海大，还有其他知名大学邀请您执教，但您最终选择了中国海大。而那时候的中国海大，虽然是"985"和"211"名校，但中文学科是相当薄弱的，中文系大概只有十几位专业老师。能否请您谈谈为何选择中国海大？您能否回顾一下加盟中国海大之时难以忘怀的人与事？

【朱自强】我是个随遇而安的人，不太愿意改变现状。从东北师范大学毕业后留校，一工作就是21年，虽然这期间也接到过两次商调函，但一经单位阻拦也就偃旗息鼓了。到了2003年，因为妻子无法继续忍受长春的酷寒，我才下决心离开。先是准备去南方的广州，最终选择了气

候温和的青岛，这样，一怕冷一怕热的两个人都能各得其所。

我奉调中国海洋大学，可以说是一次因缘际会。2003年8月，我已经准备去广州的一所"211"大学工作。当时，广东省每引进一位博导，都有40万元的购房补贴，我已经在那份补贴申请表上签了字。就在这时，一通电话改变了我和妻子最后的选择。电话是中国海洋大学文学院办公室主任刘世文老师打来的。刘老师暑期回家乡路过长春，因为毕业于东北师范大学，就与留在母校工作的同学联系，说起中国海大文学院要引进人才。那位同学就说，听说文学院的朱自强教授要调动，不知现在是什么情况。于是，刘老师给我打来了电话，表明想见个面，探讨可否加盟中国海大。那时，我与刘老师并不认识，并且去处已定，按常理是不会去见面的。但是，刘老师电话中说，她是我在东北师范大学读本科时，既是同班又是同乡的一位同学的嫂子。出于礼节，我和妻子就在餐馆请刘老师吃了晚饭。就是这餐便饭，改变了我的人生轨迹。

刘世文老师介绍了中国海洋大学文学院的情况，特别强调了学校聘请王蒙先生为院长，非常重视中文学科的建设。临别时，刘老师说："您不来海大没关系，但请一定来海大作场学术报告。"刘老师回去没几天，文学院的刘孔庆书记就打电话邀请我讲学，并寄来了两张机票。以后的故事就如你所知了。

的确如你所说，当时的中文系只有十几个人，中国现当代文学学科连硕士点都没有，我却依然选择了中国海洋大学，原因何在呢？

首先我得承认，选择来到中国海大，青岛这座城市起了重要作用。青岛气候温和，其美丽的山海更是对我的审美需求发出了巨大的吸引力。但对于一个学者，更重要的还是自己从事的学术事业的发展空间。我所从事的儿童文学研究经常被视为贬义的"小儿科"，这在很大程度上是对儿童文学缺乏认知的一种偏见。我也理解，很多高校不重视儿童文学，是因为它们已经有很多发达的人文学科，儿童文学若能成为大学的边缘学科就已经很幸运了。但是，在谋求人文学科再次振兴的中国海洋大学就不同了。我来讲学时，就从管华诗校长，文学院常务副院长杨自俭教授、刘孔庆书记那里，明确感觉到中国海洋大学非但没有对儿童文学的偏见，反而是自然而然地作为一个学科来给予重视，来支持发展。果然，我2003年10月入职中国海大，2004年4月学校就成立了校级研究机构儿童文学研究所（2021年更名为国际儿童文学研究中心），同年就引进了在北京大学拿到博士学位的你和从四川大学毕业的何卫青博士，很快形成了一个团队。在当时学校经费并不宽裕的情况下，管华诗校长不仅在2004年批给新成立的儿童文学研究所建设启动经费，而且又在2005年特批经费，支持召开了全国规模的"中国原创儿童文学的现状和发展趋势"学术研讨会，使中国海大儿童文学学科引起了极大关注。学校2006年成功申报中国现当代文学硕士点，2010年成功申报中国语言文学一级学科硕士点，2018年成功申报中国语言文学一级学科博士点（校内调整），在此过程中，儿童文学研究始终都处于排头位置。

在学校的中国语言文学一级学科的建设中，儿童文学不仅处于重要位置，而且随着儿童文学团队队伍的壮大，取得的成果越来越具有显示度，国际交流越来越有声色，学校的儿童文学学科在国际上产生了重要影响，在全国更处于领军的位置。所以，我可以欣慰地说，自己当年的直觉是对的，选择更是对的。

【徐妍】您加盟中国海大后不久，就担任了文学院常务副院长。2007年，文学院与新闻传播学院合并为文学与新闻传播学院。王蒙先生主动提议自己只担任名誉院长，由您任院长。文学与新闻传播学院实际上内含多个"系"——中文系、新闻系、文化产业系、对外汉语系，而每个系在有些知名大学就是一个学院，可谓架子大、人手少、困难多。面对千头万绪的事情，您就任院长时是从哪里着手的呢？

【朱自强】我来中国海大的第二年即2004年。暑假时，文学院刘孔庆书记向我透露学校希望我接任文学院常务副院长，我当时就表达了谢绝之意。转过2005年夏天，学校党委冯瑞龙书记正式找我谈话，希望我能接任，文学院常务副院长杨自俭老先生也来动员我，我感受到了学校及各方的信任，于是答应下来。我在行政职务上没有主动性，一是因为想潜心做好教学与学术工作，二是对自身的行政能力缺乏信心。当然，我也从学校、学院领导这里感受到信任的温暖，而从后来自己在行政工作方面的成长、进步而言，我对他们是深怀感激的。

说到院长的工作，我自己觉得没有做出什么显著的业绩。从中国现当代文学硕士点、中国语言文学一级学科硕士点的获批等进步来说，从顺利完成本科教学评估、妥善谋划定岗定编这一发展计划等工作来说，我只能算是尽了应尽的义务。我任院长期间，如你所说，学科多、人手少，所以，学科发展并没有明显起势。如果说我个人有所贡献，恐怕是我的近于儒家中庸的性格和工作风格，以及奉行"君子矜而不争，群而不党"这一行事原则，对整个学院化解矛盾并走向和谐稳定，发挥了积极的作用，也可以说给学院下一步的发展打下了良好的基础。2009年的年底，我主动给学校党委书记和校长写信，请辞院长职务并于2010年6月离任，学校主要领导对我的工作是予以充分肯定的。在此，我要真诚地感谢学校领导的信任和支持，尤其要感谢文学与新闻传播学院的老师们对我本人以及所做的工作充满善意的认可、配合和支持。

【徐妍】在王蒙先生的提议和支持下，学校建立了"驻校作家制度"和"名家课程体系"。您在担任院长期间和卸任之后也曾邀请现代文学史家吴福辉先生和曹文轩先生、林文宝先生、刘绪源先生、张福贵先生等名家来校讲学。您可否讲讲在与名家近距离交流中有趣的事情？

【朱自强】王蒙先生加盟中国海大这二十几年，为学校人文学科的发展作出了巨大的贡献。我在主持学院工作期间，与王蒙先生以及王蒙先生请来的各路名家有了近距离的接触，得以"亲近而熏炙之也"，可谓受益良多。有一句名言，叫作"最好的学习方式，就是向最好的人学习"。正是因为遇见王蒙老师，我才有了许许多多的"向最好的人学习"的机会。

　　我这里就讲一两件事。在我接触到的"最好的人"之中，最让我有"学然后而知不足"之感的就是王蒙老师。不论是在讲台下，还是在生活中，听王蒙老师就艺术和学术侃侃而谈，我脑海中多次出现"天赋"一词。我猜测，学识渊博的王蒙老师，一定有着超群的记忆力。有一次禁不住当面询问，王蒙老师微微一笑说："两个小时的讲演，面前没有一张纸头，我的记忆力的确不错。"几年前，我在成都做一场讲座，准备开始时却发现忘了带U盘，无奈下只好即兴讲起，三个小时讲下来很受欢迎，比有PPT讲稿效果还要好。说起这件事，是因为当时在发现忘了带U盘的那一瞬间，我的脑海里浮现出的是面前没有一张纸片，却镇静自若、侃侃而谈的王蒙老师的神态。我肯定无法从王蒙老师那里突然获得超群的记忆力，不过王蒙老师那强大的自信心，还是于润物无声处，对我有所感染的。

　　2023年10月，学校召开了"王蒙与共和国文学"全国学术研讨会，我在大会上发表的论文是《王蒙的现代性——以"人文精神讨论"为中心的考察》。撰写这篇论文，我进一步认识到王蒙先生的存在对于中国当代文学史、思想史的意义和价值。在起因于市场经济大潮的1993年至1995年的"人文精神讨论"中，倡导人文精神、发起"人文精神讨论"的一些人文知识分子，将物质文化与精神文化对立起来，幻想以形而上的所谓"人文精神"解决市场经济中出现的道德等社会问题，陷入了唯心论的思维泥潭。但是，我们看到王蒙先生秉持唯物主义认识论，坚持人文精神的实践性，以历史化的方法和世界性视野，处理市场经济与人文精神之间的现实关系，站在了市场经济一方，站在了现代性一方，在当年就看准了一切、说对了一切。在将王蒙先生的知识和思想视野与某些文学知识分子缺乏哲学认识论的理论修养、过于单一甚至有些陈旧的人文知识结构以及狭窄的本土视野这种知识状况相比较的过程中，我对人文学科的认识有了新的进步。

对人文学科的学术研究来说，是"汝果欲学诗，功夫在诗外"。要探讨市场经济背景下的人文精神，离开哲学、经济学、社会学的知识视野，不仅会词不达意，而且会步入歧途。要正确判定被倡导"人文精神"的某些文学知识分子认定为"痞子文学"的王朔小说的性质和价值，缺乏王蒙先生所拥有的政治学、经济学的眼光，也会出现指鹿为马的尴尬。对于当下热议的新文科建设，王蒙先生在讨论文学、人文精神时所显露的知识视野和思想方法，为我们提供了新文科建设的路径启示——打破文学知识分子知识上的自我设限，在跨学科的多学科知识之间，实现"横通"。

我举"人文精神讨论"这个例子想说的是，在中国海大遇见王蒙先生，对希望成为一个有眼界、有格局的学者的我来说，是获得了得天独厚的进步的机会。

领航中文学科二十年

【徐妍】自2003年至今，您成为海大人已经二十年。二十年里，您一直将中文学科建设作为学院和您本人工作的重中之重，同时您迄今一直承担中国语言文学一级学科负责人的重要工作。在学校和学院的支持下，在全体老师的努力下，您担任负责人的中文学科建设取得了有目共睹的成绩，具有标志性的就是获得了一级学科博士点授权，实现了学科建设的跨越式发展。可否请您谈谈作为中文学科负责人在学科建设上的总体思路和具体举措？

【朱自强】在文学与新闻传播学院的学科建设中，中国语言文学一级学科是最具有支撑性的学科。中国语言文学一级学科的发展建设，将有力拉动整个学院学科平台的提升。多年来，在这一共识下，文学与新闻传播学院一直在殚精竭虑、戮力同心，谋求中国语言文学的学科发展。

学科建设主要建立在学术研究成果的基础上。而对于学术研究，学者们各有各的追求，各有各的兴趣，其实很难进行组织性规划。记得大约在2012年至2013年，在学校制定繁荣哲学社会科学行动计划工作的推动下，中国语言文学一级学科整合学院具有中文学科背景的老师们进行研讨，拟规划出具有学科涵盖性、拉动性的大项目。当时，我提出了"中国语言文学整体观研究"这一构想，其学术指向是将中国语言文学的演化历史作为一个生气贯通的有机整体来把握，在研究中重视语言与文学两大领域以及中国语言文学中的各二级学科之间相互联系、依存、交叉和互动关系，通过强化跨学科的打通式研究，探寻中国语言文学发展历史的内部规律和整体面貌。我提出了"中国古代文学文体演变与现代文学的文体确立""文言与白话的文学创作机制""文学语言研究""中国古代文论与现代文论会通研究""儿童文学与中国现代文学一体化研究""民间文学与作家文学关系研究"等具有学科间打通性的十个子课题。我的构想是通过各二级学科之间的相互打通，构建中国语言文学的整体观。"中国语言文学整体观研究"这一设想虽然得到了中文学科老师们的认可，文科处也非常支持，但是，终因为现实与理想的距离较大而没有实际施行。

中国语言文学一级学科博士点的获批，当然主要归功于学校以及于志刚校长的远见卓识，还有学院修斌院长、蒋秋飙书记、刘健书记的大力支持、推动以及学科老师们的共同努力，我个人发挥的作用倒是有限的。就个人来说，我感到欣慰的是关键的几次机遇都算是抓住了。比如，2010年和学院党委陈篇书记一起推动中国语言文学一级学科硕士点的申报工作。没有这一步，就没有后来的一级学科博士点。再比如，2011年，我与陈篇书记密切配合，在吴德星校长的关心和支持下，成功论证申报了"文化产业管理"这一交叉学科博士点，使中国语言文学一级学科不仅拥有了培养博士人才的资格，而且因此使一批二级学科带头人和教授因成为博士生导师而在60岁时没有退休，从而保证了2018年申报一级学科博士点时，师资队伍具有相应的水平和规模。2018年学校动态调整一级学科博士点，是中国语言文学学科的背水一战，成则竿头百尺，败则堤溃千里。我在校学位委员会的评审会上所作的申请报告，明晰而有力地论述了这一严峻问题，从最后得票来看，应该是得到了全体与会专家的认同和支持。

因为有了一级学科博士点这一平台，2018年以后，才有一大批繁荣工程、英才工程等高层次人才和优秀博士的成功引进，使中国语言文学一级学科有了今天的这种跨越性发展的势头。

【徐妍】说到中文学科取得的多方面成就，我想到了其中的一个标尺——国家级重大项目。而据我所知，您是一个追求自在自主做研究的学者。您曾诙谐地说自己"不求上进"。您后来是如何克服了"不求上进"这一心理，进而以课题"中国儿童文学跨学科拓展研究"成功获批教育部重大课题攻关项目的呢？这可是学校非涉海文科的第一个国家级重大科研项目啊。

【朱自强】我自认为是一个以兴趣为本的人，从自己感兴趣的研究课题那里能得到孩童游戏般的治学快乐。在年轻时，我倒是在1992年获得一项教育部哲学社会科学规划项目，很快又在1994年获得一项国家社科基金项目，但那都是自己极感兴趣的学术问题，而那时的申报书也不过是手写的几页纸，提交上去也就不用管它了，不麻烦。1995年评上教授，解决了基本的"生存"问题，后来真的是不求上进了，既不报奖，不报项目，也不申请各种称号，结果几年前见到一位久别的学者朋友，让人家大感吃惊：你怎么连一顶"帽子"也没有啊？

近些年，在学科水平评估等工作中，学科是否获批国家级重大项目成了非常重要的指标。文科处金天宇处长不断地催促我，我闲云野鹤做不成了，勉为其难地撰写重大项目课题指南，课题指南入选后又勉为其难地填写申报书。也是运气好，竟然就中了。得到这个重大项目，我的确感受到了它对于学科发展的重要性。这件事教育了我，我得感谢金天宇处长的"鞭策"和倾力支持。

【徐妍】作为中文学科负责人，您始终不停歇地深耕于您所热爱的儿童文学领域，为中文学科的老师们作出了示范。自1982年您本科毕业于东北师范大学，留校执教，从事儿童文学教学与研究，迄今已经四十一年，成果丰硕，不仅出版了10卷本《朱自强学术文集》，还于2021年荣获第十八届国际格林奖。我记得国际格林奖的颁奖辞里有这样一句话："多年来，他在儿童文学理论、中国儿童文学史、中国当代儿童文学批评、绘本研究、语文教育研究、儿童阅读研究等十分广泛的学术领域，取得了大量的学术成果。"我们很想请您谈谈，您一直以来在众多领域葆有充沛的学术创造力的秘诀是什么？

【朱自强】刚才说到的自己"不求上进"，是特有所指。其实在学术研究上我是有强烈的进取心的，可以说，四十多年来，不论在什么情况下，学术研究的脚步都一刻也没有停歇过。你说的国际格林奖，它和国内的学术评奖方式很不一样。这个被誉为与世界最高奖国际安徒生奖齐名的学术奖，不是个人申报，而是由国际格林奖评委会在全世界范围内，以问卷调查的形式，邀请数百位专家、学者推荐参评人选，根据推荐名单，选出候选人。我获奖的第十八届国际格林奖，是先选出八位候选人，然后综合评估其学术成果，形成三人短名单，最后由来自日本、英国、德国、加拿大、澳大利亚的十名专业评委组成的评奖委员会召开最终评审会议，确定了我为获奖者。每届国际格林奖在全球范围只奖励一位学者，所以，得到这个奖，是配得上"漫卷诗书喜欲狂"之心情的。

你问到我的学术研究的秘诀是什么，这个很难回答。仔细琢磨一下，可能起重要作用的有这么四个因素。一是有好奇心。有好奇心，就很想知道事情的究竟；有好奇心，就可能拥有广泛的求知兴趣，在这一点上，跨许多学科的儿童文学很好地满足了我的好奇心。二是有好胜心。这个好胜心不是要与他人争强好胜，而是不愿意输给自己。在儿童文学领域，我可能是最愿意讨论、争论学术问题的学者之一。我的《儿童文学的"思想革命"》这部文集，收录的就都是带有争论性、批判性的论文。这些文章，与其说是在与别人争论，莫如说是要证实自己。三是有执着心。对学术要有"咬定青山不放松"的劲头，遇到自己觉得有价值的学术问题，不弄清楚就心有不安、心有不甘。

第四点，也是最重要的一点，我想就是强烈的自我意识。对每个人来说，自我是精神生命的最主要的组织力量。没有自我，精神世界就会坍塌。对于一个学者来说，自我则是学术创造力的源泉。没有强大的自我，一个学者很难开疆拓土，打造出个人独有的学术王国。一位很有名的发明家就说，要想成为发明家，成为创造者，你必须有多如一卡车的自我。如果检视我的书和文章，"我"不仅直接出现在论述文字中，而且还相当频繁，我想这都是自我的一种显现方式。

足不停步再行远

【徐妍】2021年，在一般教授通常荣休的年龄，您却接受学校的聘任，荣任学校的行远书院院长，又走上了通识教育的远行之路。可否请您结合行远书院的工作，介绍一下您对通识教育的见解。

【朱自强】首先我要由衷感谢学校和于志刚校长的信任，在我临近退休之年，聘任我为行远书院院长、名师工程讲席教授，使自觉得学术状态正渐入佳境，而且对通识教育又求知若渴的自己，有了继续发挥作用的机会。

2003年，中国海洋大学提出了"通识为体，专业为用"这一本科教育理念。我认为，用中国哲学的"体用"论来认识、处理通识教育与专业教育的关系，学校的通识教育理念是十分明晰而精到的。对2015年5月成立的专事通识教育的行远书院，学校给出的定位是通识教育的"实验区"和本科教学改革的"特区"。

行远书院成立伊始，李巍然副校长便将我推荐给行远书院首任院长钱致榕先生，参与行远书院大学之道课程的建设。我至今一直讲授大学之道这门核心通识课。行远书院成立之前，我曾任学校通识教育研究机构文史哲中心的主任，可以说一直在关注、思考通识教育问题，也发表过《通识教育与现代大学》这样的学术论文。2021年11月接任行远书院院长职务后，因为主持书院的全面工作，我对通识教育有了新的、更为全面的认识。

目前中国大学本科教育的现状是专业教育压倒通识教育，表现在学分上就是各大学的通识教育学分大都在9～14学分之间，通识课程的学分数仅占总学分数的6%～10%。通识课程在整个本科课程中所占比例过低，是大学一流本科人才培养的主要障碍和发展瓶颈。在通识教育上，行远书院迈出了坚实的一大步，大幅度地将通识教育学分提升为24学分，并采取"3+2+1+3"的教学模式，开辟社会实践、校际交流等第二课堂。可以说，已经在一块"试验田"里，形成了具有独特性和有效性的通识教育的"海大模式"。目前，我和中文系主任熊明教授正在联手思考、规划旨在加强通识教育力度，改革专业教学内容和方法的汉语言文学专业的改革方案，希望以汉语言文学专业为平台，探索新文科建设、国家级一流专业建设的"海大模式"。

作为学者，我个人的学术研究从通识教育中也受益良多。胡适说："为学要如金字塔，要能广大要能高。"没有通识教育，广而高的学术金字塔是无从搭建的。我本人从通识教育中受益最大的是治学方法的优化。

认知科学家侯世达和心理学家桑德尔在《表象与本质》一书中，将类比视为人类的思考之源和思维之火，指出爱因斯坦等科学家的理论创造，往往运用了类比思维。类比思维具有跨学科性、跨领域性，没有多学科的知识，就很难有创造性的类比。在获得类比能力这一问题上，通识教育的优势毋庸置疑。我现在正在从方法论出发，研究中国现代文学史，而在某些重要问题上能有一些突破，就是因为受益于从事通识教育，类比式地借鉴、运用了自然科学的方法。比如，我研究中国现代文学史的"起点"问题，就借鉴了经典物理学的"理想化"方法，借鉴了统计物理学的方法。比如，统计物理学家张首晟从能量、信息与时空这三个基本概念出发，运用统计力学的方法解释看似偶然的人类历史的必然性。他认为，当某一个时空，能量和信息达到相应的密度，就会产生"知识"的大爆炸。而我，类比式地借鉴张首晟教授运用的统计物理学的方法，考察1917年至1920年的中国这一特定的"时空"，发现并指出，聚集在这一时空的现代性"能量"和

"信息"不仅达到了史无前例的超高密度，而且这些"能量"和"信息"彼此声气应求，从而朝一个方向引发了现代知识的大爆炸——中国现代文学（"新文学"）的诞生。运用这一方法的中国现代文学"起点"研究，有力地质疑了1840年说、1892年说、1895年说、1898年说、1907年说、1911年说等种种关于中国现代文学"起点"的说法，因为在这些时空里，现代知识的密度和能量都远远无法与五四"新文学"的1917年至1920年这四年同日而语。康德认为，所谓科学，就是研究它的方法。在人文科学领域也是如此，方法论的胜出，才是真正的，也是最终的胜出。

【徐妍】在学校百年华诞之际，面对新的一百年，对行远书院的未来发展以及学校的通识教育事业，您有哪些新的构想与期盼？

【朱自强】我不想掩饰我的担忧。我觉得，现今的大学，通识教育越来越被专业教育挤压，被内卷的保研现实所侵蚀。但是，新文科建设也好，一流本科教育的实现也好，或者往更高处说，要培养出更具有创造力的本科人才，离开通识教育，离开学分占比更高的、高质量的通识教育，是不可能完成的任务。

在学校党委的领导下，在学校以及部处领导的大力支持下，经过八年多的建设，行远书院已经形成了颇具特色的通识教育课程体系、教学模式，积累了较为丰富的通识教育经验，形成了"实验区"里的通识教育的"海大模式"。我自己要竭尽全力谋划行远书院的升级发展计划，同时也希望学校能够进一步给出更有力度的政策，将"实验区"里的通识教育的"海大模式"渗透到本科专业教育之中，拓展为中国海洋大学的更大范围的本科人才培养的"海大模式"。我相信，这样的以通识教育为"体"的本科人才培养的"海大模式"，一定是与世界一流大学接轨的，一定是引领中国大学的本科人才培养的风气之先的。

祝愿中国海洋大学迎来更加辉煌的下一个百年！

助推学校第三次人文振兴

——中国海洋大学文学与新闻传播学院院长修斌专访

为迎接中国海大百年校庆，助推学校的第三次人文振兴，中国海洋大学青岛现当代研究中心策划了系列专访。2023年11月4日，中国海洋大学文学与新闻传播学院院长修斌教授接受了中国海洋大学青岛现当代作家研究中心成员、文学与新闻传播学院讲师李莹博士的访谈。

回国来到海大融入文新

【李莹】修院长好，感谢您接受"青岛现当代作家研究·中国海大百年校庆纪念专号"的采访。您自2003年起在中国海大文学院工作，至今已有二十年了。您是文学博士，也有日本留学的经历，精通日本语言和文化，您当时为何选择来到文学院？

【修斌】我祖籍是山东，父母家人也在山东生活，在日本学成后回国、回到家乡是自然而然的。大海令人心旷神怡，青岛又是个美丽的海滨城市，就选择来到青岛，而当时的学校虽然以理工科为主，但也有了综合性大学的定位，开启了振兴人文的进程，2003年2月我便来到成立不到一年的文学院。

【李莹】您刚来学校时，正是学校第三次人文振兴的起步时期。您担任过文学院分管教学的副院长，在分管教学工作中，曾多次主持过名家课程和驻校作家为学校师生开设讲座。您能回忆一下那段时间与名家交往的过程中，印象深刻的场景是什么吗？

【修斌】我来中国海大的第二年，在新成立的城市文化系负责教学工作，第二年担任副院长分管教学，那时先后是杨自俭老师和朱自强老师主持学院常务工作，他们对教学都很重视，也对我很信任。我来学校较早接触到的是著名学者严家炎先生，他是王蒙先生请来为文学院学生开设名家课程的。我经常想起他在浮山校区文学院会议室里，温文尔雅地娓娓讲述现代文学的情景。德国汉学家顾彬先生对中国现代文学包括鲁迅、王蒙都有不少研究成果和翻译作品，他用汉语在阶梯教室上课，讲课时面部表情并不生动，但是讲授内容很有广度和深度，偶尔会一度脱离课程内容陷入他自己思考的世界。下了课我也有时陪他去校外的小餐馆喝上几杯，听他在微醺时说起夫人把他的酒藏起来不让他喝的趣事。舒乙先生受聘海大客座教授，戴上校徽后发表感言，说自己和父亲老舍先生是海大的"父子兵"，令我印象深刻，因为老舍也曾在海大园任教。后来我和他仔细商议下学期请他来做名家课程的内容，最后确定为老舍研究专题。我曾陪他在青岛老城区游览，去了两处老舍故居，故地重游让他感慨许多。多年后听文物局的朋友说他要来青岛，我便把当年为舒乙夫妇在青岛拍摄的照片集成小相册，想见面时送给他，但是后来他因病重未能成行直到不幸逝世。托王蒙先生的福，我接触、结识了一大批名家包括驻校作家，余光中、叶嘉莹、铁凝、迟子建、舒婷、王安忆、白先勇、黄天树、川西重忠等，从他们那里感受不一样的风采，和学生一同受益。

【李莹】您特别讲究细节之美。比如，您很看重学院的空间布局和卫生文化。在您的提议下，学院一楼定做了海报墙。不仅如此，您还叮嘱大家不用双面胶张贴海报、文件，因为胶痕特别难清理。这些细节之处的用心，让学院的精神风貌焕然一新。记得您开会的时候，有时会用红色封面的笔记本，有时会用黑色封面的笔记本，可以看出您对工作的认真态度。您能讲讲平时如何处理"小节"与"大事"的关系吗？

【修斌】其实，我们平凡人就是做平凡事。不积跬步无以至千里，不脚踏实地也难以仰望星空。学院就是师生的家，学校就要有学校的样子。我们的确比较重视师生学习和工作的场所。无论学院空间如何紧张，我们都坚持保留研究生上课的教室、博士生搞研究的自修室，包括信息交流的地方。随着学校的发展，各方面的条件也逐步改善，学院设置院史文化墙，楼下荒地整治成作家林，等等。当然还有一些不尽如人意的地方。至于你说的笔记本是"红"与"黑"的问题，我自己都没注意到，纯属偶然，用完一本行政秘书就给我一本，做院长这九年多也"浪费"了二十本左右了吧。

把中文学科作为学院学科建设的龙头

【李莹】2015年2月，您开始担任文学与新闻传播学院院长，当时学院正处于全力申报中文学科一级博士点的准备阶段，也是攻坚克难时期，您能讲讲那段时间自己是如何理清头绪、开展工作的吗？

【修斌】学科建设水平的一个重要标志是博士点，尤其是一级学科博士点。有了博士点才能进行高层次人才培养，促进科研成果产出，提高学术生产力，也能反过来提升学科和专业建设的水平。2013年，学院曾在学校支持下依托管理学院工商管理一级学科等建成文化产业管理交叉学科（二级学科）博士点。这个博士点培养了数十名博士生，也使得学院的多位教授成为该专业博士生的导师。但是我们念兹在兹的是有自己的博士点，而中文学科最需要也最有条件，这在学院也达成了共识。为建设中文学科博士点，几任院长和几届学院班子都将其作为学科建设的重中之重，组织中文学科老师集思广益、探寻路径、反复论证。我们考虑过设立交叉学科的多种方案以及申报一级学科博士点的多个具体方案，期间也要推进人才的引进和成果的积累。最终在学校的大力支持下，通过校内一级学科动态调整的方式，论证申报中国语言文学一级学科博士点，并于2019年获得国家批准，

2020年开始招生。博士点设六个二级学科专业方向，除了我们原有的硕士点中的文艺学、中国古代文学、中国现当代文学、汉语言文字学、比较文学与世界文学外，还设有海洋文化与文学这一体现海大特色、学院优势的二级学科方向。博士点的建成，有赖于全体文新人特别是中文学科老师们的不懈努力和奋斗，得益于学院和学科的智慧和常年的积累，离不开于志刚校长和学校领导班子的高瞻远瞩，离不开校学位委员会、有关部门和兄弟学院的支持，这中间也得到国内中文学科许多专家、学者的支持和鼓励。中文博士点的建成，是学校第三次人文振兴过程中的新突破和里程碑。

【李莹】从2015年到现在学院的学科建设不断获得新成绩。比如，2019年，中国语言文学一级学科获批博士点，并招收了第一届博士生，迎来历史性突破，实在是可喜可贺的大事。在规划学院各系多学科共同进步的整体背景下，您始终着力于中文学科建设，也取得了显著的成效。您能分享一下在具体工作中协调多学科发展的办法吗？

【修斌】学院有三个一级学科，包括中国语言文学、中国史、新闻传播学，另外还有汉语国际教育、文化产业管理等学科领域。这些年，我们通过学科建设推动学院发展尽量既突出重点，又综合平衡。首先是强化中文学科，除了人才引进，还整合学院相关力量，实现博士点的突破，然后再通过中文博士点带动其他学科发展。学院一直注重在现有学科基础上培育新的学科生长点，如以前有中文一级学科硕士点的时候，学院就在其中自设传媒文化二级学科方向带动新闻传播学科的发展，自设音乐文学二级学科方向为学校的艺术系搭建高层次人才培养平台，在中国史一级学科硕士点自设面向留学生的中国学专业，在中文硕士点的语言学及应用语言学二级学科中设立对外汉语教育方向带动汉语国际教育专业的发展等。这些努力取得了成效，随着学科的发展，有的后来又做了调整和转型。学院的学科生态是历史形成的，其发展和调整都不能一蹴而就，要适应时代的变化和社会的需求，也要适应学校一流大学建设的总体安排，更要尊重学科和学术发展的规律。但中文学科始终是学科建设的龙头，这个不能变。文新学院不断夯实基础性人文学科的文学、史学，不断促进应用性学科新闻传播学、国际中文教育等的发展，不断探索学科交叉的新文科建设的有效路径，这个定位和思路是一贯的。

【李莹】八年多来，学院特别重视优化师资队伍，多批次引进人才，汇集各方贤能，为学院发展注入新鲜血液。同时，您也为鼓励青年教师成长提供有利条件和机会。在选贤任能的过程中，除了学校发布的"硬件"指标，您是否还有其他的衡量标尺？

【修斌】学科建设和学院发展最根本的是要有一支规模适中和水平较高的师资队伍。这些年，在学校的政策支持下，学院引进了一批进入学校"繁荣人才工程""名师工程""青年英才工程"的人才，以及优秀的教授、青年教师，共30多人，他们已经积极融入学校，融入学院，与原有教师一道组建学术团队，承担专业课程，开设通识课，主持重要课题，产出高水平成果，推动学术交流，使学科尤其是中文学科呈现更加迅猛的发展势头。在大家的努力下，学科水平评估、一流专业建设、课程和教材建设等方面也都上了一个新台阶。我作为院长和班子成员一道投入精力抓师资队伍建设，努力发现和引进人才，关心和珍惜人才，支持他们的工作，让人才发挥好各自优势。我认为，院长的重要职责是让学院成为高级人才真正发挥作用的舞台，为青年人才营造舒心成长的温馨环境。学院也及时调整和优化政策，为学术带头人搭建科研平台，帮助其组建新团队，为预聘制青年教师申报课题等提供政策倾斜。实事求是地讲，学院在人才引进方面的自主权非常有限，也受到政策和条件的约束，可能就是你所说的"硬指标"，有些需要"破格"的优秀人才也要多方面做工作，说明必要性。学校也支持学院采取柔性引进的方式，引进"特聘教授"等加盟，让他们成为促进学院发展和青年教师成长的重要资源。

培养学生的历史意识

【李莹】记得您之前提到过，读书时喜欢阅读《新文学史料》杂志。就您个人而言，研究方向从文学转为历史，其中是有何机缘吗？

【修斌】我大学本科学的是中文，比较偏爱现当代文学，尤其是鲁迅文学，学位论文写的是关于阿Q精神胜利法的社会历史根源，80年代时的确订购过一段时间的《新文学史料》。我读东西比较杂，文史哲都看。后来去留学读硕士期间研究鲁迅在日本留学时期的思想，尤其是他和尼采个人主义思想的联系。渐渐发现除了鲁迅，梁启超、王国维等也都关注和介绍过尼采，他们的尼采观都和日本明治时代的尼采传播史有关系，便想从思想史、中日文化交流史的角度进一步研究，进入史学领域读博士课程，博士论文是关于近代中国的尼采接受与明治日本的关系。与其说机缘，更多的是跟着兴趣走。

【李莹】在学院的新生开学典礼上，您不厌其烦地为一届又一届文新学子讲述学校校史、学院院史，既为培养学生的历史意识，也增强学生对学校的认同感，树立赓续学校学脉与文脉的使命感。在教学中，您以曾在学院任教过的作家或学者及其治学精神、先进事迹为选题，比如《闻一多的精神及其学术——从〈七子之歌〉说起》，为研究生党支部讲授党课，为本科生讲授形势与政策课程。您如何看待中国海大校史文化资源对培养新时代大学生的作用？

【修斌】我们教书育人，除了专业知识也需要挖掘身边的人和事。中国海大百年校史中有着厚重的历史传统，海大人的家国情怀也令人感动。中国海大的历史是中国近现代教育史的一个缩影，也是青岛城市发展史的重要组成部分。我是研究历史的，对青岛、对学校的历史也有兴趣。给学生讲解这些对我自己也是学习的过程。学生多了解校史、院史，不仅能从其中的人和事里面获得教益，获得感动，也能加深他们对自己学习生活环境的了解；增强学生的自豪感和爱国爱校的情怀。榜样就在身边，从未走远。

【李莹】我是2005级汉语言文学专业的本科生，记得那年开学后面临第二轮选专业。在中文系和城市文化系两个选项之间，当时很多同学一度很纠结，不知如何选择。让我记忆犹新的是，在学院组织的专业介绍会上，您和学院的老师一起为新生详细介绍了各系的由来与特色，并答疑解惑。城市文化系自2004年由文学院成立，经2007年的文学与新闻传播学院文化产业系更名为现在的历史文化系了。从这个演变的过程，也可以看出历史学在学院逐渐增加的比重。正如20世纪50年代，学校以"文史见长"而闻名，您能讲讲对历史学科的建设思路和发展愿景吗？

【修斌】海大人常说学校发展史上有两次人文兴盛，其标志是涌现出众多人文大家。其中不仅有文学家、作家，也有语言学家、历史学家、哲学家等。尤其是20世纪50年代"八马同槽"的时期，历史学高级职称的教师所占比例居全校所有学科之首。2003年，学校恢复重建历史学门类，其标志是当时文学院创设了历史地理学专业，并于2004年开始招收硕士。2010年建成历史学一级学科，2011年按照教育部学科调整并类为中国史一级学科。你所说的城市文化系是文学院在当时以海洋文化研究所的师资力量为主成立的，所以，城市文化系、海洋文化研究所、城市文化研究所实行一体化建设，教学和科研并举。城市文化系这个名称挺有创意的，这也与当时重视城市文化产业、港市文化研究有关。2007年1月文学院更名为文学与新闻传播学院，将城市文化系更名为文化产业系，与本科专业的名称文化产业管理贴近起来了。经过这些年的发展，文化产业系的学科专业构成出现了新的变化，这个系承担着中国史一级学科硕士点、文物与博物馆专业硕士点、海洋文化重点研究团队、文化产业管理本科专业、海洋历史文化微专业的建设，同时学校进行学科布局调整，撤销了文化产业管理交叉学科博士点和硕士点，剩下的文化产业管理本科专业也暂停招生了。在这种情况下，更名为历史文化系也就顺理成章，这一方面能更好地涵盖学科和专业，名副其实；另一方面体现出历史学科传统的接续，也有利于学院、学校未来的发展。历史学科对学校的重要性不言而喻。我们学校是一所高水平特色大学，也是一所国字号的综合性大学。人们常说历史学是一切社会科学的基础，历史知识、历史经验、历史胸襟、历史观念在现代化国家建设中须臾不可或缺。学校人文学科中缺少历史学科难以行稳致远，学科门类中缺少历史门类会削弱综合性大学的根基和形象。今后，学校和学院应该拿出更多的精力和资源投入历史学科建设，使学科稳步发展。这是学校人文学科发展规律的要求，也是我们赓续海大传统的责任。

【李莹】2020年，学院设立海洋历史文化微专业，面向全校招生，这是学校的第一个微专业。2023年6月，首届的21级学生已经顺利毕业了。海洋历史文化微专业的设置，既发挥了学院优势，也彰显了学校特色，是学院发展史上的新节点。最近，您带领学院积极推进新文科建设，探索海洋人文专业建设，在文学、历史、传播等跨学科的视野下，融入海洋和数字元素，意在建设有中国海大特色的海洋人文专业课程体系。您能谈谈这方面的想法和进展吗？

【修斌】设立海洋历史文化微专业是我提出来的，也得到学校领导和教务处的支持。这主要基于三点考虑：一是在新文科背景下学院如何更好地促进学科交叉融合，尤其是"历史+海洋文化"；二是要把我们海洋文化研究的优势转化为人才培养的优势，实现教学和科研的有效互动；三是从历史学科人才培养链条的完整性出发，建设一个历史学的本科小型辅修，也为喜欢历史的学生提供一个学习平台。还有一点就是将这些课程同时纳入学校通识教育课程体系，为人文类通识教育提供支撑。经过三年多的建设，微专业发展情况令人欣慰，也受到学生的欢迎。在这个基础上，我们正在尝试打造升级版的微专业，通过教育部首批新文科建设项目"海洋人文专业建设探索和实践"的牵引，将历史、中文、传播三个学科专业贯通，融入海洋和数字技术的元素，推动本科专业改革和课程体系的优化更新，适应新的时代的需求。

【李莹】您曾以"围绕成长成才，有哪些急难愁盼的问题""师生共议·引航青春"为主题举办"院长下午茶"活动，与文新学子面对面交流，听取学生在学习、生活等各方面的心声，让大家切实地感受到了文新大家庭的温暖与爱。在学校百年校庆之际，您能否给予文新学子一份寄语？

【修斌】我喜欢与学生座谈交流，但是交流的时间还是偏少。我希望同学们能充满热情地投入学习、投身生活，像《青春万岁》中说的那样："所有的日子都来吧，让我编织你们！用青春的金线和幸福的璎珞编织你们！"说到寄语，我就把鲁迅先生的话送给文新学子吧，他说："不满是向上的车轮，能够载着不自满的人类，向人道前进。"他还说："愿中国青年都摆脱冷气，只是向上走，不必听自暴自弃者流的话。能做事的做事，能发声的发声。有一分热，发一分光，就令萤火一般，也可以在黑暗里发一点光，不必等候炬火。"

以诗入"海"，接驳远方

——中国海洋大学名师工程讲座教授于慈江访谈

　　2024年10月25日，中国海洋大学迎来百年华诞。在这与一个世纪等长的漫漫征途中，海大人一本"海纳百川，取则行远"的校训精神与"崇尚学术，谋海济国"的价值诉求，和衷共济凝聚情怀、栉风沐雨铸就华章。作为百年校史的主要亲历者，教师们的感受与回忆无疑最为生动、真实而弥足珍贵。正是他们，在仆仆风尘、皓首穷经的教研生涯之余偶或会蓦然回首前尘，不经意间便重现了海大无数个令人难忘的朝朝暮暮。

　　值此百年校庆之际，中国海洋大学青岛现当代作家研究中心徐妍教授和中国现当代文学专业硕士生宁如愿特邀学校首位名师工程讲座教授——于慈江老师作为采访嘉宾，为大家分享他在中国海大的点点滴滴。

缘起：故土情怀，名师入"海"

　　【徐妍】于老师好。很荣幸能邀请到您接受我们的采访。您是学校首位名师工程讲座教授、一多诗歌中心主任，系诗人、译者、诗评人、诵读者、文学评论家、资深审读审译专家、通识教育工作者、"学人诵读"和"炫耀式写作"理念倡导者。

　　我们知道，于老师您是科班出身的北京大学中文人，学士和硕士阶段均师从中国百年新诗教研第一人谢冕先生；从1980年本科入学到1987年硕士毕业，您在北大度过了一大段难忘的求学生涯；您后来又从北京的中国社科院和北京师范大学，相继获得了经济学博士和文学博士学位。那么请问，从庄严大气的京城到清雅浪漫的琴岛，是什么契机令您最终携诗入"海"，成为中国海大教师队伍一分子的呢？能谈谈您对中国海大最初的印象吗？

【于慈江】对我来说，能于几年前来到咱们学校，向本科生和研究生教授中国现当代文学特别是新诗，的确是十分难得的机缘，也堪称一种命定。

首先，我要特别当面感谢当时的文新学院中文系主任、今天的采访人——徐妍教授。小10年前，我跟同为北大中文系系友的徐教授初识于咱们青岛，在一次以小说家路遥为名头的文学讨论会上，可说一见投缘、颇有共同语言。正是她这位不可多得的伯乐，后来不辞烦劳和琐细，热心地替我搭起一座桥梁，让我有幸正式加盟中国海大，得以在由田辉书记、于志刚校长、刘健书记、修斌院长等院校两级的先进和同人勠力挥动的海大旗帜下，为一茬茬的海大学子竭诚服务、贡献心力。

其次，我也要特意向闻一多、梁实秋、沈从文、方令孺、老舍、陈梦家和臧克家等海大前贤和师生致敬！是他们当年为咱们老海大鱼山园带来了以新诗为重心的第一度人文兴盛，让我的认同感和敬慕心油然而生，不知不觉间有了强烈的看齐自觉和追随冲动——我到岗后不久，作为创始主任热心推动成立一多诗歌中心，正是这一心态的折射与努力。

第三，青岛是我的老家，是我祖父和父亲的出生地和家乡。能于人生中段背依全部所学回归故土、效力乡梓，也算是叶落归根，一了我身为人子的一桩心愿。

初到中国海大，我在学校的周到安排下，住在满目花木扶疏、红瓦楼座错落有致的浮山园（我亲切地称之为闹中取静、大有安顿感的

"大杂院"），每个礼拜坐班车到同样美丽却又明显大了好几倍的崂山园教课，舒心而惬意，大有如归之感。这两处校园或傍海或依山，高下蜿蜒、林木深茂、曲径通幽，令我至今兴趣不减，每每驻足忘神、流连不已。与周遭的同事特别是一级一级同学的融洽相处和愉快往还，也让我心情舒畅、大有干劲。我觉得我在中国海大得到了足够的尊重，有了可以尽情发挥光和热的纵深与余地，深感幸运。也正因如此，我到岗后不久，就对我的学生诚心诚意地写下了这样一段聊表心迹的话：

拥抱诗歌就是甘居边缘，努力做一个有益于人群的好一点儿的人——有才华有情怀、纯净美好、心存大善与大爱。或者说，活了小半辈子，只剩下两个念想：一是勤于笔耕，尽可能多地留下点可供人玩味的文字；二是把自己全部的质量、所有的光和热，都倾注到年轻的学子身上，助力他们成为好一点儿的人。与其说这涉及功德与传承，毋宁说既然好不容易来到这个世界，总得摔出一个响儿来，在注定普通的生活中，寻找一些目力可及的意义与价值。

【宁如愿】能够有机会与导师徐妍教授一同采访您，我特别荣幸。您自2019年执教中国海大以来，全力承担了中外现代经典诗歌鉴赏与诵读、英诗的中译——细读与诵读、百年中国新诗研究、创意写作、20世纪新诗研究、杨绛研究、中外文学通论等本硕课程一年计约210课时的教学任务。您气场强大、严谨细致、激情昂扬、大有感召力，大家有目共睹。您饱满充沛的教研热情同颇为老派敬业的工匠精神与奉献热诚更堪称口碑上佳、好评如潮，也深深地感染着每一位同学，包括曾经有幸担任您课上助教的我。以中外现代经典诗歌鉴赏与诵读这门全校核心通识课为例，2023年秋季从120人的最大课容量，一路飙升加课，直接加到210人，甚至还吸引了不少同学旁听，足见您的师者魅力之大。

您与同学们的关系融洽得有口皆碑、让人印象深刻，可否分享一下您执教期间那些印象深刻的学生或事件？

【于慈江】过去若干年里印象比较深刻的事件当然所在不少，但首先值得一提的，无疑是一多诗歌中心的创立——从2019年11月开始酝酿，到2020年11月18日正式获批成立，准备了整整一年；迄今已满负荷运转整整三年。三年来，在一多诗歌中心以一多诗诵会、一多诗论坛和一多诗歌沙龙等为主体的众多活动引领和感染下，校园的诗意氛围日益浓厚，越来越多的学子实现了"写译析诵"自己人生中第一首诗的美好愿望。

其次值得一提的事件是，从2020年起，我作为一多诗歌中心代表，受学校党委教师工作部与人事处联合委托，已连续四年为学校庆祝教师节大会提供亮点节目。2020年9月10日，创作长诗《我的大学，我的校园》致敬海大（详见9月11日《中国海洋大学报》），并在当天的教师节大会上，与管长龙、高珊、李军三位教授暨陈子轩、徐雅婷两位同学成功登台合诵。2021年9月10日，创作微诗剧《一多与"二家"》，并分别在9月10日（学校教师节大会）、11月5日（学校第八届研究生年度人物颁奖晚会）、11月19日（一多诗诵会）、12月30日（文新学院元旦喜乐会）及12月31日（一多元旦诗会）上连演五场，连获好评。2022年9月10日，创作歌咏青岛与海大的长诗《我的青岛，我的母校，我的骄傲》（详见9月15日《中国海洋大学报》），并在当天的教师节大会上，与刘素美、马慧、郭晶和高勤峰等受表彰老师一起闪亮登台诵读。2023年9月7日，与王点同学合创微剧《海大大先生：从历史深处走来》致敬海大名师（详见9月7日《中国海洋大学报》），并在当天的教师节大会上，同张玉忠、赵进平、包振民、吴克俭、刘春颖五位教授暨陈沩泽和李诗尧两位同学一起成功出演。

此外，连续几年的学生评课活动也是让我印象深刻并颇为感动的事件。不妨还是以你提及的中外现代经典诗歌鉴赏与诵读这门全校核心通识课为例。自2020年开课四学年、四个轮次以来，该课广受全校师生和校内外诗歌爱好者好评（不断有校内外老师和访问学者慕名旁听、参与交流和互动）。在前三个学年的"秋季学期学习体验反馈问卷"调查中，该课分别得到了95.36分（2020年，参评率75.76%）、98.38分（2021年，参评率72.73%）、98.07分（2022年，参评率58.06%）。此外，该课程助教、研究生李晓阳和朱子越同学分别于2020年和2021年秋季学期获得校级优秀助教奖。据称，在评选过程中，评委们对该课程很感兴趣，评价正向。

在2022年"秋季学期学习体验反馈问卷"里，几位不知名的同学这样描述他们上中外现代经典诗歌鉴赏与诵读课的感受："于老师能创造出轻松写意的课堂环境，激发了我的学习兴趣。""老师认真负责讲课，生动有趣，专业能力很强。""老师讲课内容丰富充实，课后的云诗会收获很大。""老师带领我们创作自己的诗歌，并鼓励我们在课堂中朗诵。""于老师上课播放的自己的朗诵特别精彩，同时，老师也让同学们自己朗诵，非常能够锻炼大家。""老师认真负责，富有激情，传道授业解惑。老师人非常好，讲的内容也很好。几乎是海大最好的老师，身上的文学气质让人着迷。"

在细致而感性的2021级丰灵同学眼中，2022年秋季的中外现代经典诗歌鉴赏与诵读课堂丰富而多彩：

没想到真的加到了于老师微信，有一种追星成功的激动狂喜……在课上初见于老师就倍感惊艳，在课程推进的过程中这种惊艳不减反增。课堂起于诗歌，却不止于诗歌。于老师对于诗歌的独到见解与赏析、在课上分享的生活趣事与人生感悟总是让我顿觉：原来这么多诗意就藏在日常的生活点滴里，有的人不仅用笔写诗，还把自己的人生活成了诗。可以说于我而言，于老师是真正将"文人风骨"这个词带到我现实生活中的人。欣赏过课前插播中大家形态各异却都极富魅力的原创诗歌，十分艳羡各位的文笔与敢于展示的勇气，聆听过于老师的润色与点评倍感受益颇多。非常喜欢于老师的朗诵，如果说文本描绘了形体，那么朗诵就像为作品添上了流动的色彩，尤其是在一多诗会与同学合诵后，更加真切地感受到了其魅力。

虽然曾动摇是否将自己的半成品译诗继续做下去，但最终还是怀着莫名的固执将这首属于自己的译诗完整地呈现了出来，尽管仍有许多词不达意甚至谬误，但我仍然为之欣喜。于是乎，我很荣幸地成了在于老师课上"诵人生中第一首诗""译人生中第一首诗""写人生中第一首诗"的芸芸学子中的一员。虽然创作过程几经波折，甚至可以说让我掉了不少头发（虽然天生头发就不算浓密），但当我敲下最后一个字时，我久违地感受到了因创作文字而生的喜悦，所以更想对于老师表达由衷的敬意与谢意。

说到让我印象深刻的学生，那可就太多了——从本科生到研究生，这个名单可以拉得很长很长。而也正是这些量大质佳的学生的慷慨认可和热烈支持，成为我全力做好教研的底气和动力。受篇幅所限，这里只能挂二漏万，以赵韬然和张馨友两位同学为例。

赵韬然是法语专业2019级学生，张馨友是国际经济与贸易专业2020级学生。他们俩在听我课的学生中，可说刚好位处两极。赵韬然同学是一位英文和法文俱佳的阳光大男孩，思维活跃，既有诗人气质，又有学者潜质，听了我在学校开的几乎所有的课（正式选或旁听），也参与了我代表一多诗歌中心组织的几乎所有与诗歌相关的活动（包括毕业前夕参演在山东大学青岛校区举办的一多端午诗会），更总是乐于在课上课下与我颇为频密地讨论学术与诗歌。张馨友同学则是一位文静内秀的经济学专业女生，只选过我的全校核心通识课中外现代经典诗歌鉴赏与诵读，也只默默地全程认真听课、中规中矩地完成规定的作业，与我这位脸盲的老师几乎没有什么面对面的交流。

这男女两位学生虽然风格各异，却都是最优秀的海大学生，也都获得了知名外校的保研资格，更都是我最忠实的听众和拥趸。他们一路走来所给予我这位老师的支持与尊重，让我每每想起来就不由得一再感动、感动不已——赵韬然同学不仅总能及时地出现在我的活动现场，更让我成了他一篇法语作文的主人公。他还在毕业前夕，郑重其事地送给我一把折扇留念，正反面分别是他行书手书的我《此岸》一诗的一段和"以诗接驳远方"座右铭。

张馨友同学则除了在学期末交上来一篇文笔极好、质量上乘的评诗论文之外，还附上了一封洋洋洒洒数千字的《致于慈江老师的信》，详述她2022年秋听中外现代经典诗歌鉴赏与诵读课时所受到的心灵震撼，让我这位老师不无意外地大为激动、大感鼓舞：

首先，能在大学时期遇到于老师，能选修于老师的中外现代经典诗歌鉴赏与诵读课，是我莫大的荣幸。这句话，我本学期在心里重复了很多遍。

秋季选课期翻看通识课单时，我立刻被这门课的名字吸引了，而当时也刚好看完一篇诗歌推文，但我已选修过同样的通识课类别，所以一直在犹豫；可过了两天，我的朋友竟也神秘地问我："要不要一起选这门通识课？这个时间段咱俩都没排专业课。"于是在种种巧合和人为默契推动下，我"一投即中"，没想到竟也幸运地为我剩余两年大学生活镀了一层诗意的金。

第一堂课里，您强调了一个词的读音：藤蔓（wàn），后来有节课在讲插播时，您纠正了同学"的、地、得"的错别字，这都让我久久不能忘怀。不论是严谨治学的风骨，还是对中国汉字的尊重，都是我许多年迷惘诧异、想要寻找的……我一直很感谢曾经的语文老师，她是我语文学海中指明灯般的存在，而十余年后这盏灯遥远了、模糊了。直到遇到了您，我又看到一座坚实的灯塔，而它自身已足够有力，不为冽风摧折，还照亮了整片海域。正是有您这样的学者为人师表，才涌现出一浪浪端正自持的优秀后辈。

于老师对我们是坦诚的、亲切的、热忱的、慷慨的。像于老师这样"咖位"的大家，能够拨冗纡尊授课，我已受宠若惊。我才疏学浅，从不敢表现自己，但从课堂插播中发现于老师对每个学生都尽职尽粹，不论是课程学习答疑解惑还是人生世事指点迷津，于老师都认真地想帮助我们多展示、少走弯路——写到这里我有些激动。我参加过"一多云诗会"的线上活动。想起于老师像一位阅历丰富的朋友一样活动在我们之间，真心实意为学生活动付出，为诗歌传播而奉献时，我总是忍不住热泪盈眶。每次课开始，于老师都会念他的两段箴言：

"如何做一名起点较高、信用良好的高校学生：不缺席、不抄袭（plagiarizing）、不挑剔、不惜力、不自弃。"

"在坚守底线的前提下适应环境，是为了最终让环境适应我们自己。这就是我所理解的妥协（compromise）及其正面含义。"

第一段话使我警惕，第二段话教我冷静。于老师说着，我也在心里默念。

除了写人生第一首诗和诗评，我在这门课上还学会了一件重要的事——放平心态。作为一个保研边缘人，大三的两个学期是我冲刺排名至关重要的时期，早在秋季选课前我已暗自确认，要做一个"理性人"，做利益最大化的选择，一学期里卖力地想拼一个极限、冲一个高点，但身体却越压越垮。直到第八周，于老师带着我们读盖尔·马祖尔的《紫禁城》（*Forbidden City*），我开始思考：是否应该与我的身体和解？后来每次课，我学着放平心态，以一个顺其自然的聆听者姿态，去享受诗本身文字语言的意蕴，不论我是否读懂，都不因此情绪波动；再跟着于老师的节奏慢慢从作者深入作品，从作品语言深入内核……抛下杂念和紧张令我后期状态果真好了许多。也许一切确实该顺其自然吧，我不清楚。但于老师告诉了我，结果固然重要，我们依然要学着淡化得失心、钝化逐利心。

写到最后，我想说，"桃李不言，下自成蹊"，于老师的坚守和品格永远熠熠生辉！

【宁如愿】作为您的学生，我特别记得第一次上您的百年中国新诗研究课的场景：那是一个冬天，青岛寒风凛冽，同学们都穿着厚厚的棉袄坐在教室。只见您身着笔挺的深咖色西服，系着暗红色的缎面领带，提着一大袋自己收藏的原版诗集，步履矫健地踏上讲台。同学们都被您扑面而来的诗人气质和学者风度所吸引，纷纷抬头，对您的课更添期待与敬意。果不其然，您的课可谓一场"精神盛宴"：您讲课诗、史结合，贯通古今、横跨中西，在宏观上让我们博览百年中国新诗的历史流变。同时，您对于诗歌的鉴赏也别具一格、细腻深刻，哲理和美感兼具。您还特别注意培养同学们的原典和版本意识，经常不辞辛苦，从家中携带自己收藏的初版诗集、原版诗刊，在课堂上供同学们传阅。我们能深切地感受到，您对于自己的学术领域有着发自内心、源源不断的热忱，同时又能不经意间由内而外、身体力行地展现出一派名师风范。

我这里想请教于老师的是：您在上课前，通常会做哪些方面的准备？您心中理想的大学课堂是怎样的？您敬佩、钦慕的名师有哪些？

【于慈江】我上课前最重要的准备活动，第一是备课，第二是备课，第三还是备课。所谓上课不止，备课不已。两个课时的课程我通常会准备50到100页PPT，三个课时的课程我通常会准备100到150页PPT。哪怕是早就写好的教案，临上课前的一两天乃至当天凌晨，我都会反复过目、反复查核资料、反复"彩排"，直到完全烂熟于心。我相信多年的教研积累和临深履薄的积极备课，我也相信临阵磨枪和时刻动态调整，保持最佳的临阵状态。

我上课前其次的准备活动是，花大量时间精心组织和排序课前"插播"的内容。我坚信，知识与技能的教授与传承要想获得最佳效果，离不开学生的积极互动和配合；反过来，验证一位教师教学质量高下的最好试金石，也只能是学生的动态反馈。而我这里所谓插播，就是不断搜集并整理学生听课的各种反馈和输出，特别是他们递交的习作，以及我本人对这些习作的及时审读与修润。一次课前的插播通常从若干个到十几个不等，按"插播一"至"插播N"依次在PPT上排出，是正式课程内容的有机补充和必要延伸。

我上课前还有一项准备活动是，随时积累供同学们课上分享和参详的各种书刊资料，帮助他们经由这些资料回到历史现场。有时因为资料过多过重，可能不得不用买菜用的手拉小车或行李箱携带过去。

当然，课前的常规准备活动也包括保证睡眠、适度锻炼，乃或整理着装[一位学生如是反馈："此外，于老师每次上课，都会搭配一套穿搭。我也始终确信，良好的精神面貌和梳妆穿着是对他人的尊重，更是对自己的尊重。实不相瞒，我每周的一大期待也是于老师的穿搭（尤其是衬衫和领带的搭配）。'生活要有仪式感'，于老师每次都穿得倍儿精神、倍儿帅气，让人隔了两排座位也能感受到他对教学的热爱、对生活的热爱，整个教室都沸腾着炽热和澎湃。"]，以便能以最为饱满、最富于活力和注意力的临场状态面对自己的学生。这固然是为了最大化地践行言传身教，更是为了保持授课时呈现的最佳精神风貌。

要问什么是我心目中理想的大学课堂，它应该是师生互动、教学相长的最佳场所，应该是沟通学术殿堂与社会纵深的桥梁，应该是徐志摩所谓能开启学生眼眸、拨动其求知欲、培植其自我意识的精神高地，应该是有着清华老校长梅贻琦以大师为重的清醒认知的学术圣地，更应该是梅校长如下这段名言所示的和谐交融状态：

学校犹水也，师生犹鱼也，其行动犹游泳也。

大鱼前导，小鱼尾随，是从游也。

从游既久，其濡染观摩之效，自不求而至，不为而成。

理想的大学课堂既应以生为本，亦应以师为本，师友生恭，互帮互学，教学相长，教研相长。

说到令我敬佩、钦慕的名师，普天下所有爱岗敬业、善待学生特别是本科生、全心从教的老师都是我应虔心效法和看齐的，特别是像我的文学学士和硕士导师谢冕教授、文学博士导师王富仁教授那样真正具有大先生风范的——他们毕生清廉自重、爱生重教、鞠躬尽瘁、无怨无悔。要是具体以海大为范围，那么，我们在2023年教师节庆祝大会上经由微剧《海大大先生：从历史深处走来》高调致敬的老舍、曾呈奎、赫崇本、方宗熙、文圣常和张正斌等几位大先生，都是我看齐的榜样。真正的名师或大先生不仅应是一心从教的典范，更应是踏实为人的楷模，所谓行为人师、学为世范——或者更实诚低调点儿，按王富仁教授所界定的那样，行为人、学为世。

【宁如愿】还有一件事令我印象深刻。您对同学们上交的诗歌创作、诗歌评论和学术论文，都会非常认真地审读修润。有一次，我们用邮箱提交课堂作业，您不仅给每一位同学都回复了邮件，而且在每位同学的作业上都做了密密麻麻的批注，甚至对标点符号的误用都做出了规范性修改，可谓细致入微、毫不马虎。我们先是很惊讶，然后是莫大的感动，因为我们第一次遇见如此敬业和真诚的老师。随着和您更长久的接触，我们发现，您对待每一份文字性材料，不论是课堂作业还是学位论文，都持这样严谨认真的态度，让我们心生敬意。

我想请问于老师：您对于文字的严谨态度和强烈的责任感，是如何形成的？

【于慈江】文字是承载文明的载体，是文化延续和交流的关键元素和所在，对其心怀敬畏，是一位学人的本分。我们从事文学事业，本质上就是一辈子与文字打交道，一辈子与文字较劲或对垒，更应临深履薄，如对大宾、如临大敌才是。半辈子下来，我不经意间攒下了一堆头衔或标签，大都能淡然处之，甚至每每刻意予以矮化——如以译者代替所谓翻译家，以诗评人替代所谓诗评家，但独独不敢也不愿轻忽审读审译专家这一标签，甚至还十分愿意不避狂妄嫌疑地在其前加上资深两个字，就是对文字和文字事业一向心怀敬畏的缘故。

此外，我还特别崇尚敬业唯谨、做事绝不敷衍的工匠精神和专业态度，无论是被贾岛、韩愈等日常践行的反复"推敲"，还是为杨绛、钱锺书和冯至等毕生推崇的"作文不惮屡改"，其实都是在文字方面坚守工匠精神的体现。

我还愿意提到的一点是，作为一个从大处着眼、于小处用心的人，我一向以细节为导向，信奉细节决定成败的理念。

至于我愿意把这种工匠精神和对于文字的敬畏体现在对于学生作业的审读修润上，除了是依从本心、坚守底线，更是出于一位师者的良知、爱心和奉献心。在中国海大这几年，无论迎受何种目光，我最爱对自己默默说的一句话是：此来乃为奉献，我得珍惜这样的从教机缘。这绝非自我标榜，更不是挂羊头卖狗肉，而是完全发自内心。

大学教育，无论是哪一种专业，除了科研能力，最重要的就是表达和呈现能力，无论是口头上的，还是书面形式的。我的审读和修润能有助于学生这一能力的提升，我自然愿意善尽心力。

其实，不光是面对自己亲自教的学生是如此，面对来自社会的求教者也是如此，算是不带褒贬、精神意义上的一种乐善好施吧——记得南方一所大学的一位博士生曾在网上找了大半年才联系到我，我用同样的一种善意态度对待她、帮助她；她以优异成绩顺利毕业后，她的先生说："于老师比你的导师对你还要尽心。"

还有一个小例子是，学校过去四届教师节庆祝大会，我都是主动请缨，帮助审读修润大会主持词。

这样的一种以态度严谨、责任心重为特征的为文为人心态和行为方式实乃长期涵养修炼所成，远非一日之功。坚持既久，自是如水不息潺湲。

结缘：致力于发展人文诗歌教育

【徐妍】作为兼具诗人气质和学者气象的学校首位"名师工程"名师，您来中国海大不久，就推动成立了学校有史以来第一家以发展人文诗歌教育和通识教育为重心的诗歌研究与推广基地——一多诗歌中心。我还清晰地记得筹备前夕，您和中文系主任熊明教授、我筹划一多诗歌中心时的兴奋之情。一多诗歌中心成立后，一发不可收，陆续领衔举办了包括纪念诗人闻一多和徐志摩，包括聚焦端午和冬至等文化节点在内的各种主题诗会、原创诗会和云诗会，以及一多樱花诗歌创意大奖赛、一多诗论坛、一多诗歌沙龙、一多学术沙龙等众多诗歌推广与学术活动，并连续四年向教师节大会贡献长诗诵读与诗剧节目。从此，中国海大学子的生活中平添了浓浓的诗意和诗情，于是纷纷起而论道，与您一起写诗、译诗、读诗、评诗和改诗。与此同时，您还不时地邀请国内优秀学者来校讲座，以帮助同学们拓宽诗学纵深与学术视野。

我很想知道：您如何看待一多诗歌中心的初心？对同学们参与中心举办的活动的热情之高，您是否有过预期？您希望学生从这些学术讲座、沙龙、论坛与诗会活动中有怎样的收获？

【于慈江】首先，我要向以刘健书记、修斌院长为首的文新学院学术分委员会和党政联席会议成员致敬，没有他们的大力首肯与背书，就没有一多诗歌中心的创立与健康运行。其次，我还要特别感谢徐妍和熊明两位教授，没有他们作为前后任中文系系主任的具体参与、筹划和帮助，一多诗歌中心的成立可能仍然遥遥无期。

作为学院正式任命的一多诗歌中心创始主任，我之所以会在过去整整四年里一心助推中心草创并振臂一呼地满负荷运作，是因为一向坚执"以诗接驳远方"信念的我坚信诗歌精神的力量，坚信诗歌精神的高涨可以助力学校再获、重获人文辉煌——以曾领衔开创鱼山园首度人文兴盛的大诗人闻一多的名字为名，正暗示了我们的这一决心和企图心。我尤其坚信，一多诗歌中心的运作可以帮助一茬又一茬中国海大学子澡雪精神、培养诗歌情操、接续诗歌传统、蕴蓄人文情怀、扩大精神视野与向度。

虽然我一向坚信诗歌的滋养力量和精神魅力，也对中国海大学子的整体质量和精神需求有着比较充分的认知，但还是被他们过去几年里日益高涨的诗歌热情所深深震撼和打动——从最初诗课选课人数只有十几人，到而今飙升到210人；从只有十几人、几十人参加的角落里的小众诗歌沙龙，到大舞台上人数过百乃至数百的大型诗会，到最终走出校园、参与当地和其他高校的各种主题诗歌活动……"以诗接驳远方"不再只是一句浮泛的座右铭和空泛的口号，惟诗心可以联通远方与精神高处。

有人曾说过一句让我印象无比深刻的话：心头若没有诗歌，就像地上没有花朵。我真诚地希望中国海大的学子们能经由我的诗课、经由一多诗歌中心每学年举办的各种诗歌活动，接触并熟悉尽可能多的诗歌经典文本，初步掌握针对诗歌文本的写、译、析、诵、评、改、润技能，提升写译能力与艺术领悟力，打下尽可能坚实的文字与语感功底，培养尽可能深厚的文学与艺术领悟力，进而拓展自己的人文情怀与感知视野，为将自己打造成有益于社会的复合型人才奠定人文基础。

我同时也预期，蕴含在课程或活动精选的经典诗样例中的人文内涵、审美意识、家国情怀、辩证看待事物方法、创新和批判性思维和想象力，能够潜移默化、润物细无声地渗透到学生的问学思维之中，进而帮助学生树立文化自信，提升民族自豪感和人文素养。

当然，我同时也一再鼓励我的学生，经由我的课堂和一多诗歌中心的活动，学会主动、惯性地"抢占"讲台和舞台，培养积极举手发言和诵读、参与包括诗歌推广和讨论在内的各种人文活动的良好习惯。

【徐妍】您的学生大多都知道：您当年在北大度过了本科和硕士研究生阶段，其间曾以亲历者的身份，在广泛评论以海子、骆一禾、西川和臧棣等人作品为代表的北大学院诗的同时，更一脚踏出校门，充任20世纪80年代"朦胧诗"的"吹鼓手"；不仅如此，您自己还是一位诗才横溢、笔底生花的诗人。

您能否说说，在您的诗歌研究与创作生涯中，新诗研究者、"朦胧诗"历史亲历者和一以贯之的诗人这三重身份究竟是如何形成并相互融合的呢？

【于慈江】记得六年前，我曾经写文章这样评价学术或写作中的多面手或复合人才："一个诗歌研究者如果不自己也时不时写写诗，便难免老是身处局外、蜻蜓点水似的尴尬和懵懂，终究难以搔到诗歌的痒处、触及诗歌的真义与神髓；如果不通过译诗深入异域诗歌的骨骼和肌理——译诗说到底是最直接、最老实、最有效的一种诗歌细读和文字究诘功夫，便总是难以明了诗歌的纵深、抵达诗歌的堂奥，也难以让自己的研究具备足够的深度……"这段话起码能部分地回答你们的问题。

换句话说，一个专业知识丰富、理论素养过人的篮球教练当然不必一定是篮球高手，但起码应该会打球、打过球；同理，一个诗评家不必一定得是伟大诗人，但起码得会写诗、写过诗，最好一直写诗，哪怕并不以量取胜。另外或其实，如果可以较个真儿的话，除了问题里所说的三重身份外，我至少还有一重身份，也跟诗相关，那就是译诗者。这四重身份可说一而四、四而一，是把诗立体地研究到底、到极致的必然结果或归宿。

历史地看或回望前半辈子，我写诗的兴趣起自初高中之际，抱着一本王力先生的《诗词格律》为赋新词强说愁，一直细水长流地写到当下——从未中辍，也从未特别为之疯狂过。至于我后来成为新诗研究者和"朦胧诗"评论者，则半是生逢其时或受制于历史规定性，半是因为本科毕业论文和研究生毕业论文都是由谢冕教授指导，也自然而然地都跟诗和新诗相关。若论我自己有什么独到之处或增量贡献，那么可以说是在有意识地译诗、诵诗乃至审读修润诗上。也正是在这个意义上，有人（一位北大校友）才会不无溢美和拗口之嫌地把我说成"集诗歌的写、译、析、诵、评、改、润于一身之两岸三地第一人"。

【徐妍】20世纪80年代的新诗热潮曾是很多亲历者心目中永远难以忘怀的一道耀目的风景。诗人西渡在《燕园学诗琐忆》一书中就曾这样回忆道："当时我们对诗歌的狂热，大概只有崔健的音乐会和女排比赛可以比拟。"然而光阴荏苒，时至今日，伴着"诗人已死"的喟叹，人们对诗歌的热情逐渐衰减、不复当年——一个显在的例证或许是，诗歌社团的参与人数与活动频率远远无法与当年比拟。

那么，作为寓诗歌研究者与创译者于一身的过来人，您是如何看待这种现象的呢？

【于慈江】热点之所以被称为热点，就在于它只会热在一时——哪怕是不可逼视的炽热、白热，其热度终会消歇。一如崔健的音乐会和中国女排的比赛早已不再是热点，中国新诗的热度不再、热闹止歇也无非自然而然，不值得大惊小怪。但曾经的诗人或亮点消亡了、不在了，并不意味着新诗作为一个整一的存在不在了、寿终正寝了。新诗从曾经的热点中淡出，并不意味着它就真的烟消云散了——只是回归到本属于它的那方所在罢了。

有人于是这样感慨：诗终于明白诗意无法高高扬起，它只默默点亮在词语的相会之间……诗是孤独的，语言是它唯一的栖居之地，因为它没有野心。

对此我也基本认同，诗确然是塔尖上的明珠，是小众的存在。但若是一味地强调它的孤独、纯粹和阳春白雪，那就不是人们真正需要的诗歌了。真正的诗永远是接地气、有人味儿、给人以抚慰的。或者说，诗毕竟同时又是一种心灵的走神，是一种情绪的释放，是一种启蒙的开悟……如果这也算是野心的话，那么有一丁点儿也无妨——总得有人站出来拨开遮天的雾霾，让无边的光亮透进来。

高高在上说些不疼不痒、不咸不淡的话很容易，而踏踏实实做基础的诗教与普及不仅是极其必要的，也是极其艰难的。人们在奔赴心之所向的生活的路上忙碌得直不起腰来时，诗歌至少能起到抱慰和温抚的作用。

说到底，这涉及诗的终极价值何在——在于温抚与抱慰，悦己兼利他；在于浸润情怀，提供精神视野与生存高度。那么，又该如何理解所谓诗意？简单地说，就是为生活赋予味道、价值和意义，就是见证生命的诞生、盛放与萎落，就是为心灵提供憩所和栖居地……一首诗有了这些加持，就可以说有了诗意。而诗意无处不在，诗歌也必然无处不在。即便诗意真的像有人说的那样，无法一再高高扬起，人的生活中也不能没有诗和诗意。

【徐妍】您不仅一直在诗歌与诗学领域奋力深耕，还在小说特别是杨绛小说的研究领域大放异彩。但在一般读者看来，以作家、学者、翻译家著称于世的杨绛似乎与诗歌离得较远。

于老师您是怎样协调诗歌研究与小说研究（杨绛研究）这两种风格迥异的领域的？或者说，在您看来，两者之间有没有什么隐含的"交错地带"？

【于慈江】我近年来的学术路径大体有两条：一条自然是百年中国新诗研究，或20世纪汉语诗歌研究（如《现代汉语诗歌："面朝大海"敞开》《20世纪80年代的诗与情怀》《杨绛与诗的交集、纠结及态度》《骆一禾〈先锋〉〈为美而想〉二诗的版本及其他》《叙述作为呈现诗的结晶质地或诗性的一种方式》《新诗版本的出入与不一：一个抽样分析》《琴师的复活与隐遁》），也基本体现在我过去几年里在中国海大开设的几门诗课上；另一条则是当代小说研究（如《文学描写中的"性别战争"》《2015年长篇小说评点两则》《"活着至上"与"活着之上"的拉锯、纠结与挣扎》），侧重杨绛小说研究（论文《小说杨绛》《取法经典 阅世启智：杨绛的小说写作观念》《杨绛小说里的同行温德和杨业治》与专著《杨绛，走在小说边上》等）。

其实，诗歌之外，我对叙事文学（无论是虚构还是非虚构——前者如各种小说体式，后者如各类传记文本）包括戏剧（本科时曾任学校话剧队队长）一向就情有独钟。我平时工作疲累时用来养神醒脑的，主要就是古今中外包括网络上形形色色的小说读本。此外，我和朱自强教授合开的创意写作课的小说部分，也是由我来主讲。前两年，我还曾受北京出版集团邀约，完成了对一百二十回本《水浒传》的六万字学术赏读和解析。

虽然诗歌号称"文学之冠"，但文学诸文类本质上是彼此依存、提示和交叉、无分高下的。作为一名文学学者，做研究时难免会有所偏好、有所侧重，但兼顾甚或兼擅一到三种也是正常的，应能做到胜任愉快，并不需要特别费神协调。

至于作家兼学者杨绛，看似离诗歌较远，离小说、戏剧和散文更近，但她对诗歌包括新诗其实是抱持敬畏的正向态度的——她不仅替先生钱锺书两度工笔手抄诗集，亦曾以新诗手法写过、译过诗，包括经由以写代译方式。

【宁如愿】在您创作与研究的过程中，有哪些对您来说意义非凡或是产生过深刻影响的诗歌呢？有没有什么诗集可以推荐给中国海大学子呢？

【于慈江】读诗一如读书，开卷有益，首在经典文本，且古今中外，不胜枚举。就百年中国新诗而言，举凡徐志摩、戴望舒、冯至、穆旦、艾青、卞之琳、陈敬容、郑敏、蔡其矫、牛汉、昌耀、洛夫、木心、食指、北岛、多多、江河、顾城、舒婷、海子、西川、韩东、翟永明、余秀华、张二棍等人的一些诗，就都可堪一读。

就新诗诗集来说，张新颖编选《中国新诗1916—2000》，林贤治编选《自由诗篇1967—2001》，臧棣、西渡主编《北大百年新诗》（我是编委之一），杨克、陈亮编选《朦胧诗选》，北岛选编《给孩子的诗》（包括修订版），西川编《海子诗全集》，西川选编《骆一禾 海子兄弟诗抄》，诗刊社编《青春诗会三十年诗选》，谭五昌主编《2022年中国新诗排行榜》等，均可以翻看浏览。此外，包括上举那些诗人在内的一些诗人的个人诗选集也都不妨找来一读。譬如，人民文学出版社陆续出版的如《舒婷的诗》《食指的诗》一类诗选，当然，北京师范大学出版社也有类似的出品，如《任洪渊的诗》。

远方：瞩目海大又一度人文振兴

【宁如愿】作为您曾经的助教，我知道于老师的座右铭应该有不少，但我猜想，您的六字箴言"以诗接驳远方"一定是最重要的一条。而"远方"一词，在于老师不尽相同的人生维度里，也必然有着不一样的含义。我理解，从您成为一个以诗为名义的海大人那一刻起，您的个人生命史便充满诗意地汇入了中国海大的历史、当下与未来，进而作为活泼的新鲜血液，开始助力接驳您和中国海大共同的"远方"。我们知道，中国海大以诗为底色或质地的人文历史，缘起于20世纪30年代国立青岛大学的文学院，当时由著名学者、诗人闻一多先生以院长兼中文系主任的身份领衔。在20世纪30年代和50年代，鱼山校园曾有过闻一多、梁实秋、沈从文、老舍、陆侃如、冯沅君等一大批著名学者、作家云集的两度人文兴盛。2002年以来，著名作家王蒙先生先后担任文学院院长、文学与新闻传播学院名誉院长，不少学者、作家随之驻校创作，或相继开设名家课程和讲座，一时风生水起。近年来，随着海内外一大批优秀的人文学者和青年才俊陆续加盟，学校开始进入第三次人文振兴时期。

置身于这样的特殊背景与时空，于老师作为学校"名师工程"讲座教席首位引进的资深教授，为学校的人文振兴平添了一抹辉煌的亮色和诗意的底蕴。在此想请教于老师：面对促进学校人文振兴这样的历史使命，您有怎样的构想和行动？

【于慈江】我想，不外乎得尽力做到两点：一是作为一名文学教授，虔心向闻一多、陈梦家、王统照等前辈海大人看齐，做好自己的教研本分，努力发挥一尾"大鱼"的前导作用，为广大学子（一茬茬"小鱼"）奉献全部心力；二是作为一多诗歌中心创始主任，全力以身作则，助力中心做大做强，充分发挥人文诗教基地作用。

截至目前，一多诗歌中心已开展并形成相对固定的活动模式或内容的包括但不限于如下几种：一多诗诵会与大奖赛——以不同主题组织的诗诵会或诗歌原创朗诵会，邀请校内外专家、学者和诗人来校园参与交流活动；一多诗论坛和一多学术沙龙——举办各类诗歌鉴赏、交流、讲座会；诗歌的写译析诵常项活动——推广"学人诵读"和"炫耀式写作"活动；推广古典诗词和现代新诗的读诗会与吟诵、诵读活动；"一多诗歌中心"微信公众号平台的不定期推送与维护。

2022与2023年度，一多诗歌中心的创新活动主要有二：一是开展线上云诗会，在疫情防控期间也不耽误同学们展示诗作、分享诵读、接受我的现场点评，还能即时互动，效果毫不亚于线下诗会；二是多次参加高水平的诗学学术论坛，跟校外知名的诗歌研究中心加强联系，一起组建诗学中心联盟，为将来更好地服务于中国海大学子，打下广泛而坚实的基础。

尤其是，还把诗歌诵读推广活动向学校院墙以外延伸——譬如，一多诗歌中心于2022年春节期间，组织相关同学与青岛市广播电视台合作，登台出镜，参与经典诗歌诵读活动；又如，于2023年6月底，和山东大学青岛校区合作，承办诗歌中心联盟一多端午诗会。这些活动均大获成功。

【徐妍】2019年文新学院中文系一级学科博士点成功获批，开启了学校中文系学科建设的新征程。而接下来如何弥补自身短板、夯实学科基础并进而提升学术影响力，便成了每一位中国海大中文人的历史使命。您执教中国海大的时间虽然还不到一个聘期，但据我所知，您在学校执教期间，已将您就读的北京大学中文系的薪火带到了海大园里。无论是您执教的课堂，还是由您领衔推动的一多诗歌中心举办的各种活动，获得了包括中文学子在内的海大学生的高度认可，其参与度之高近乎空前。因此，同为中国海大中文人，我很想向您取经：您是如何提升中文学子乃至海大学子的综合能力与人文素养的？

【于慈江】作为以中国和海洋等为校名关键词的知名综合性高等学府中的一分子，每一名中国海大学子既要以海洋强国、谋海济国等目标为己任，也要有助力中国海大成为真正文理均衡、协调发展的综合性大学的一份自觉，努力实现自身素质的全面协调发展，培养通识教育意识，在上好专业课、做好专业研究的同时，积极关注全校性的人文建设和振兴举措，配合文科处、通识教育中心和一多诗歌中心等机构，自觉营造全校园的人文环境与氛围。

换句话说，就是要在守住专业底线的前提下，有意识"抢占"校内外的各种讲台和舞台，积极参加各类演讲、辩论、诗歌诵读、话剧和歌舞表演活动，有选择性地参加各类征文活动，进而经由这些活动提升表达和呈现自己的口头与书面能力，涵养并展示人文学养与魅力。

具体到广大中文学子，就是要充分发挥校级人文基地一分子的优势，善加利用各种场合，不失时机地抱团展示中文人的人文底蕴、气场与风采，像当年的海大学子臧克家和崔嵬等那样，起到烘托和强化人文氛围的表率作用。

要想提升自身整体的综合能力与人文素养，就必须在向国内其他先进中文人看齐、尽力夯实自己的专业研修能力的同时，兼顾学术写作与创意写作能力，同时有意识地主动参与课堂发言和讨论、演讲和诗文诵读等活动，锻炼自己的口头表达能力。

一句话，就是要通过多读、多思、多写、多说，努力呈现、不惮于奉献，提升自身的审美、审丑能力和利他自觉，让自己无愧于当一名学养精深、格局够大、潜力可观的合格的海大中文人。

【宁如愿】能够成为于老师的学生是一件幸事，老师身上浓郁的学者气质与诗人情怀无不时时感染着我们每一个人。于老师提出的"以诗接驳远方"口号或信条不仅是对同学们的期许，更是他个人为人为文生涯的生动写照。圣人有言：诗，可以兴，可以观，可以群，可以怨。在诗歌中，我们得以全情舒展、获得包容与温抚。在这个充满可能性和不确定性的时代，满怀激情而又沉实低调的于老师一路走来不疾不徐，坚守初心，向前向上，难能可贵。于老师用清越激昂的诗歌实践和教研接引我们，用悲悯温馨的人文关怀温暖我们，我们无比幸福并心怀感激。